ちくま新書

古代日本の宮都を歩く

村井康彦
Murai Yasuhiko

1755

JN036799

古代日本の宮都を歩く【目次】

序　章　峠の文明開化

†峠に心惹かれて

『万葉集』巻四に収める故郷の山を詠んだ一首（作者は大宰府小 典《しょうさかん》山口忌寸《いみき》若麻呂）

周防《すは》にある盤国山《いはくに》を越えむ日は
手向《たむ》けよくせよ荒しその道

周防国（山口県）岩国に生まれ育ったわたくしがこの歌を知ったのは中学生になったばかりのことであるが（岩国山の麓に中学校があった）、以来山を越える時になされた「手向《たむ》け」（峠の神に幣帛などを捧げ、道中の安全を祈る）という習わしにとどまらず、峠そのものにも興味を抱くようになった。峠が地域—国や町・村の境であり、そこが古来人びとの出会いと別離の場所でもあったことに心を惹かれたからである。少年期に抱く甘酸っぱい感傷であったのだろう。その後研究者の道を歩むようになってからは、峠は別の意味で興味の対象となった。

いまも印象に残っている峠が二カ所ある。

一つは美作国《みまさか》（岡山県）と因幡国《いなば》（鳥取県）の境にある志戸坂《しとざか》峠。古くは鹿迹御坂《ししとみさか》と呼ばれていた。

いま一つが河内国《かわち》（大阪府）と大和国（奈良県）の境にある竹内峠《たけのうち》である。

貴族社会の研究を進める中、その実態を解明するうえで関心を持つようになったのが、中央（宮都）と地方（国府）の双方に関わった受領《ずりょう》（国守《くにのかみ》に任命され、現地に赴任した四・五位の下級貴族）の存在とその役割についてである。

彼らは任国に入る際、国境で在庁官人たちに出迎えられて挨拶を交わし、小宴を持った。そこでこれを「境迎の儀《さかい》」といい「境迎の饗《あるじ》」と呼んだが、国境がしばしば峠坂であったことから「坂迎えの儀《さかむか》（饗《あるじ》）」と称されることが多かった。迎えられる側、迎える側それぞれが緊張する瞬間である。『今昔物語《こんじやく》』には、この坂迎えの饗《あるじ》にまつわる話が収められている。例えば「寸白受領《すんばく》」の物語（巻二十八）。寸白という寄生虫（それを体内に持つ者はクルミをすり込んだ酒を飲むと溶けてしまうとされた）を持った受領が坂迎えの際、これを見抜いた古老の在庁官人にことさら濃いクルミ酒を飲まされ、消え失せたというもの。実際にはあり得ない話だが、新任国守がその無能ぶりを早速見透かされ、やり込められた寓話であったとみる。

ところで、平安後期の一貴族、平時範《ときのり》の日記、『時範記《じはんき》』（承徳三年〔一〇九九〕一月より三月までのわずかの期間が残っているにすぎないが）には、この年の春の除目《じもく》で因幡守に任じられた時範が、因幡国府（鳥取市国府町）に下向してから離任するまで、四十余日間に行なった国務が記録されており、希有な「受領日記」となっている。その中に鹿迹御坂（志戸坂峠）のことが出てくるのである。

その日は朝から雨まじりの雪という悪天候だったが、卯刻《うのこく》（午前六時頃）、時範は束帯を着し剣を佩《は》き黒毛馬に乗って鹿迹御坂を登った。峯（峠）に着く前に下馬し、ついで峯上に立って西面する。他方因幡の在庁官人たちは峯の下に立ち、南面していた。

儀式はまず因幡の官人たちが「称籍」―位官姓名を名乗り、時範がこれに揖《しゆう》した。揖するとは、胸の前で組んだ両手を前に出して上下し、頭を深く下げる鄭重な礼のことをいう。時範の場合、境迎の儀式はそれで終わり、饗応はなく、直ちに在庁官人の先導で国府へ急行している。

†文明開化の始まりとともに

国府研究の一環として境迎の儀に興味を抱くようになり、この鹿迹御坂へは昭和四十七年（一九七二）正月を初度として何度か訪れている。はじめての時は時期を誤り現地は大雪、峠に登ることは無論叶わず、その下の隧道《ずいどう》を歩いて因幡側に辿り着いたが、隧道の中では、前から後ろから近づく大型トラックのすさまじい轟音に生きた心地がしなかった。峠へは翌年再挑戦して登ることができた。

鹿迹御坂には、登りつめたところに大きな自然石を用いた記念碑が立っていた。明治に行なわれたという峠の開鑿《かいさく》碑で、大略次の如き文言が刻まれていた。

この峠道は三十三曲《まがり》と呼ばれるほど険峻で、夏秋に水が出ると、土は崩れ石は露出して人馬を阻み、冬春は積雪のため馬車は不通となり、死亡するものもあって、その惨害たるや、いうに忍びないものがある。ここに岡山県知事千阪高雅は、つとにこれを憂い、阪路の改修を志し、土木課長高戸某・県属平木某らに命じて、明治十八年十一月着工して山頂を截《せっ》開《かい》し、同二十年六月に竣工した。その費用は金四千三百八十五円也。これにより志戸坂は、水が溢《あふ》れても石は露出せず、大雪が積もっても塞《ふさ》がれることはなくなった、云々。

峠の魅力に取り憑かれた事情を説明するために鹿迹御坂(志戸坂峠)のことを縷々《るる》述べてきたが、もう一つの峠、竹内峠道をはじめて歩いたのは昭和四十五年(一九七〇)十二月だったから、志戸坂峠を訪れる二年前のことになる。そして竹内峠にも自然石を用いた開鑿碑《かいさくひ》が立っ

写真0-1　志戸坂峠開鑿碑　美作（岡山県）と因幡（鳥取県）の国境に立つ。

ており、次のような碑文が刻まれていた。

この道は大和国から堺港に至る官道であるが、竹内の嶺が険峻なために、人馬は来往に難儀している。そこで明治八年に奈良県で開鑿の計画が立てられたが実施に至らず、同九年、堺県にゆだねられ、県令の税所某（篤）が同十年十月より起工した。工事は山頂を開鑿して掘り下げ、道を平坦にすることにあったが、雨が降れば崩れる難工事であった。その後同十四年に堺県が廃されて大阪府に合併されたので、府が引きつぎ明治十五年三月に完成、府知事建野某（郷三）が視察した。要した人夫は若干《じゃっかん》百人、費用は一万六千三百九十四円余であった。

順序は逆になったが、この碑文に次いで志戸坂峠の碑文を読んだ瞬間気付いたのだった。そうか、そういうことだったのだ。我が国では明治になって峠道を削平し、自由に往来できるようにした、それが明治の文明開化の始まりだったのだ、と。以来このことが私の頭の中にインプットされ、峠と文明開化とが同義語になったのだった。峠の多い我が国のことであるから、この種の話は各地でみられたのではなかろうか。

†竹内街道——世界に開かれた大道

しかも竹内峠—竹内街道は、明治よりはるか以前に開かれた古代の峠道であり、文字通り我が国における正真正銘の文明開化の道だった。

『日本書紀』によれば、推古天皇二十一年（六一三）十一月、掖上池《わきのかみのいけ》・畝傍池《うねびのいけ》・和珥池《わにのいけ》を作った、という記事のあとに、

又難波《なにわ》より京《みやこ》（飛鳥京）に至るまでに大道《おほち》を置く。

とある。この大道は、難波京（大阪市の上町台地にあった）より南下し、堺市辺りで東に折れ二上山《ふたがみやま》の南麓、竹内峠を越えて大和に入る道、竹内峠道＝竹内街道のことと考えられている。

もっとも、大道といえばこれ以前、仁徳天皇十四年に

是歳、大道を京《みやこ》（難波京）の中に作る。南の門より直《ただ》に指《さ》して、丹比邑《たぢひむら》に至る。

とあって、難波京の南門から南下して丹比邑（大阪府松原市南部から堺市美原区を中心に羽曳野市郡戸《こおず》辺りを含む地域を指す）に至る大道が開かれていた。時代を異にするが、道筋は同じ上町台地を南下したものであろうから、推古朝の大道は仁徳朝大道を含めさらに延長整備されたものと考えられる。

竹内峠付近では、古墳時代から二上山《にじようさんふたかみやま》のサヌカイトが切り出されており、それを運び出す道はあったはずだから、その道を整備したものであろう。しかし丹比で難波大路とつながったことで、来朝した外国使節は、この竹内峠道を越えて飛鳥京へ赴くことが可能となった。

実はこれ以前に来朝した外国の使者たち——推古十六年（六〇八）、十八年（六一〇）の二度にわたり来朝した隋の使者裴世清《はいせいせい》の場合も、難波から（旧）大和川を利用して大和に入り、初瀬川を遡って海石榴市《つばいち》に上陸、そこで歓迎されたあと、当時の宮室小墾田宮《おはりだ》に入っており、もっぱら河川が利用されていたとみられている。現在よりも水量は多かったろうが、河川を用いた舟道は陸路よりも困難が多かったろう。舟につないだ綱を、川の両岸から曳きながら上流へと

写真0-2　竹内嶺開鑿碑　河内国（大阪府）と大和国（奈良県）の境に立つ。

進む、といったこともあった。『隋書《ずいしょ》』倭国伝によれば、裴世清の来朝に当たり日本国王は「今故《いまことさら》に道を清め館を飾り、もって大使を待つ」と言ったというが、前述の如く道の整備は推古二十一年（六一三）だったから、この時の約束は果たせなかったことになる。ともあれこのような経緯をみても、国際関係の展開の中で、道の整備が大きな課題だったことがよくわかる。推古朝に開通した大道こと竹内峠道が官道第一号と称されるゆえんである。この道を通って異国の文物が数多くもたらされ、また日本人が進んだ知識を求め異国へ旅立って行った。竹内峠道こそは、わが国の古代における文明開化の道だったといってよいであろう。そしてその大道の彼方には飛鳥京の世界が開けていたのだった。

　その竹内峠道を今回、五十年前と同じように奈良県側から歩いてみた。半世紀も経っている、あの折の雰囲気はもう残ってはおるまい。峠近くに立ち古道に風情を添えていた一基の宝篋印《ほうきょういん》塔《とう》――元文四年（一七三九）大坂岸本組、岸本庄兵衛らによって建てられた――も、まだ見られるだろうか。そんなことを思いながら竹内の集落を通り過ぎたところで、自動車の行き交う

写真 0-3　竹内峠道　大和側からの眺め。古道が残されている。

国道とは別に、静かな古道が待ってくれていた。国道はバイパスとして開かれ、自動車の途絶えることがなかったが、古道は昔の雰囲気を残してくれており、救われる思いだった。

しかしそれも峠まで。そこには整備された形で新旧二基の開鑿碑（新しい碑は一九八四年の国道改修工事の竣工に伴って建立された。司馬遼太郎の「鷲の関址文学碑」もある）が立っていたが、あの宝篋印塔は見当たらなかった。それが大阪寄りの路傍にあることを確めたのは二カ月後、再度峠越えを試み、大阪側から歩いた時のことだった。

古く難波と大和を結んだ文明開化の道は、古道の多くを残しつつも、新しい物流の幹線道路として現在も人々の生活に欠かせない道であることが実感される。

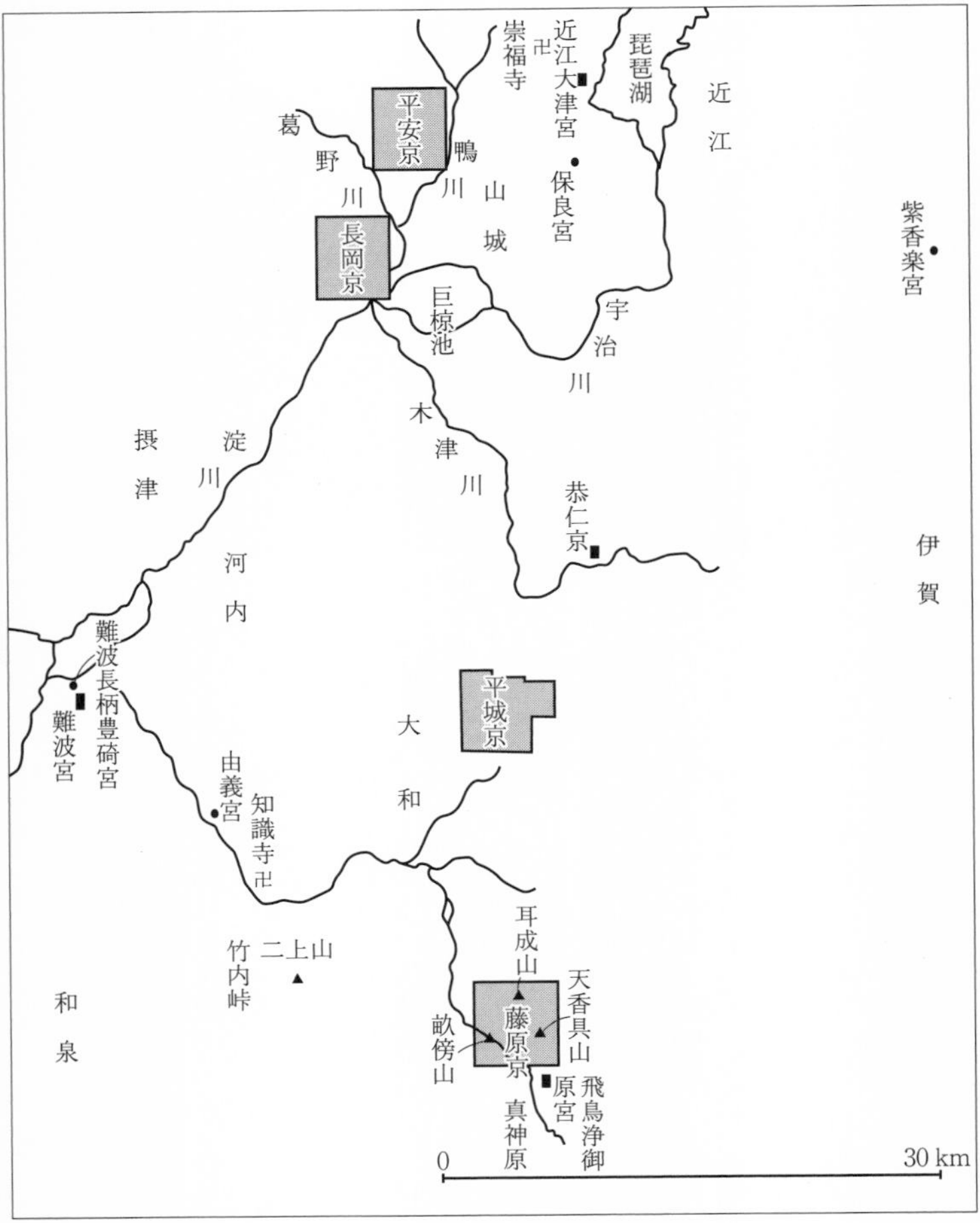

崇福寺
近江大津宮
琵琶湖
近江
平安京
葛野川
鴨川
山城
保良宮
紫香楽宮
長岡京
巨椋池
宇治川
木津川
摂津
淀川
恭仁京
伊賀
河内
難波長柄豊碕宮
難波宮
平城京
大和
由義宮
知識寺
二上山
竹内峠
耳成山
天香具山
和泉
畝傍山
藤原京
飛鳥浄御原宮
0
30 km

古代宮都の変遷

第一章　宮都の原郷

1　近親結婚の思惑——皇祖母尊の時代

†純血主義の弊害と「吉野の盟約」

何はともあれ別掲系図（図1-1）を見て頂きたい。飛鳥時代における天皇家の婚姻関係に留意して書き上げたものであるが、これから何が読み取れるであろうか。

近親結婚、しかもその集積《オンパレード》である。大海人皇子《おおあまのおうじ》（天武天皇）の多妻ぶりにも驚かされるが、特に目につくのはそのほとんどが中大兄皇子《なかのおおえのおうじ》（天智天皇）・大海人皇子（天武天皇）兄弟間の叔父（天武）と姪（天智の娘）の婚姻だったことである。天智天皇の娘で叔父天武天皇の皇后となった持統女帝の如きは典型的な事例であろう。皇統内でこれほど濃密な近親結婚が重ねられた時代

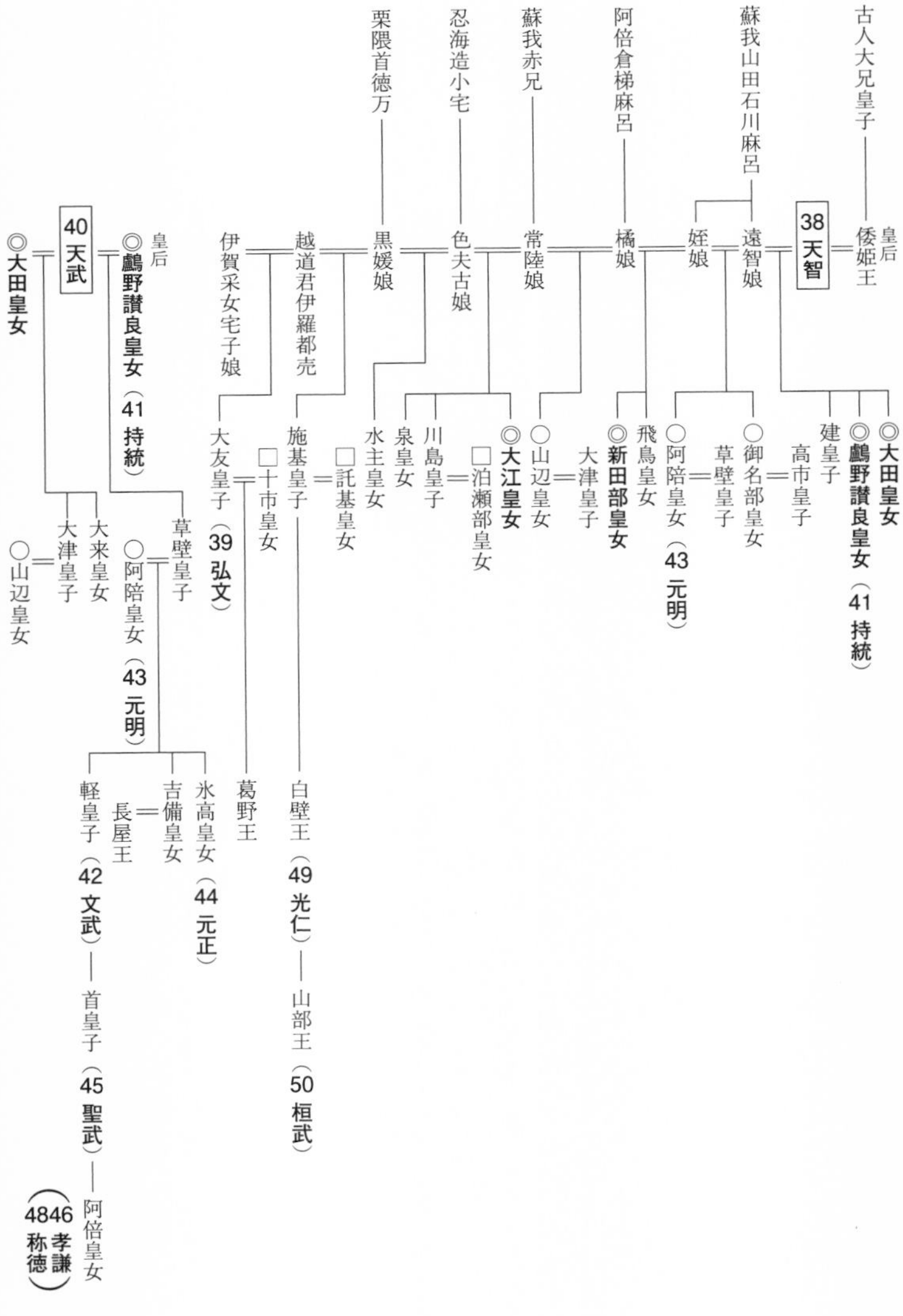
古人大兄皇子
皇后
倭姫王
38 天智
蘇我山田石川麻呂
遠智娘
姪娘
阿倍倉梯麻呂
橘娘
蘇我赤兄
常陸娘
忍海造小宅
色夫古娘
栗隈首徳万
黒媛娘
越道君伊羅都売
伊賀采女宅子娘
◎大田皇女
◎鸕野讃良皇女（41 持統）
建皇子
高市皇子
○御名部皇女
草壁皇子
○阿陪皇女（43 元明）
飛鳥皇女
◎新田部皇女
大津皇子
○山辺皇女
◎大江皇女
□泊瀬部皇女
川島皇子
泉皇女
水主皇女
□託基皇女
施基皇子
白壁王（49 光仁）
山部王（50 桓武）
□十市皇女
大友皇子（39 弘文）
葛野王
皇后
◎鸕野讃良皇女（41 持統）
40 天武
◎大田皇女
草壁皇子
○阿陪皇女（43 元明）
氷高皇女（44 元正）
吉備皇女
長屋王
軽皇子（42 文武）
首皇子（45 聖武）
阿倍皇女（46 孝謙 48 称徳）
大来皇女
大津皇子
○山辺皇女

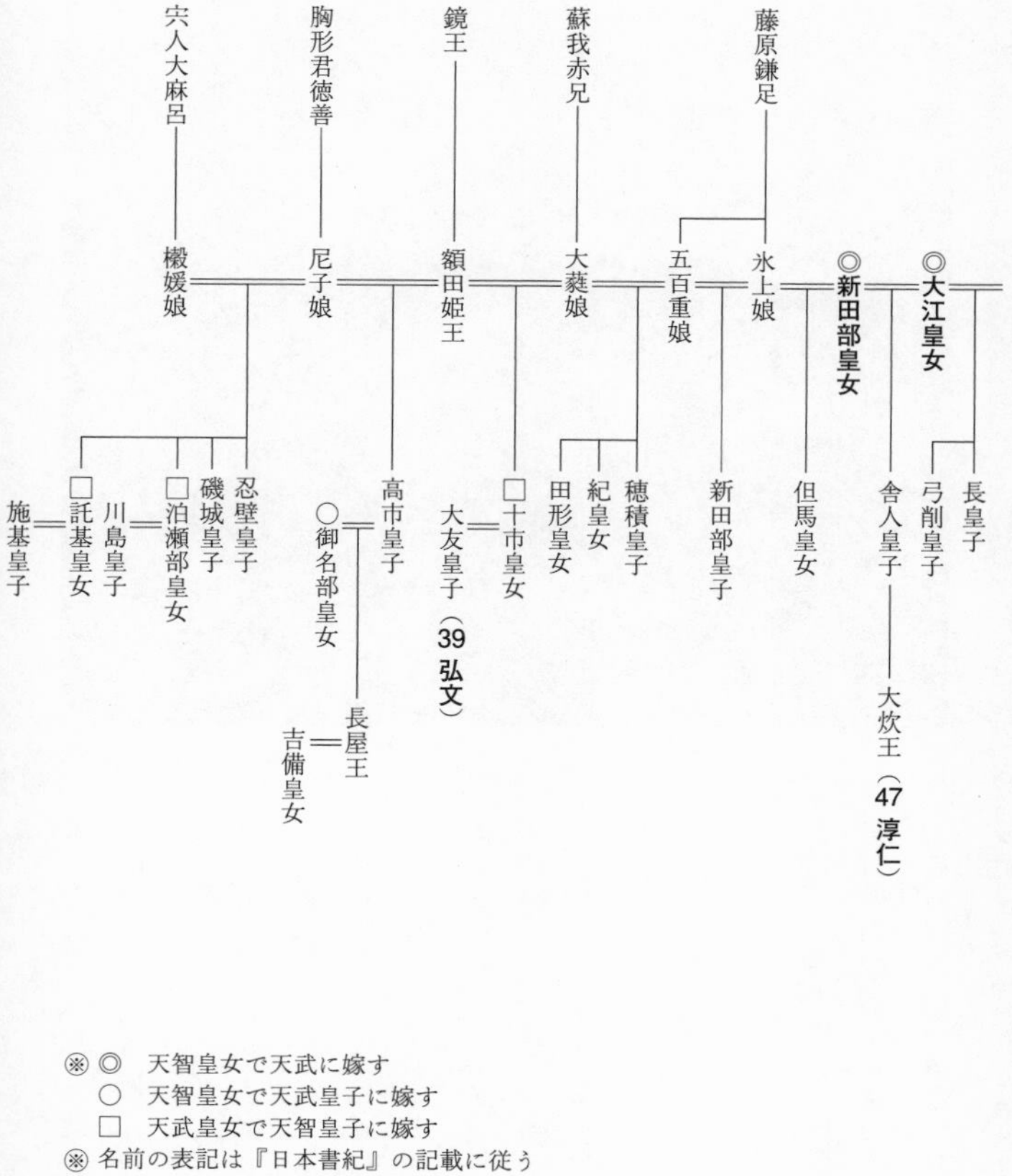

※名前の表記は『日本書紀』の記載に従う

図1-1　天智・天武婚姻関係系図

は他にはない。これは中国でみられた「同姓不婚」の対極にあり、日本ではこの時期、血縁者間の婚姻が純血を守り伝える最上の策と考えられていたことを思わせる。

それにしてもこの状況は尋常ではない。天智・天武の兄弟間に顕著であることをみれば、このような皇親間の近親結婚には、彼らの母である皇極《こうぎょく》（斉《さい》明《めい》）女帝の意思が強く働いていたことを推測させる。思うにこれは、推古女帝などと違って蘇我氏との間に血のつながりのなかった皇極（斉明）が、蘇我氏との関わりを意図的に排除しつつ皇親勢力の強化を図ったことの反映とみる。その成果を最大限に享受できた

写真 1-1　飛鳥全貌　遠くに二上山、中央に大和三山を望む。

（活用できた）のが天武天皇で、皇親（親王や王）を権力基盤に据えた天皇として知られる。ただしその皇親体制を確固たるものにするには、次のような配慮が不可欠であった。

天武は八年（六七九）五月五日吉野宮に行幸、翌日、鸕野《うの》皇后および草壁《くさかべ》皇子・大津皇子・高市《たけち》皇子・川島皇子・忍壁《おさかべ》皇子・施基《しき》皇子に詔して謂《い》うには、「朕《われ》、今日、汝等とともに庭《おほば》に盟《ちか》ひて、千歳の後に事無からしめむと欲す。奈之何《いかに》」と。これに対して皇子らは「理実灼然《ことわりいやちこ》なり」とこたえ、草壁皇子以下が互いに助け合い争うことはしないと盟約した。その後天皇は「朕が男等、各《おのおの》異腹《ことはら》にして生れたり。然れども今し一母同産《ひとつおもはらから》のごとくに慈《めぐ》まむ」と言い、襟を開いて六人の皇子を抱きしめながら、「もし茲《こ》の盟《ちかひ》に違《たが》はば、忽《たちま》ちに朕が（そなた達の）身を亡《ほろぼ》さむ」と告げている。皇后も天皇と同じ盟をした（天武天皇には十人の皇子がいたが、吉野に集まったのは年長の四人で、川島・施基の両皇子は天智天皇の皇子である）。

世に「吉野の盟約」と称されるのがこれであるが、異腹の皇子を一母同産の如くに慈愛すると言う一方、約束は堅く守るよう求めている天武の苦労が見て取れよう。天武は、この盟約のためだけに吉野に赴き、一日で飛鳥に戻っている。その盟約の場所が吉野であったのは、壬申《じんしん》の乱の出発点となったこの地が〝元《はじめ》の所〟として特別視されたことによる。

しかしこの盟約は、天武が没した直後に、他ならぬ皇后（持統称制）の手で破られてしまう。それについては改めて触れるところがあろう。

†ゴッドマザーとしての斉明女帝

このように純血主義は、その申し子であった異腹の皇親たちの結束を強める一方、互いに利害を共有し合う立場にあったことから必然的に対立をもたらし、ことに皇位継承をめぐる抗争は次々に敗者・犠牲者を生んだ。それこそが純血主義がもたらした必然の結果であり、その赴くところ奈良末期には非婚の女帝も登場し、皇位継承者の枯渇という事態を招くに至る。これは当初に持たれた思惑を超えた事態であり、そこに冷徹な歴史の現実をみる思いがする。宮都の歩みも、そうした事態の推移と無縁ではなかったはずである。

飛鳥時代に顕著だった近親結婚は、純血主義により皇親勢力の強化を図った皇極（斉明）女帝の意に出るものだったというのが私の理解であるが、それはこの女帝の、特に重祚《ちょうそ》した斉明時代の力量を認めたうえでの判断である。舒明《じょめい》天皇没後に即位した皇極天皇の時代は、蘇我氏の専権がピークに達した時期であったことから、『日本書紀』には皇極の事蹟を記すところがほとんどない。『（藤氏）家伝』がこの時代を「皇権が衰微した時代」としているのも同じ理由であろう。

しかし弟の孝徳が難波宮で没し、皇極上皇が重祚して斉明となってからは、そのイメージが大きく変わることに注目する必要がある。この女帝は息子中大兄皇子の傀儡《かいらい》でしかなかったとする見方もあるが、私は異なった受け止め方をしている。

たとえば最晩年のことになるが、百済《くだら》が唐・新羅《しらぎ》の連合勢力に圧迫され、亡国の危機にあった時、これに深く同情した斉明は百済の援軍要請に対し、長年の友誼に応え救援の兵を出しただけでなく、自らも救援の指揮を取るべく筑紫《つくし》に行幸する（六六一年）。すでに六十八歳という高齢であった。これは、斉明の持つ強い意志を抜きにしては理解できない。

これに従ったのは、中大兄皇子、大海人皇子をはじめ、大田《おおた》皇女（大海人皇子妃）や鸕野《うのの》讃良《さらら》皇女（後の持統天皇）、額田王ら女性たち、それらに奉仕する人々もいたであろうから、かなりの人数にのぼったと思われる。しかも大田皇女はその途次、女子（大伯《おおく》皇女）を出産しているから、懐妊中の女性も従っていたのである。ちなみに大田皇女は九州では男子（大津皇子）を出産、同処では鸕野讃良皇女も男子（草壁皇子）を出産している。懐妊中の女性の同道は、男たち（中大兄・大海人）の考えではなかったろう。老齢の斉明女帝の九州行きに至っては息子たちの発想ではなく、老骨に鞭打ってでも出かけた斉明自身の意思によるものであったとみなければなるまい。これに懐妊中の女性までが従ったのは、老女帝の心意気に促されたものであったとみる。皇祖母尊《すめみおやのみこと》と奉られた斉明は、いうなら彼らのゴッドマザーであった。

斉明は舒明と結婚する以前、別の男性（高向王）との間に男子を産んでいた。再婚して産んだのが中大兄と大海人の男子と、間人《はしひと》皇女の合わせて三人である。斉明の強さの根源もそのあたりにあったように思う。

†愛情深き女帝の最期

余談ながら、ただ一人の女子だったことで間人《はしひと》皇女は溺愛されたようだ。間人について、その人物像を知る材料はほとんどないのだが、中大兄が孝徳を難波長柄豊碕宮《ながらのとよさきのみや》に残して飛鳥に引き上げた際、孝徳の皇后だった間人も夫を置いて母斉明らと行動をともにしており、家族愛の方が強かったように思える。溺愛といえば、孫の建皇子《たけるの》が生来言葉に不自由だったこともあってか彼を可愛がり、八歳での夭逝《ようせい》に歎き悲しんだ様子は『日本書紀』（斉明四年五月条）に詳しく記されている。のちに中大兄は母斉明の遺命に従い、間人皇女と建皇子を斉明と合葬し、大田皇女をその墓前に葬っている。これも斉明の強い希望だったのだろう。彼女の家族への愛情の深さを感じ取ることができる。

それにしても、斉明の九州行きは一家あげてのもので、留守官は置いたであろうが飛鳥京は王権不在の状態になっていたことになる。しかしそれが可能だったのは、第一に蘇我氏本宗がすでに滅亡していたことが大きい。この時点で天皇家に叛くものはいなかったのである。

それとともに考えられるのは、当時飛鳥京には地方豪族の「京師集住」がほとんど実現していなかったことである。仮に不穏な動きがあったとしても、それらがすぐに結び付いて大きな動きになる可能性は低かった。この時期の飛鳥京のあり方として考えておくべき事柄である。

話は戻るが、九州に着いた斉明は磐瀬行宮《いわせ》（福岡市南区三宅辺り）に滞在の後、朝倉橘広庭宮《あさくらのたちばなのひろにわのみや》（福岡県朝倉市）に移り七月にこの宮で没している。斉明七年（六六一）正月に難波津を出てからわずか半年余り後のことであった。仮の殯《もがり》が行なわれたあと、その遺骸は中大兄によって飛鳥に運ばれているが、その途次のことを『日本書紀』は以下のように記している。

冬十月の癸亥の朔にして己巳（七日）に、天皇の喪、帰りて海に就《ゆ》く。是に皇太子、一所《あるところ》に泊《は》てて、天皇を哀慕《しの》びたてまつりたまひ、乃《すなは》ち口号《くつうた》して曰《のたま》はく、

君が目の　恋しきからに　泊てて居て
かくや恋ひむも　君が目を欲《ほ》り

――あなたの目が恋しいばかりにここにじっと停泊してあなたとともにいて、これほど恋しさが募るのも、あなたの目をただ一目見たいからです。

飛鳥へ帰る途中、恋しさに耐えかねて一所に泊まり、母の亡骸《なきがら》に語りかけている。あなたの目を見たい、目を開けて下さい、生き返ってほしい、もう一度その目を見たい、その目で私を見てほしい、と。中大兄の亡母への思慕の情がこの一首に込められている。母の愛情を存分に受けた中大兄の悲しみが伝わってくる。「口号して曰はく」とは、語りかけるようにして詠んだ歌という意であろうが、中大兄の真情が吐露されていて心を打たれる。

中大兄は、弟の大海人が万事において現実的に対処する性格であったのと異なり、意外に思われるであろうが、多分に繊細な神経の持ち主であったというのが、私の理解である。

2 飛鳥の「田身嶺」

†女帝を大規模工事へと駆り立てた「豪気」

斉明とその家族を私は〝一卵性家族〟と呼んでいるが、その濃密な家族関係を探るなかでみえてくるのは、斉明の愛情に通底する〝豪気〟ともいうべき芯の強さである。それが斉明の個性となって時代を動かしている。

『日本書紀』斉明二年（六五六）是歳条に記される「興事」は、その辺りのことを最もよく語ってくれている。ひと続きの文であるが、事柄によって区分けできるので(1)〜(4)を付し、分けて掲出した。

(1)是歳、飛鳥《あすか》の岡本《をかもと》に、更《さら》に宮地《みやどころ》を定《さだ》む。時《とき》に、高麗・百済・新羅、並《なら》びに使ひを遣《まだ》して調進《みつきたてまつ》る。為《ため》に紺《ふかきはなだ》の幕《あげはり》を此《こ》の宮地に張《は》りて、饗《あへ》たまふ。遂に宮室《おほみや》を起《た》つ。天皇《すめらみこと》、乃《すなわ》ち遷《うつ》りたまふ。号《なづ》けて後飛鳥岡本宮《のちのあすかのをかもとのみや》と曰《い》ふ。

(2)田身嶺《たむのみね》に、冠《かうぶ》らしむるに周《めぐ》れる垣《かき》を以てす。田身は山の名なり。此をば大務《たむ》と云ふ。復《また》、嶺《みね》の上《うえ》の両《ふた》つの槻《つき》の樹《き》の辺《ほとり》に、観《たかどの》を起《た》つ。号《なづ》けて両槻宮《ふたつきのみや》とす。亦《また》は天宮《あまつみや》と曰ふ。

(3)時に興事《おこしつくること》を好《この》む。廼《すなは》ち水工《みづたくみ》をして渠穿《みぞほ》らしむ。香山《かぐやま》の西《にし》より、石上山《いそのかみやま》に至《いた》る。舟二《ふねふた》百隻《ももふな》を以て、石上山の石《いし》を載《つ》みて、流《みづ》の順《まま》に控引《ひ》き、宮の東の山に石を累《かさ》ねて垣とす。時の人《ひと》の謗《そし》りて曰《い》はく、「狂心《たぶれこころ》の渠《みぞ》。功夫《ひとちから》を損《おと》し費《つひや》すこと、三万余《みよろづあまり》。垣造る功夫《ひとちから》を費《つひや》し損《おと》すこと、七万余《ななよろづあまり》。宮材《みやのき》爛《ただ》れ、山椒《やまのすゑ》埋《うづも》れたり」といふ。又、謗りて曰はく、「石の山丘《やまをか》を作る。作る随《まま》に自《おの》づからに破《こぼ》れなむ」といふ。若《も》しは未《いま》だ成《な》らざる時に拠《よ》りて、此《こ》の謗《そしり》を作《な》せるか。

(4)又、吉野宮《よしののみや》を作る。

まずそれぞれの要点をつかんでおきたい。

○宮室について。(1)の「後飛鳥岡本宮」が完成するまでは、高麗・百済・新羅の使者たちを幕を張って饗応した。(4)の「吉野宮」については特に記すところはない。

○「田身嶺」について。(2)の記述の中でまず注目されるのは、嶺の上に建てた高殿の両槻宮が「天宮」と呼ばれたという点であろう。その表現から、この天宮を真神原《まかみがはら》の東に聳える山の上にあるものとして思い描いたとしても不思議ではない。そこから、是歳条にみる「田身嶺」は桜井市の南、談山《たんざん》神社のある「多武《とおの》峰《みね》」のこととする理解が生まれ、今日でも動かし難い通説、定説となっている。したがって(2)の文はすべてその「多武峰」のこととして受け止められている。

しかし果たしてそうか。この「田身嶺」については、同じ(2)の中に「冠らしむるに周れる垣を以てす」という記述がある。「周れる垣」とは何か。その表現に留意する必要がありそうだ。

○「時に興事を好む」に始まる(3)の記述は、斉明が盛んに行なったという工事に関するもので、ために時人から謗られたことを示す。分量の多さからも(3)が是歳条の眼目であったことがわかる。

その工事とは、香具山の西から石上山まで溝を掘らせ、石を舟二百隻に積んで「宮の東の山」まで運び積みあげて垣とした、というものだった。そこで時人は、人夫三百人余りも使った溝工事を「狂心の渠」といい、また七万余人も動員した垣作りについては「宮材は腐り埋もれるぞ」といい「石の山丘を作っても作る端から壊れるだろうよ」と謗った、とある。人々が大変な苦役を強いられたゆえの誹謗であったことが見て取れよう。

†「田身嶺」とは何か

ここまで要点を記したが、(3)の記述はこうして運ばれた石がどのように用いられたかも語っている。すなわち「石の山丘」とは、石の垣で覆われた嶺があたかも石で作られた山のように見えた、というものであろう。したがってこれは、「宮の東の山に石を積み上げて垣とした」というのと同じ光景を表したものであることがわかる。それればかりではない。これは(2)の「田身嶺」についての、「冠らしむるに周れる垣の如く」であったという記述とそのまま重なることにも気付くはずである。さらに、(3)の「宮材(宮を作るための材木)が腐り、山椒(山頂)に埋もれる」との人々の語りから、「石の山丘」の頂に宮を作ろうとしていたことも想像できよう。この宮こそが(2)の「両槻宮」を指すことは明らかである。つまり「興事」とは、多くの人を使役して運んだ石を「田身嶺」に垣のようにめぐらせることであり、加えて山頂に宮(観)を建てることであった。(3)の「時に興事を好む」以下の記述は、(2)の「田身嶺」に関する記述をさらに敷衍《ふえん》したものであることが知られよう。したがって(2)(3)の記述は別個のものではなく、すべて「田身嶺」についてのものであり、その内容は相互に重なり合っているのである。

仮に「田身嶺」が「多武峰」のことなら、記述の中に高さ六百メートルに及ぶ山上に石を運び上げ(垣の如く周らせ)たといった記述があって然るべきものであろう。そしてあるとすればそこには「狂心の渠」どころか、地獄の惨状が語られたに違いない。ところがそれが一切ないのは不思議という以上に不可解である。その記述上の疑問を解決するには、(2)と(3)が一連のものであるにもかかわらず、別個のものとみて「田身嶺」を「多武峰」とする通説から脱却し、是歳条の記述に即して理解する以外にないであろう。

写真 1-2　これが飛鳥の田身嶺　中に酒船石や亀型石造物がある。

そのことを確認したうえで「田身嶺」の記述に戻ると、「田身嶺」は「宮の東の山」のことであり、その「宮」は斉明女帝の宮室（「後飛鳥岡本宮」）のことと知られよう。近時の発掘調査によれば、この宮は飛鳥板蓋宮《いたぶきのみや》――かつてこの女帝が皇極時代に入った宮室――の場所と重なっていたとみられているから、これまで「伝飛鳥板蓋宮蹟」とされてきた、井戸跡のある、あの遺跡辺りとみてよいであろう。

そこでその遺跡に立って東（東北方というのが正しいが）を眺める。するとその先にあるのは、岡天理教の建物の左奥、竹藪に覆われた無名の嶺、いや、有名な酒船石《さかふねいし》の置かれている嶺であった。あの嶺こそが、是歳条に記す「田身嶺」だったのである。

甘樫丘《あまかしがおか》の展望台から眺めると、真神原の東端に、北から南へ点々と連なる、竹藪に覆われた〝いも虫〟のような嶺々があり、その一つ、「逆L字形」をした嶺がある。それが問題の田身嶺であった。

†国家的饗応・饗宴施設としての嶺

「田身嶺」は通説にいう談山神社のある「多武峰」のことではなく、飛鳥の真神原にある嶺のことだった。そこで以下、これを「飛鳥の田身嶺」と呼ぶことにする。

一九九二年、酒船石のある丘の中腹から、砂岩の切石を四段に積んだ石垣が数十メートルにわたって発掘された。しかも、天理市石上の遺跡の石と同質の切石であったという。「冠らしむるに周れる垣を以て」したという石垣であろうことは明らかで、「石上山の石」を運んだという記述にも合致する。やはり、酒船石のある竹藪の嶺が、「飛鳥の田身嶺」だったのだ。この嶺は、その上に建てられたという観《たかどの》が天宮と呼ばれる程には高くない。せいぜい丘である。しかし地上から眺めると、その観は結構立派な高殿に見えたのだろう。

余談ながら申し添えれば、御破裂山《ごはれつ》（六〇七メートル）の南にある多武峰（五九一メートル）は、真神原からは手前の山並に遮られて見えない。天宮と呼ばれたという両槻宮も、それが多武峰にあったのなら当時とて見ることはできなかったろう。

そうしたことだけではない。この嶺の北麓開口部からは、石敷きされた空間に設けられた亀型の流水施設が発掘され人々を驚かせた。水の祭祀を行なった施設とする見方もあるが、酒船石と同様に水を利用した饗宴の施設とみる。この嶺全体が饗宴施設に満ちていたのである。石をめぐらせていたことを理由に山城《やまじろ》と捉え、軍事的な施設であったとする見方もあるが、そうではあるまい。この嶺の〝主役〟が両槻宮といわれた高殿や酒船石、亀型石造施設とみるなら、斉明女帝にとって、外国使節を迎えて催すのに必要な国家的饗応饗宴の施設であった。それゆえ時人の厳しい誇りにもかかわらず、「興事」を推進強行したものと考えられよう。そして斉明女帝が重視したこのような饗応施設こそが、飛鳥京を特質づける存在だったのである。

最後にもう一度「田身嶺」という名称にこだわってみる。「冠らしむるに周れる垣を以てす」のあとに記す、「田身は山の名なり。此をば大務《たむ》と云ふ」との註記が気になるからである。「たむ」とはどのような意味を持つ言葉だったのであろうか。

そこで古語辞典を開いてみた。

〇たむ〔回む・廻む〕（自動詞マ行上二段）　めぐる。まわる

とある。思えばこれまでの記述はすべて〝嶺をめぐる石〟の話であった。石が垣のようにめぐっている嶺こそがまさしく「田身嶺」だったのである。

写真1-3　亀型石造物　背後の丘に石が巡らされていた。

写真1-4　酒船石　今もってその用途はわかっていない。

田身嶺という言葉も、本来は「たむ」の連用形を用いて「廻《た》みたる嶺」といった表現がなされ、「(石が)めぐっている嶺」の意とされたものが「たみの嶺」(〔石が〕めぐる嶺)という名詞的な表現に変わっていったのだろう。したがって、「田身《たみ》の嶺」というのも「大務《たむ》の嶺」というのも、同義で用いられたのである。

斉明天皇二年是歳条を検討した結果得られた結論は、田身嶺は飛鳥真神原にある一つの嶺のことであって、多武峰ではないという事実である。なにはともあれ、多武峰としてきた通説の呪縛から解き放たれ、「飛鳥の田身嶺」と確認できたことを卒直に喜びたい。そしてここでも、斉明の豪気を垣間見ることができた。

「多武峰」については別個の考察があってしかるべきである。

3　真神原の宮処

†「入鹿の首塚」が語りかけるもの

飛鳥寺の西に立つ一基の五輪塔。これが入鹿《いるか》の首塚だとされているのは、六四五年六月十二日、飛鳥板蓋宮の大極殿（ただし当時はまだなかったはず）で討たれた入鹿の首がここまで飛んできた、という伝承による。

写真 1-5　入鹿首塚　奥に見えるのは甘樫丘。

飛鳥寺は蘇我氏の寺だったから、首塚は後世入鹿に関心を寄せた人が、鎮魂のために建てた供養塔であろう。はじめて訪れた頃よりは整備され、周囲の雰囲気も違ってきたが、いまでも飛鳥を訪ねるたびに立ち寄って声をかけている――「また来たよ」。別に入鹿が好きだから、というわけではない。私にとってこの石塔は、飛鳥のシンボルのようなものになっているのである。

そもそも飛鳥寺にしてからが、ある時期〝蘇我色〟を失っている。

周知のように、飛鳥寺は仏教受容の推進者だった蘇我氏が財力を投入して造った私寺であり、飛鳥の歴史は七世紀初頭、真神原にこの寺が造営されたのに始まるといっても過言ではない。しかも飛鳥川より東の地域とされる飛鳥の周辺には、蘇我氏の邸宅や墓所が営まれており、真神原は蘇我氏の中庭のようなものだった。その蘇我色が「乙巳《いつし》の変」で一気に消えてしまう。殊に寺は、「元興寺《がんごうじ》」という本来の寺名ではなく、地域の名を冠して飛鳥寺と呼ばれ、衆庶の信仰を集める寺になった。これには、あの本尊「釈迦如来坐像（飛鳥大仏）」のアルカイックスマイルの魅力によるところが大きいと思われる。また蘇我氏滅亡後、官寺とされたことも永続の要件となった。六八六年六月、天武天皇が病床に伏した時、伊勢王と官人らを当寺に遣わして「このごろ、朕《わ》が身不和《やくさ》む。願はくは、三宝の威《かしこきみたまのふゆ》に頼りて、身体《み》、安和《やすらか》なることを得んと欲す。是を以て、僧正・僧都及び衆僧、誓《こ》い願ふべし」といい、珍宝を奉っている。かつて仇敵だった豪族の私寺が、いまや天皇の方から加護を求める寺になっていたことを知る。

入鹿の首塚のある辺りには、当時槻《つき》の樹が立っていた。中大兄皇子が入鹿を殺害したあと、この槻の樹の下に群臣を集めて協力を誓わせたという「樹下の盟約」は最もよく知られるところであり、そこより西に広がっていた広場——「飛鳥寺の西の広場」のシンボルツリーであった。入鹿の首塚は、その槻の樹が枯れた跡に立てられた、との伝承もある。

写真は、背後に飛鳥寺の金堂の屋根、その手前に首塚が見えているように、寺の西方域、いうところの「飛鳥寺の西の広場」の発掘調査現地説明会の折りの一枚である。これが発掘調査としては最後と聞き、寒い日だったが京都から出かけたのだった。印象に残っているのは、担当者の説明の中で聞いた「発掘調査をしている間、槻の樹の古株に出くわさないかと密かに願っていたが、ついに叶いませんでした」といった趣旨の言葉だった。飛鳥の歴史や風土に心を寄せる人は、文献を通して、誰もがこの〝樹〟に愛着を覚えていると思われるが、直接発掘調査に携わった人たちにとって槻の樹は何物にも勝る貴重な存在だったろうと思うと、私もその無念さを共有することができた。

写真1-6　槻の樹はどこに　飛鳥寺南の広場、発掘調査現地説明会。

飛鳥寺の周辺には、前後して各種施設が造られている。斉明六年（六六〇）に皇太子（中大兄皇子）が造らせたという漏刻台《ろうこくだい》の跡が発掘されたのは、広場の西北の場所であり、また近くの石神地区からは須弥《しゅみ》山石《せんせき》の噴水施設も発掘された。須弥山石については、『日本書紀』斉明三年七月十五日条に飛鳥寺の西に、斉明五年三月十七日条には甘樫丘の東の川原に、そして斉明六年五月条には石上（神）池の辺《ほとり》にこれを作ったと記される。発掘された須弥山石は、あるいは斉明六年に作られたものであろうか。

†国際都市としての飛鳥真神原

前節でも述べたように、飛鳥寺の東南にある嶺――「田身嶺」には石が垣のようにめぐらされ、嶺の上には両槻宮が建てられていた。酒船石はその庭先にでも置かれていたのだろうか。麓に下ると、敷石の中央に亀型の石造物があり……以前述べてきたことの繰り返しになるので、それ以上の説明は無用であろう。

言ってみれば飛鳥寺を核とした真神原の北部エリア一帯は饗応饗宴の施設で占められていたのである。

この時代、外国使節が次々と来朝し、難波館に泊まったのち竹内峠道を越え、横大路《よこおおじ》を経て飛鳥の地を訪れている。飛鳥時代ほど国際色豊かな時代はなかったといっても過言ではない。そこで重視されたのが、難波から京までの道の整備であり、京にあっては客人の饗応でありそのための饗応施設の充実であった。饗応饗宴はこの時代、国家的な行事そのものだったことを認識する必要がある。斉明女帝が、「興事を好む」として時人から厳しく謗られながらも造ったのが饗応饗宴施設であったのは、この種の施設が、国家の威信をかけた行事を進めるうえで不可欠と自覚していたからである。

写真 1-7　甘樫丘から見た飛鳥真神原　左端が飛鳥寺、田身嶺も見える。

野外の饗応饗宴施設は、宮室の規模が大きくなかった時代の産物であり、王宮が持つべき機能を補完する役割を担っていた。その意味でも飛鳥寺の西の広場を含む一帯は、飛鳥時代を象徴する空間だったといってよいであろう。

飛鳥を訪れて真神原を歩くたびに、この小さな空間に一世紀もの間、国家の中枢である「みやこ（宮処）」が営まれ続けてきたことが不思議に思われてくる。実際に「宮処」として用いられたスペースは、前述のように別の役割を果たしていた飛鳥寺の西の広場などを除けば、真神原の南半分でしかなかったのではないか。

この時代、天皇は、営んだ宮室の名でも呼ばれたが、それは天皇ごとに居所を改めたこと（そこでこれを「歴代遷宮」といった）による称号とされてきた。ところが近時の発掘調査によれば、天皇ごとに宮室を設け、そこで生活した点は歴代遷宮にちがいないが、場所は真神原の中でもかなり限定されており、時には以前の天皇の旧宮が踏襲されていたと考えられている。なかでも板蓋宮は、乙巳の変の現場だったにもかかわらず最も利用されている。これは低湿地の多かった真神原の中でも微高地で立地条件がよかったことによるものであろう。

これまで歴代遷宮は、前帝の死を不浄とみて旧宮を避けて新宮を営んだものとみられてきたが、近時の理解によって否定ないし修正が求められている。

考えてみるに、かつて弥生時代、墳丘の上では死者の葬送とともに、新たな支配者の権力継承儀礼が行なわれていた。旧宮の踏襲というか再利用を忌避する理由は、まだ生じてはいなかった。死穢《しえ》を忌む風習は平安時代に下ってようやく顕著になるといってよいであろう。

そのようにみてくると、狭い真神原が宮処として存続したのもあながち不思議ではなかったのである。これが同じ場所が繰り返し用いられた理由である。なかでも板蓋宮は、舒明・皇極に始まり天武・持統で終わる間、重なりに少しのずれはあったろうが繰り返し用いられてきた。

こうして一世紀もの間、同じ地域に宮処が営まれ続けたことで、宮都の意識といったものが生まれたことに留意したい。

『日本書紀』の中で、王宮に関する記述を見る時目に付くのが、「倭京」の文字である。「大和のみやこ」の意であるが、難波遷都や近江遷都の際、難波宮や大津宮に対して飛鳥の宮室を

写真1-8　石舞台　これぞコロナ禍での見学風景。

「倭京」と呼んでいる。特に印象的だったのは、壬申の乱に勝利した大海人皇子が飛鳥に戻り、宮室を営んだことについて記す、六七二年九月条である。

庚子《十二日》に、倭京に詣《いた》りて嶋宮に御《おは》す。癸卯《十五日》に、嶋宮より岡本宮に移りたまふ。

大和に戻ったと記せばすむものを、ことさら「倭京」という文言を用いることで、この言葉には、「京《みやこ》のある大和」という事実にとどまらず、京は大和にあるべきものだとする意識がみえてくる。それが、一世紀の間京があった飛鳥の地で育ってきた「みやこ」の意識であったと考える。壬申の乱に勝利した天武天皇が、存命中飛鳥浄御原宮《きよみはらのみや》を去ることがなかったのも、この「倭京」の意識にとらわれた結果ではなかったろうか。

飛鳥真神原の王宮についての話が天武にまで及んでしまったが、天武の飛鳥浄御原宮が真神原に営まれた最後の王宮であることを思うと、飛鳥こそが「倭京」の原郷であったといえよう。

写真1-9　小墾田宮跡（大宮土壇）　彼岸花の季節に。

写真1-10　飛鳥板蓋宮跡　この辺りが飛鳥京の中心部。背後は甘樫丘。

第二章　遷都の条件

1　遷都の予兆

†遷都に伴うネズミの異常行動

飛鳥に京（みやこ）があった時期は、推古女帝の豊浦宮《とゆらのみや》（五九二〜）・小墾田宮《おはりたのみや》（六〇三〜）から持統女帝が飛鳥浄御原宮から藤原宮へ遷る（六九四）まで、一世紀を超えるが、その間に二度、前後十余年間飛鳥の地を離れたことがあった。最初は、蘇我氏本宗が滅亡した「乙巳《いつし》の変」のあとに行なわれた「難波遷都」（六四五）であり、二度目は、白村江《はくそんこう》での敗戦の三年後に行なわれた「近江大津遷都」（六六七）である。おのずから事情を異にするが、にもかかわらず、この二度の遷都には同じような現象が見られた。ネズミの異常行動である。『日本書紀』は、それぞれ以下のように記している。
すなわち難波遷都では、

(1)冬十二月（六四五年）九日、天皇（孝徳）、都を難波長柄豊碕宮（註）に遷す。老人等、相語りて曰く、「春より夏に至るまでに、鼠の難波に向《ゆ》きしは、都を遷す兆《しるし》なりけり」といふ。

（註）のちに造営した新宮の名で、当初の居所（不詳）ではない。

とあり、また近江遷都では簡単だが、

(2)この冬（六六七年）に、京都《みやこ》の鼠、近江に向《む》きて移る。

とあり、その二年後に遷都が実現している。ただし、この近江遷都には激しい反対の動きがあった。遷都の記事を含むので、天智六年（六六七）三月十九日条を併せて引用しておく。

三月十九日に、都を近江に遷す。是の時に、天下の百姓、都遷すことを願はずして、諷《そ》へ諫《あざむ》く者多く、童謡《わざうた》亦《また》衆《おほ》し。日々夜々、失火の処多し。

(1)(2)どちらの場合も遷都に先立ちネズミが移動したと言い、前者の場合、それを見た古老たちは、これは都が遷される兆、「遷都の予兆」であろうと語ったというのである。

ネズミといえば、私には、かの吉野ケ里《よしのがり》遺跡で見た高床式の倉に設けられた「ネズミ返し」が思い出されるが、古代の人たちにとって日常生活の中で最も身近な存在だっただけに、その異常な行動が強く印象づけられたのであろう。

それにしても、このような異変が一再ならず見られたとなると、そこに込められた作意が見え隠れしてくる。これは、人心操作というものではなかったろうか。

さて、「乙巳の変」後、天皇皇極は皇位を弟の孝徳に譲り、中大兄皇子は藤原鎌足《かまたり》の意見に従い今回は皇位に就かず皇太子として改新政治に関わることになる。こうして新体制は無事スタートし、改新政治は場所を(半年後)難波に移して進められることになる。してみれば、難波遷都の「予兆」には孝徳政治の発足を後援し、〝予祝〟する意図があったと理解される。ただし中大兄は、皇太子ではあるが、孝徳政治への関与は一歩退いた形のものであった。

†難波への遷都、中大兄皇子による人心操作?

難波へは、皇祖母尊こと皇極上皇、皇太子以下も移り、難波にあった殿舎に適宜居住したものと思われるが、その生活様態はよくわからない。孝徳も、子代離宮《こしろのかりのみや》・大郡宮《おおごおりのみや》・小郡宮《こごおりのみや》といった既存の施設に仮住まいしながら国政に当たり、ある時期から新宮の造営に着手したとみられる。こうして「難波長柄豊碕宮」と呼ばれる新宮が完成した時、孝徳政治の体制は名実ともに調ったことを意味したはずであった。だがしかし、その頃には孝徳と中大兄の間には越え難い亀裂が生じていたのである。白雉四年（六五三）、中大兄は孝徳に「冀《ねが》はくは倭の京に遷らむ」と願い出たものの許されないまま、母の皇祖母尊（皇極上皇）、妹で孝徳皇后の間人皇女、皇太弟大海人皇子らを率いて飛鳥に引き上げている。公卿大夫・百官の人達もこれに従っており、孝徳は難波宮に孤立し、失意のうちに亡くなってしまう。次に掲げるのはそんな時期の「予兆」であるが、中大兄側が仕組んだものとしか思えない。九年前の予兆とは一転して、この時の予兆には孝徳政治を否定する意図が込められていたとみる。

白雉五年（六五四）正月
春正月の戊申《ぼしん》の朔《ついたち》の夜、鼠、倭の都に向きて遷《うつ》る。
（同年十月十日に孝徳は難波で没す。）
白雉五年十二月
八日に、大坂磯長陵《しながのみささぎ》に（孝徳を）葬りまつる。是の日に、皇太子、皇祖母尊を奉り、倭《やまとの》河辺行宮《かはべのかりみや》に遷《うつ》り居《ま》したまふ。老者語りて曰く、「鼠の倭の都に向ひしは、都を遷す兆なりけり」といふ。

†近江への遷都、そして「予兆」という政治手法の終焉

他方、近江遷都は、白村江での敗戦の三年後、中大兄皇子によって実現するが、前述したように最初から反対の動きがあった。のちに廃墟となった近江大津宮跡を訪ねた柿本人麻呂も、

（前略）倭を置きて、あをによし、奈良山を越え、いかさまに、念ほしめせか、天離《あまざか》る、夷《ひな》にはあれど　石走る　淡海の国の楽浪《さざなみ》の　大津の宮に　天の下　知らしめしけむ（後略）

と歌い、近江遷都を行なった中大兄皇子の気持ちを図りかねている。

近江大津宮への遷都（六六七）をともかく実現した中大兄は、その翌年正月ようやく即位した。天智天皇である。近江遷都ではネズミの異変を用いた人心操作は、結局成功しなかったのである。この手法の限界がみえてきた瞬間であったといってよいであろう。天智天皇は即位が遅かった分、在位期間はわずか四年で大津宮に没している。それがきっかけで壬申の乱が起こり、大海人方が勝利したことは周知のとおり。さすがにこの時期にネズミの予兆は見られなか

った。

遷都の予兆とされたネズミの大移動の事例を辿って行くと、どの場合も、直接・間接、あるいは成功・不成功を問わず、中大兄皇子（天智天皇）が関わっていたことが想定される。人心の動向に敏感だった中大兄の政治手法とみるゆえんである。

「遷都の予兆」とは、何だったのであろうか。それはいずれも「倭京」を離れるような大きな遷都に際して行なわれた、人心誘導の古代的な政治手法であったと言ってよいであろう。予兆をテコとするこの種の手法は、のちに長岡遷都の際、ガマの移動といった同類の話を伝えるが、それを唯一の例外として、前後の時代に出て来ることはない。やはりこの種の予兆は飛鳥京の時代特有のものであったと言えるであろう。したがってその消滅は、わが国の宮都の歴史上、大きな変革であった「倭京」の時代の終わりを告げる「予兆」でもあった。

2 難波長柄豊碕宮と難波宮

†孝徳天皇による新宮造営

六四五年七月十二日、飛鳥板蓋宮で入鹿が殺害され、その父蝦夷《えみし》も甘樫丘の邸宅で自刃、蘇我氏本宗が滅亡する（乙巳の変）。姉皇極天皇の譲りを得て即位した孝徳天皇は、さっそく新体制を組んでいる。皇極に皇祖母尊という尊号を贈り、中大兄皇子を皇太子としたうえで、左大臣阿倍内麻呂《あべのうちまろ》、右大臣蘇我倉山田石川麻呂《そがのくらのやまだのいしかわまろ》、内臣《うちつおみ》は中臣鎌子《かまこ》（藤原鎌足）に、僧旻《みん》と高向玄理《くろまろ》を国博士《くにのはかせ》とする陣容であった。難波に遷都するのは十二月九日であるから、約半年間は飛鳥板蓋宮にあって国政を進めたことになるが、その間の施策をみると、孝徳が「帝道」を歩むことを決意し、国政のあるべき姿を求めるなど、正面から政治に向き合っている様子がうかがわれる。その真摯な取り組みは、歳が明けた大化元年正月一日、四カ条にわたる改新の詔を出した後も変わることがない。そればかりか孝徳は、改新政治を進める中で次第にその能力を発揮し始めている。これは中大兄らにとって想定外の事態であり、孝徳の持つ潜在的な政治能力に対して警戒感を抱かせる要因となった。

　ところで前節でも述べたように、難波には孝徳や皇后間人皇女だけでなく、皇祖母尊（皇極太上天皇）、皇太子中大兄や大海人らも移っていたから、恐らく既存の公的施設を適宜居所として用いていたと思われる。孝徳の場合、『日本書紀』には「天皇、都を難波長柄豊碕に遷す」（大化元年十二月九日条）とあるが、それは最後に営んだ宮室の場所であって、最初からここに住んだのではない。それどころか皇祖母尊らへの遠慮もあってか、転々と居所を改めている。すなわち当初は子代屯倉《みやけ》を壊して子代行宮とし、次いで蝦蟇《かわず》行宮に移り、小郡を壊して小郡宮としていろ。のちには、大郡も大郡宮として利用している。大郡のような外交施設は宮室に転用しやすかったと思われる。

孝徳が新宮の造営に着手した時期は明らかでないが、大化四年（六四八）元旦、賀正の儀を行なった後に行幸した「難波碕宮《なにわさき》」が注目される。これは「難波碕（先）の宮」、すなわち上町台地より先（北）に営まれた宮の意であろう。旧大和川の河口一帯が土砂の堆積で干潟となり、陸地化が進んでいたことを思わせる。難波碕がさらに「難波豊碕」と改められたのも、その陸地化が十分進んでいる状態を表したものとみる。「長柄」というのも、砂洲が伸びた景観を示す言葉であろう。そして、この両者が長柄豊碕と連ねて呼ばれたのは、地続きだったからである。こうして上町台地の先（北）に生成された長柄豊碕の地は、れっきとした「地域」を形成していたのである。この地域は低湿地であったから造都されなかったとするのは、一方的な思い込みに過ぎない。宮の造営には将作大匠《たくみのつかさ》荒田井《あらたい》直《のあたい》比羅夫《ひらふ》が遣わされ、宮の境界に標識を建てている。丘墓を壊された人や「遷《うつ》されたる人」、すなわち他所へ移転させられた人々には物が下賜されているが、これも造営以前からこの地域に人々が居住していた証拠であろう。

†孝徳天皇と中大兄皇子の対立

こうして孝徳は、白雉二年（六五一）十二月晦日、大郡近くにあった味経宮《あじふの》に多数の僧侶を招いて大規模な法要を営んだ。そして大郡宮から新宮――その名も「難波長柄豊碕宮」へ遷っている。年が明けた正月三日、大郡宮へ戻っているのは、未完の部分が残っていたからで、すべてができ上がったのは翌白雉《はくち》三年九月のことであった。『日本書紀』はこの日の条に、「宮造ること已に訖《おわ》りぬ。其の宮殿《おおどの》の状《かたち》、殫《ことごとく》に論《い》ふべからず。」と記しており、壮麗な宮室だったことを思わせる。

しかし、この頃から孝徳と中大兄との関係が悪化、翌年、何月のことかはわからないが皇祖母尊や中大兄、それに皇后の間人皇女までもが天皇を置いて飛鳥へ引き上げてしまう。その時期が、ちょうど第一回と第二回の遣唐船発遣の間であったことから判断するに、第一回の発遣で表面化した、中大兄と孝徳の外交路線の違いによる対立と考えられる。孝徳の対唐政策は、これまで百済との通交を主軸にしてきた中大兄の外交路線を大きく改め、独自の政策を推進し始めていたことを示している。王宮を長柄豊碕に営んだのも、まさしくその意思表示であった。淀川に沿う長柄豊碕の地が、新たな河港として対唐外交の展開が可能と考え、自身の宮殿を上町台地ではなく、台地の北、長柄豊碕の地に営んだ理由であったとみるのである。恐らく難波遷都そのものも、それ以前から孝徳が密かに抱いていた深慮遠謀だったのだろう。こうした孝徳の行動に反発した中大兄が、孝徳と政治の場をともにすることを拒み、飛鳥に戻ったと考える。残された孝徳はこれを恨んで皇位を去ろうとし、宮を山碕《やまさき》（京都府乙訓郡大山崎町）に造らせたというが、移居は叶わないまま、翌白雉五年（六五四）十月十日、難波長柄豊碕宮の正寝《おほとの》で亡くなっている。中大兄らは天皇が病気と聞き見舞いにかけつけているが、その時孝徳の子、有馬皇子はどのような思いでこの家族を眺めていたのだろうか。皇祖母尊斉明女帝の非——あの「狂心の渠」などのこと——を糺弾すべく乱を起こそうとした（そしてたやすく挑発にのって失敗し、破滅する）のは、それから四年後のことである。

†前期・後期難波宮をめぐって

一日、大阪市中央区法円坂《ほうえんざか》にある難波宮跡公園を訪ねた。傍らの道路を絶え間なく走る車の騒音に、この遺跡が現在《いま》も難波のただ中にあることを思い知らされる。ここ上町台地には、かつて難波宮が営まれており、大極殿の基壇が再現されていて往時を偲ばせてくれるが、実はその下層からも掘立柱形式の建物跡が発掘され、重なり合う新旧二つの遺跡であることがわかった。そこで、下層の遺跡を前期難波宮跡、上層の遺跡を後期難波宮跡と称している。このような新旧難波宮跡の発見や、発掘調査・保存に果した山根徳太郎氏を始めとする人々の長年に亘る尽力は、広く知られるところで、その功績は今後も語り伝えられることであろう（『難波の宮』学生社）。

難波宮跡については、その造営事情がわかっている後期難波宮はさておき、主な関心が、そ

写真 2-1　復元された後期難波宮大極殿の基壇

の下層にあった前期難波宮跡の解明に向かったのは当然の成り行きであったろう。その結果、遺跡の状態から、造られた時期は七世紀半ばとみて、造営時期の重なる孝徳天皇の〝難波長柄豊碕宮〟跡と判断され、これが定説として今日に至っている。難波宮跡公園の説明板にも書かれているこの定説を、私も疑いもなく受け止め、祖述してきた。

しかしこのたび、改めて難波長柄豊碕宮の造営された経緯を調べる中で、定説に疑問を抱くようになった。孝徳の王宮に冠した長柄豊碕という地名は現在も大阪市北区に残っているだけでなく、この地には縄文期以来人びとが住んでいた証拠もあり、発掘調査こそ行なわれていないが、王宮の地であることを否定する材料は何もない。難波長柄豊碕宮、この土地に営まれた、れっきとした王宮であった。その難波長柄豊碕宮が、どうして上町台地にある難波宮とされるのか、難波宮がどうして難波長柄豊碕宮と同一なのか。

両者の間は、大雑把に見ても四キロメートルはある。たまたま造営時期が重なっていたとしても、全く別の場所にあった別の遺構を同一のものと判断できるのか。

定説が成り立つのは、唯一、難波長柄豊碕宮が解体されて上町台地に移建された場合においてのみであるが、移建のことが言及されたことはない。定説は、この単純素朴な疑問に答えてくれてはいない。

ところで後期難波宮跡は、聖武天皇が藤原宇合《うまかい》に命じて造営させたことは周知の事実であるが、実はそのことを述べた『続日本紀《しょくにほんぎ》』神亀三年（七二六）十月二十六日条の記事が、私には気になる。次の通りである。

庚午《二十六日》、式部卿従三位藤原宇合を知造難波宮事とす。陪従せる无位《むい》の諸王、六位已上、才芸の長上、幷せて雑色の人、難波宮の官人、郡司已上に禄賜ふこと各差《しな》有り。

これは、聖武が行幸した播磨国からの帰路、難波宮に立ち寄った際、陪従者らに賜禄したというものであるが、この人達は播磨行幸に陪従したのではなく、難波に滞在中の聖武に従った現地の人達であったとみられる。聖武はそれ以前の十九日に難波入りしているから、一週間程の滞在期間に、難波宮を具《つぶさ》に視察したものとみる。そして宮が惨めな現状であったのを見て難波宮の整備を決意し、式部卿宇合を知造難波宮事—難波宮の造営長官に任じ、造宮を命じたものであろう。この視察が再建を意図していたことは、陪従者の中に「才芸の長上」、恐らく木工技術系の官人が加わっていたことからも明らかである。

神亀三年といえば、元正女帝の譲りを得て即位した三年後、皇子が生まれる前年のことであった。意欲的だった聖武は、難波宮の荒廃ぶりを見るに忍びず、再建を志したことを思わせる記事とみてよいであろう。

してみると、この時の難波宮は、かつて天武天皇が、天武十二年（六八三）十二月十七日、「凡そ都城・宮室、一処に非ず。必ず両参造らむ。故《かれ》、先づ難波に都つくらむと欲《おも》ふ。」と表明し、その最初に造営に着手した建造物で、三年後に焼亡したという難波宮ということになろう。発掘調査によっても、王宮の中枢部は焼けて放置されていたが、周囲の建物は残っていたことが報告されている。全廃ではなく、難波宮の機能の一部は存続していたのである。陪従者の中にいた「難波宮の官人」というのが、摂津職《せっつしき》か、それとも平城京からか、〝出向〟して難波宮に勤務していた官人たちで、彼らが難波宮の管理運営に当たっていたのである。前掲『続日本紀』の記事から、そんなことが知られる。

だとすれば、神亀から天平にかけて造営され、天平四年には完成していたとみられる後期難波宮の下層にあったのは、天武天皇の造営した難波宮ということになろう。そしてそれこそが、聖武が難波宮(後期)の造営に着手した動機であったとみる。後期難波宮が前期難波宮と規模をほぼ同じくしていたのは、前期難波宮が模範とされ踏襲されたことを示しているが、そのことも天武の皇統を継ぐ聖武の事績にふさわしい。前期難波宮跡は、孝徳天皇の難波長柄豊碕宮ではあり得ない。前期難波宮として存在したのは、天武天皇の造営になる難波宮であったと考える。

この際難波宮について確認しておきたいことがある。それは難波宮は通常の宮都―「皇都《こうと》」ではなかったことである。

皇都とは聞き慣れない言葉であるが、読んで字の如く、天皇の常(現)在する宮都の意である。この言葉は、のちに聖武天皇の恭仁《くに》京時代の最終段階にみられた、難波宮への遷都騒ぎの際に用いられた事例が知られるので、その折に触れるが(第五章)、時の政治情勢の中で天皇の所在が問題になった時に用いられており、その言葉をここでことさら使ってみたのは、要するに、難波宮は通常の宮都のような、天皇の常在する宮都=皇都ではなかったことを言っておきたかったからである。

難波宮が通常の宮都でなかった理由は、難波という土地柄によって設けられた外交施設―迎賓館であり、客館であったことによる。後期難波宮が造営された時、「造客館司」が置かれているのも（『続日本紀』天平四年十月三日条）参考になろう。国際的な外交の館であるから、日本の国威を示すに足る施設でなければならない。そのため造営されたのが、天皇の即位を始め、国家的儀礼の場である大極殿以下の、宮都の中核をなす建物群であった。天皇の行幸時に必要な内裏も用意されたが、天皇が日常的に居住していたわけではない。通常の宮都のように、百官を擁することも必要ないから、最低限の官司が設けられたにとどまり、貴族官人たちが集住することはない。ただ「難波宮に勤務する官人」たちがいて殿舎の管理を担当する一方、必要な時は外国使節の迎接饗応にも当たった。周辺の環境整備も行なわれたが、京域の造成は限られていたであろう。

写真2-2　豊碕宮　難波長柄豊碕宮跡と伝える。

以上が、私の抱く難波宮のイメージである。何はともあれ、難波宮については、皇都の概念を取り除いて考えることが必要であろう。

そんなことを思い巡らしている間に、難波宮跡公園に夕暮れの気配が迫ってきたようだ。私が訪れる前から大極殿の基壇に座り続けていた若い男の姿も、いつの間にか消えていた。

またの日、難波長柄豊碕宮跡を求め、現在の北梅田エリアに当たる豊崎から、アーケードが長く続くことで有名な天神橋筋商店街の北、淀川にかかる長柄大橋まで、その地名を負う町々を歩いた。縄文時代の土器も出土した豊碕宮や、摂津国国分寺とされる長柄寺など、孝徳天皇の由緒を伝える神社や寺院を訪ね、長大な長柄大橋を大型車による振動におびえながら渡ったが、難波長柄豊碕宮の幻影は、乱立するビルの間からは、ついに現れることはなかった。

3 近江大津宮

†遷都実現までの対外的な施策

白村江での敗戦（六六三）後に行なわれた近江大津宮への遷都（六六七）は、前述したようにネズミによる予兆も見られたというのに、批判や反対の声だけでなく放火といった過激な動きもあり、決して順調ではなかった。遷都が実現するまでに三カ年を要しているのも気になるところで、その間何があったのか。それを『日本書紀』について整理してみると、別表（表1）

の如く、(1)防衛体制の整備、(2)来朝唐使への対応、(3)亡命百済人の処遇といった施策が、この時期における重要案件であったことが知られる。遷都までに時間を要したのも当然であったろう。

戦いに敗れた側の日本として無関心ではおれなかったのが、(1)の防衛体制の整備であるが、早速取り組んでいたことがわかる。殊に、各地に築かれた山城が朝鮮式山城と呼ばれるのは、亡命百済人の指導で造られたことによる。私が訪れた山城は対馬《つしま》の金田城以下、わずか数カ所でしかないが、どの山城でも実感したのは、遺構のスケールの大きさもさることながら、崩れた石垣の石の一つ一つに籠められているように思われた、亡命者たちの深い思いだった。命からがら祖国から脱出してきた時の恐怖、そして彼らが抱いていたであろう亡国となったことへの怨念を感じずにはおれなかった。

同じく(2)の唐使の来朝では、百済鎮将《ちんしょう》劉仁願《りゅうじんがん》の活動が目につく。百済鎮将とは、占領した百済を統括支配した唐の武将のことで、いわばかつて日本に〝君臨〟したGHQのダグラス・マッカーサーである。劉仁願は郭務悰《かくむそう》などの武将を使者として、たびたび日本へ派遣している。天智三年の初度の派遣の折には、劉仁願を天子の使者ではなく、その書状も天子の勅と判断せず、筑紫大宰の立場で応答している。突然だったため、現地の責任者が唐の国王の名を騙った行為ではないか、と疑った大宰府の判断だったのだろう。この時は、十月一日に中臣鎌足が僧

	防衛施設の整備	来朝唐使の所遇	亡命百済人対策
六六一	・斉明、中大兄・大海人ら軍団を率いて九州へ 5月　斉明、朝倉橘広庭宮で没		
六六三	白村江の戦い・百済滅亡		
六六四	・防人・烽、筑紫に水城を設ける	5月　百済鎮将劉仁願の使者郭務悰ら来朝（10月賜物あり）	
六六五	・長門・筑紫（大野城椽城）に築城	9月　唐使劉徳高ら来朝 ・小錦守君大石らを唐に遣わす	百済人四百余人を近江国神前郡へ
六六六			百済人二千余人を東国へ
六六七	3月　近江大津宮へ遷都		
	高安城・屋島城・金田城築城	11月　百済鎮将劉仁願の使者司馬法聡ら来朝	

		彼らの帰途に伊吉連博徳笠臣諸石ら送使として遣わす	
六六八	1月 **即位**（天智天皇）	10月 高麗滅亡	
六六九		・河内直鯨らを唐に遣わす ・唐使郭務悰ら二千余人来朝	百済人七百余人を近江国蒲生郡へ
六七〇	・高安城を修理		
六七一	10月 大海人吉野へ退く 12月 天智、近江宮で没	1月 百済鎮将劉仁願の使者李守真来朝 11月 唐使郭務悰ら二千人比知島に停泊し来朝の意を大宰府に伝える	
六七二		3月 阿曇連稲敷を遣わし天皇崩御を伝える 5月 郭務悰ら帰国	
	5月 **壬申の乱**		

表2-1　大津遷都前後の年表

智祥を遣わし、郭務悰に賜物をして大宰府で饗応している。

劉仁願はその後も使者を派遣し続け、書と物を遣わす一方、日本側も礼を尽して接迎しており、その限りでは公的レベルでの交渉であったとみる。日本から使者を唐へ派遣したこともあったようだ。ただし、このような唐使来朝の目的や交渉内容はよくわかってはいない。考えられる事としては、捕虜の送還だが、あったとしても早い時期のものであろう。それとも、こののち唐の影響力を排除するようになる新羅の動きを警戒して、日本に接近を試みたのであろうか。それにしても、予告したうえで、一時《いつとき》に二千人も引き連れてくる唐側の真意が読み取れない。日本に対し、戦勝国の立場で強圧的に臨んでいたとは思えないが、それでも連年の如く来朝すれば、日本側が受ける軍事的な圧迫感は半端ではなかったろう。

このような度重なる唐使の来朝を重視して、〝国内各所に築かれた朝鮮式山城は日本を監視するために唐が作らせたものであり、近江への遷都も唐の命令で行なわれたものだった〟とする説を唱える研究者も現れたほどだった。さすがにそれは思い過ごしというもので、あり得ない説として取り上げられることもなくなったが、唐使の来朝が重苦しい空気をもたらしたことは確かであろう。

これに対し、(3)にある百済の亡命者や難民の集団を国内各所に配した（土地を与えて生活を保証した）事は、中大兄が、その母斉明女帝譲りの親百済の立場であったことを抜きにしても、一国の首として果たした人道的な救済措置であったと評価されよう。また、少なからざる人数の高級官僚たちを近江朝廷の要職に就けているのも、中大兄の開明性を示している。それとともに、この事業を通して注目されるのは、近江国が重視されていることで、これは中大兄が近江国の地域的特性を熟知していたことの現れとみる。

†首都防衛ゾーンとしての近江国

近江国（滋賀県）は、四周を山で囲まれ、それぞれが国境とされているという地域的な完結性があった。この完結性は、言葉を換えれば封鎖性であり、その封鎖性を生かしたのが三関《さんかん》の設置である。ただし正確に言えば、これらの関が置かれたのは、いずれも国境の外側であった。すなわち北陸道は愛発関《あらちの》、東山道は不破関《ふわの》、東海道は鈴鹿関《すずかの》がそれぞれ国境の外側に置かれていたのは、外敵の進（侵）入を事前に防ぐのが目的だったからである。三関の閉鎖——これを固関《こげん》といった——により、近江国全体がいわば首都の防衛ゾーンに仕立てられていたことを物語っている。

近江国の持つ防衛ゾーンとしての特徴を別の形で強めているのが、ここを中心として周辺地域へ縦横に道が通じていたことである。東国や北陸へ至る主要道をはじめ、若狭《わかさ》・小浜《おばま》方面に通じる道、山背《やましろ》へ至る道（これらはさらに山陰・山陽へ通じる）など、言ってみれば七道諸国へ通じる主要道のすべてが集まっていたのである。近江国は、封鎖性と同じ程度に開放性に富んだ国だった。

時期は下るが、『家伝《かでん》』（「藤氏《とうし》家伝」とも。鎌足・貞慧《じょうえ》・武智麻呂《むちまろ》の伝を載せる）のうち、下巻の「武智麻呂伝」には、武智麻呂が和銅五年（七一二）六月、近江守に補任されたことに関連して、近江国について次のように記述している。興味深い文言も見られるので、その一部を抄出してみる。

> 近江国は宇宙有名の地也（天下に名を知られた地である）。地広く人衆《おお》くして国富み家給《そな》わる。東は不破に交わり、北は鶴鹿《つるが》に接し、南は山背に通じ、此の京邑《みやこ》に至る。水海《みずうみ》は清くして広く、山の木は繁くして長し、其の壌《つち》は黒壚《くろつち》にして、其の田は上《じょう》の上なり。水旱の災《わざわい》ありと雖も、曾て不穫の恤《うれい》なし。故《かれ》、昔、聖王・賢臣、都を此の地に遷したまひき。郷童・野老、共に無為《むい》を称《とな》え、手を携へて巡り行き、大路に遊び歌ひき。
> 時人威《みな》太平の代と曰ひき、此れ公私往来の道にして、東西二陸の喉なり。……

最後の「東西二陸の喉《のど》なり」とは、近江国を通らなければ、東国へも西国へも行けない、との意。この言葉は、最初の文言「近江は宇宙有名の地なり」とともに、近江国に対する最上の賛辞であろう。

私が現役の教師時代、講義の中で「近江国は宇宙有名の地なり」という「家伝」の文言について語ったことがある。後日、期末試験でこの意味を問うたところ、答案用紙にこんな記述があった。

「近江国には大きな琵琶湖（近江国の面積の六分の一を占める）があるので、宇宙からでもすぐわかる。だから、近江国は宇宙でも有名なのである。」

講義をサボっていたこと歴然の答えだったが、そのユニークさに感心し、ユーモア賞（点）を進呈しようと思ったものの、他の問題もできておらず、私の〝人道的好意〟は実現しなかった——。

†消えた大津宮を探し求めて

中大兄皇子はなぜ近江国に京《みやこ》を遷したのか、その理由はもはや十分明らかであろう。国際的な危機状況の際に浮上するのが、その地域的特性による近江国の重要性だった。しかも、中大兄の難民対策をみても、遷都以前から近江が重視されていたことがわかる。中大兄にとって、近江への遷都は既定の方針だったといってよいであろう。しかしそうであればあるほど、難波遷都の時と異なり、これまで近江に縁のない人々との間に乖離を生じ、それが近江遷都への反対や非難の原因になったのである。中大兄が遷都後の八月に「倭京」に出かけているのは、そ

写真2-3　崇福寺旧址碑　但しここは梵釈寺跡。

うした人心の動向を確かめたかったからであろう。

中大兄の近江への遷都に関して気になることがもう一つある。それは、三月十九日の遷都に先立ち、二月二十七日、母斉明・妹間人皇女（孝徳皇后）の合葬を終えていることである。その日付からも、母の遺言だったとみられるこの合葬を終えたことで初めて遷都できた中大兄の心中、〃一卵性家族〃の愛情を見る思いがする。数ある遷都の中で、人の心の動きがわかる稀な事例であろう。遅かった即位も、そのあとのことであった。

中大兄は遷都の翌年（六六八）正月に即位（天智天皇）したが、三年後に亡くなっている。その後に起こった「壬申の乱」については詳しくは触れないが、その戦闘によって大津宮は破壊された。わずか四年余りの命であったこの宮跡は、やがて地中に埋もれ、人々の記憶から消えてしまう。

大津宮跡を探す試みは江戸時代に始まり、明治以後も研究者達によって続けられ、いくつかの候補地が挙げられたが、納得を得られるものではなかった。あとで振り返れば、見当違いの場所を探索していた者もいたのである。

それというのも、中大兄（天智）は大津宮に移った時、そこから乾《いぬい》（西北）の山中に、一寺

「崇福寺《すうふくじ》」を建立していた（『扶《ふ》桑略記《そうりやっき》』）。寺址が見つかれば、宮跡は自ずからその東南方向の市内に見つかるはずであった。調査の末、寺址は滋賀里の山中、東に向けて張り出す三つの尾根に建物の礎石が発見され、一番南の尾根に「崇福寺旧址」の石碑も建てられた。しかしその後の調査で、白鳳期の建物跡が出土するのは北と中の尾根からで、南の尾根からは平安初期のものしか出土しなかった。その結果、北の二尾根が崇福寺址であり、石碑の建つ南尾根は、のちに桓武天皇が長岡京に遷都した際、天智を追慕して建てた「梵釈寺《ぼんしゃくじ》」の址であろう、というのが、今日の理解である。

　となれば、宮跡はいよいよもって、山中の崇福寺址から東南方向の市中に眠っているはずだが、なかなか見つからなかった。そうしたもどかしい経緯については、大津宮についてまとめた畏友、林博道氏の労作『大津宮跡の研究』（思文閣出版、二〇〇一年）に詳しく記述されている。そして、これぞ大津宮跡と断言できるものが見つかったのも、林氏の尽力によるものだった。そのことを氏は、自身のことなので遠慮がちにしか語っていないが、大変な成果であった。

写真2-4　明治に建立された志賀皇宮（近江大津宮）遺跡碑

　氏には、自宅と職場を往復する途次、常日頃から気に掛かっている場所があった。ある日そこを通りかかると、重機が据えられ宅地改造に取りかかる寸前であった。驚いてその場に飛び込んだ氏は、工事の中止と、併せて発掘調査の許可を求め、承諾を得られたというのである。氏は、たまたまその家の主と面識があった、という偶然を語っているが、氏の日頃の熱意が生んだ偶然であったと思う。やがて発掘調査が始まり、そこが大津宮の宮門部分に当たっていたこと、その北方に内裏やその他の建造物跡が次々と見つかったことなど、発掘の成果についても先の書物に詳しい。氏によれば、宮跡が発掘調査によって確かめられたのは、大津宮が最も遅かったという。

実は、この場所にはすでに明治二十八年（一八九五）、「志賀宮址」と刻んだ石碑が建てられていた。この地の〝小字《こあざ》〟が「御所ノ内」であったことからも、かねてより関心は持たれていたのであるが、発掘調査が行なわれておらず、最終的な確認はなされていなかった。長い間、宝の上に立っていながら、その足下に眠る宝の存在に気付いていなかったのである。林氏の快挙は、それからざっと八十年後の、昭和四十九年（一九七四）のことであった。

†因縁の対立の果てに

大津宮跡が確認された場所は、崇福寺跡の東南、市中の錦織《にしこおり》地区にあり、京阪石山坂本線に沿うように遺跡の中央を南北に走る県道四十七号線の左右（東西）に、南から北へと遺跡番号

写真 2-5　路傍の大津宮遺跡　自動車に御用心。

一から十二までが分布しており、それが果てた北方の森に、天智天皇を祀る近江神宮がある。したがって遺跡のいくつかは、通りを歩きながら直に見ることができる。

大津宮は、遷都の経緯や所在地の立地条件からも、その規模は大きくなかったとみられる。京域の存在が議論されてきたが、造られた形跡はない。貴族官人達は、琵琶湖に向けて下る傾斜地に適宜宿所を構えて住み、出仕したものと考えられる。ちなみに遷都の三年後（六七〇年二月）、天皇は蒲生郡匱迮野《ひさのの》に行幸し「宮地を観た」というから、湖東にもっと大きな王宮を造る構想を持っていたのであろう。しかし実現することはなかった。

『日本書紀』の記述から、大津宮の核となる内裏は、「大殿」（正殿）と「西の小殿」（宴会などがもたれた）があり、また「西殿」と呼ばれた仏殿もあって、そこには織物の仏像が掛けられていたという。さぞかし仏教的な雰囲気が横溢していたことであろう。漏刻や占星台も置かれたが、湖畔の宮室だった大津宮特有の施設が、「濱台(濱楼)」であった。天智七年(六六八)七月条に「又濱台の下に諸《もろもろ》の魚、水を覆《おほ》ひて至る」とあり、湖に突き出た建物の下を魚が踊る景観が目に浮かぶ。

しかし『日本書紀』に記すところはないが、その「濱台」でこんな事件も起こっていたのである。天智がこの濱台に群臣を召して酒宴を催した。宴も酣《たけなわ》になった時、自分の扱いに不満を持った大海人が、長い槍を敷板に刺し貫くという事件が起きた。天智は大いに怒り、弟を殺害しようとしたのを、鎌足が諫めて事なきを得たというものである(『家伝』鎌足伝)。二人の将来──それも間近に迫った──を暗示するような事件であった。

†壬申の乱と倭京

天智十年(六七一)十月十七日、病に伏した天智は、皇太子大海人を寝室に招き入れ後事を託したが、大海人はこれを固辞。大友皇子を後任に推し、自らは天皇の許しを得てすぐに出家したうえで、修行と称して吉野に入った。二カ月後に天智は没したが、天武が弔いのため、吉野から出てくることはなかった。翌六七二年五月、近江朝廷が天智天皇山陵造営のため、美濃・尾張の人夫を徴発する。しかし彼らに武器を持たせているとの情報を得た大海人は、吉野

写真2-6　天智天皇山科陵　前庭に樹木が植えられ趣がある。

を出て近江朝との戦を決意。いわゆる壬申の乱の勃発である。

この動きを知った大友皇子は、群臣達の挙兵の勧めには応じなかった。大友にとって、父天智の山陵を造ることが最優先の仕事であり、人夫を集めたのは正《まさ》しくその山陵造営のためであったが、大海人方がこれを口実に戦を仕掛けたものと考える。大津側の情報は逐一、吉野側に漏れており、壬申の乱の初動時における作戦展開をみれば、いずれも以前より計画されていたとみて間違いない。端的に言って大海人は、皇位の簒奪《さんだつ》者であった。

しかしその後の行動が、大海人の評価を一変させた。乱後、飛鳥真神原に戻り、そこに都を造り、生涯そこを出ることがなかったからである。大海人は、倭京を棄てた中大兄が厳しい批判にさらされたことを教訓として受け止め、倭京の伝統を尊重した。それによって大海人にまつわりついていた簒奪王のイメージは溶解し、それどころか現人神《あらひとがみ》として奉られる存在となる。この辺りのことについては、のちにも触れることがあろう。

第三章　藤原京へ

1　新京の構想

†御薪の宴、そして「みやこ」のあり方の変容

六十年以上も昔のことになるが、飛鳥を歩き始めた時分、甘樫丘に生えているのは草ばかりで樹木だった記憶がない。ともかく丘の上から真神原の全域が眺望できた。それが何時の頃から か樹木が繁茂して視界は大幅に狭められ、現在《いま》では真神原に営まれた最後の宮室・飛鳥浄御原宮跡辺りも見えなくなってしまった。

日も暮れて、その真神原も暗闇に包まれてきた。と、浄御原宮辺りであろうか、明かりが一つ点り、やがて大きな炎となって燃え上がった瞬間、どよめきが聞こえてきた――。「御薪《みかまき》の

宴」は恐らくそのようにして始まったのであろう。そんな光景を見たいものだと、甘樫丘に登るたびに〝妄想〟してきた。

御薪の宴は、初位以上の官人達が各自持ち寄った薪を用いて催された宴のことで、壬申の乱後、天武四年（六七五）正月三日、飛鳥浄御原宮に於いて催されたのが最初である。宮廷で用いる薪の意から、「みかまき（御竈木）」といい、その薪を燃やしながら酒宴が催されたので「御薪の宴《とよのあかり》」と呼ばれたのである。酒で赤らんだ顔は、燃え盛る薪の炎でいよいよ火照ったことだろう。酒宴のことを「とよのあかり」というのも、もともとは酒食に淵酔《えんずい》して「どよみ赤らむさま」に由来している。

必要な薪を各自持ち寄り、それで宴が催されるというのは、いかにも宮廷の規模が大きくはなかった時代のものであり、人々の心を結び付けるのにこれ以上ふさわしい行事はなかったろう。この催しがその後、宮廷行事として制度化される理由もその点にあったと思われる。

しかし、そうした天武朝の宮廷のあり方にも変化が生じ始める。

まず注目されるのが、二度にわたって出された「出身の法《みやこつかえ》」である。最初が天武二年（六七三）五月畿内豪族を対象に、次いで同五年四月には畿外の地方豪族にも及ぼされた官人任用制度のことで、豪族の子弟をまず「大舎人《おおとねり》」に任じて「出身」（出仕）させ、その中から才幹ある者を選抜して「当職《かなわむつかさ》」（才能に応じた役所）に配属するというものであった。この出身法によって畿内・地方を通じて豪族が官人として出仕する道が開けたといえるが、そうした傾向をさらに促したのが、天武十二年（六八三）十二月に出された詔、いわゆる「朝参《みかどまいり》の法」である。次の如きものであった。

諸《もろもろ》の文武《ふみつはもののつかさ》官人《ひと》及び畿内の有位人等《くらゐあるひとども》、四《よつ》の孟月《はじめのつき》に、必ず朝参《みかどまいり》せよ。若し死病有りて、集《うごな》はることを得ずは、当司《そのつかさ》、具《つぶさ》に記して、法官《のりのつかさ》に申し送れ、とのたまう。

「四の孟月」とは、一年を四つに分けた最初の月、即ち一月・四月・七月・十月のことで、その月には必ず朝廷に出仕するよう命じたのがこの詔である。年間四カ月という限られた期間であるが、こうして朝参が義務付けられることになった。

†天武天皇の遷都への躊躇

この朝参法がどの程度実現されたか定かではない。また実施されたとしても、四の孟月に限られ、年間を通して恒常的に真神原近辺に居住したわけではない。しかし限られた時期、期間であったとしても、この朝参法の施行によって真神原には畿内・幾外から出てきた官人有位者達が集うようになった。自ずからその受け皿として宿舎が用意されたであろう。宿舎は真神原の内ではなく、その周辺に営まれたものと思われるが、「みやこ」の内外に賑やかさが生まれたことであろう。出身法や朝参法は「みやこ」のあり方に変容を迫る要因となったに違いない。そして、それを誰よりも切実に受け止めていたのは、当の天武天皇自身であったはずだ。天武はそうした事態にどのように対応したのであろうか。

その最初が、天武五年（六七六）是歳条に見る次のような動きである。

是年《このとし》、新城《にひき》に都つくらむとす。限《かぎり》の内の田薗《たはたけ》は、公私を問はず、皆耕さずして、悉《ことごと》に荒れぬ。然れども遂に都つくらず。

文中の「新城」は、地名というより新たに都を造る予定地のこととみるが、その場所はこの段階ではわからない。また「限の内」は、造ろうとしている都の境域のことであろう。その限の内の田薗は、公私を問わず誰も耕さなかったので悉く荒れてしまった、といい、「然れども」都は造らなかった、とする。わかるようでわからない晦渋な文章ではある。『日本書紀』の記述には、素直に解釈すると文脈の泥沼にはまり込んでしまうことがある。

この文脈を解きほぐす糸口は「然れども」である。「そうではあるが、しかし」というからには、その前に述べている状況は都造りにとって好ましい姿であったことになろう。そこで適宜言葉を補いながらこの引用文を整理すれば次の如くになろう。

㋑「限の内」は耕作を放棄して荒れた田薗であったこと。換言すれば、荒れた田薗を都造りの用地として占有確保していたこと。

㋺したがって、何時でも都造りに着手することが可能であったが、結局造ることはなかったこと。

というものであった。

天武五年是歳条に記された「都づくり」に関わる記事は、以後天武十一年に至るまで六年間途絶えてしまう。中断というより、着手されないまま推移したのであろう。広い京域を持つ宮都が天武には必要だったはずだ、というのは当方（村井）の一方的な思い込みでしかなかったのだろうか。

そういえば、天武は引き続き飛鳥浄御原宮を本居とし、他所に移ることがなかった。かつて、飛鳥小学校の脇にあった石敷きが、浄御原宮の遺構の一部とされていたことがある。わずかの距離であるが、天武は真神原から離脱し始めていたのだと受け止めていたものだが、事実ではなかった。恐らく大海人皇子時代、兄天智が近江大津宮へ遷都した際、厳しい批判にさらされた現実を目の当たりにした経験が、大海人を遷都にことさら慎重にさせた理由と考えられる。

†最晩年に至っての造都造営への意識の高まり

しかしその天武が、覚醒したように活動を開始する。それをまとめたのが、別掲略年表(表3-1)である。

天武十一年(六八二)三月の最初の事項は、着手されないまま終わっていた天武五年(六七六)の「新城」での「都づくり」が再開されたことを示しているが、それを含めて、この年から十四年までの四年間に於ける「都づくり」の事業展開には目を見張るものがあった。

一つは、いまも触れた「新城」での都づくりを再開したことで、これがのちに「新益京《あらましのみやこ》」と呼ばれた「藤原京」に至る本筋の事業である。

二つは、「宮室・都城は一処にあらず、両参造らむ」と宣言し、早速「難波宮」の造営に着手したこと。この難波宮については、前章で難波長柄豊碕宮を取り上げた際に論じた。

三つは、前項と同類の施策であるが、

㋑広瀬王らを「畿内」に派遣して「都づくり」の適地を選ばせていること、
㋺三野王らを信濃に派遣して地形を観察させ、適地を占定していること

年	月日	事項
天武十一年 六八二	3・1	三野王と宮内官大夫等に命じて、新城に遣して、其の地形を見せしむ。よりて都つくらんとす。
	3・16	天皇、新城に幸す。
天武十二年 六八三	12・13	伊勢王等を遣して、天下に巡行して諸国の境界を限分《さか》ふ。しかるに是年、限分ふに堪《あ》へず。
	12・17	詔して「凡そ都城・宮室、一処に非ず。必ず両参造らむ。故《かれ》、先づ難波に都つくらむと欲《おも》ふ。是を以て百寮者、各往《まか》りて家地を請《たまは》れ」とのたまふ。
天武十三年 六八四	2・28	広瀬王等を畿内に遣して、都つくるべき地を視《み》占めたまふ。是の日、三野王等を信濃に遣して、地形を視《み》占しめたまふ。是の地に都つくらむとしたまへるか。
	3・9	天皇、京師《みやこ》を巡行《めぐ》りたまひて、宮室之地を定めたまふ。
	④・11	三野王等、信濃国の図を進《たてまつ》れり。
	10・3	伊勢王等を遣して、諸国の堺を定めしむ。
天武十四年 六八五	10・10	軽部朝臣足瀬等を信濃に遣して、行宮を造らしむ。けだし、東間温泉に幸さむと擬《おも》ほすか。
	10・12	泊瀬王等二十人を以て、畿内の役に任ず。
	10・17	伊勢王等、また東国に向《まか》る。
朱鳥元年 六八六	9・9	天武天皇没。

表 3-1　天武天皇の晩年の活動

である。

このうち、㋑の「畿内」は「新城」とは別の場所を視察したものと思われるが、この畿内の語は、畿外の信濃に対して、それ以後の事案が「新城」（大和）「難波」（河内）など複数個所に及ぶところから一括して言い表すために用いたのであろう。たしかにこの時期の天武の仕事は畿内・畿外にわたっており、まさしく「都城・宮室は一処にあらず」であった。

それにしても、この時期——それは天武の最晩年のことであった——における天武の宮都造営に対する異常とも思える意識の高まりに驚かされる。いったい何があったのだろうか。

考えられるのは、時期を同じくして諸国の国境画定の仕事を推進していることである。信濃国については三野王が地図を進上しており、地図を前に、都の場所や国境などについて談論する天武の姿が目に浮かぶ。天武の国土認識が一挙に広がったばかりでなく、畿内・畿外にわたる「都づくり」を着想させる誘因になったのではなかろうか。

なかでも信濃関係の記事が多いのは、古代に於ける国土軸であった東山道（中山道）の先にある信濃が、東国経営の前線基地として重視されたことの現れとみられる。『日本書紀』の編者も、使者の派遣を「都づくり」のためかと受け止めており、「行宮《あんぐう》」が造られたことが知られる。もっとも、その行宮については束間温泉へ行幸のためか、と記しており、〝肩透かし〟

をくらった感じではある。

加えて、出土した木簡によって、まさにこの時期「天皇」号が用いられるようになっていたことが知られ、それに対応するかのように天武十年（六八一）飛鳥浄御原宮に〝大極殿〟が造営されたという事実もある。宮殿の東南で発掘された遺構（エビノコ郭）がそれとみられている。既存の宮殿部分に取り込む余地がなかったために、別の場所に造営したのであろうが、増えてくる官司の建物も求められていた中で、この大極殿の造営は真神原脱出を促す重要な契機となったことだろう（事実、大極殿は次の藤原宮で造られる）。そしてこれこそが、この時期、天武が「都城・宮室は一処にあらず。両参造らむと欲《おも》」わせた一番の要因であったと考える。

天武十一年～十四年に高揚した天武の都城構想は、宮都の歴史上、例をみないスケールで展開されたといってよい。その意味で天武の志した先駆的な試みは高く評価されてよいであろう。ただし、天武の試みたこれらの事業の大半は、天皇在世中には完成をみなかったことも知っておく必要がある。

そしてまた、天武の行なったこれらの事業にはすべて諸王（三野王・広瀬王・泊瀬王・難波王・衣縫王。但し持統の折には高市皇子）が関わっており、意識的に王を用いていたことが知られる。皇親に限ることで意思の疎通を図った天武の意図が端的に示されている。

写真 3-1　甘樫丘から見た藤原京跡　中央が宮城跡。

2 「新益」藤原京

†持統天皇に受け継がれた造都事業

天武の展開した造都事業は、最晩年のことであったため、どれも完成することはなかった。なかでも「都づくり」の本命であった「新城」の造成は、再開されてからも京域部分の造成に終始し、宮室については、その場所選定に乗り出したところで終わっている。これを受け継いで完成したのは持統女帝である。

すなわち持統は、即位した年（六九〇）の十月、太政大臣高市皇子を派遣して宮殿の建設地を視察させており、これが「都づくり」に着手した最初である。翌年十月、「新益京」の地鎮祭を行ない、そのあと「路」の視察に出かけているのが興味をひく。条坊制《じょうぼうせい》に基づく道路造りの状況を視察したものであるが、道路によって区画される宅地造りの視察でもあったろう。そして二年後（六九三）の八月に藤原宮の造営地に行幸して造営状態を確かめており、その翌年十二月六日、晴れて「藤原京」に遷都している。これが「新城」での「都づくり」で生まれた「新益京《あらましのみやこ》」であり、それが「藤原宮」と呼ばれた新宮である。

なお、このような経緯に照らせば、遷都の時点では京域の整備も終わっていたのだから、全体を「藤原京」と呼んで一向に差支えない。それどころか、天武の着手した「新城」での「都づくり」は「京域づくり」から始められたものだったからである。

「新益京」とはその京域が、それまで真神原に営まれた諸宮に比して格段に広かったことによる呼称である。発掘調査により、京域の末端を走る京極道路が相次いで発見されたことで、想定外の広さ――東西五・三キロメートル、南北四・八キロメートルに及ぶことが確認されている。その広さは、後の平城京や平安京を超えるものだった。従来藤原京の京域については、岸俊男氏の指摘によって、北は横大路、西は中ツ道《なかつみち》、東は上ツ道《かみつみち》、そして山田寺前道が西にカーブして南を限る、という、既存の道路によって区画されていたとみられていたが、それを遥かに超える領域を占めていたことがわかった。岸説に馴れた者にとっては、にわかに信じ難いことだった。これまで、大和三山――耳成山《みみなしやま》・畝傍山《うねびやま》・香具山《かぐやま》に抱かれる形でその内部に存在したと理解していたものが、三山を含み込んでなお余りある広さだった、というのである。そして、南辺は真神原のすぐ北に接していたと推測されている。つまり新益京は、飛鳥の地とほとんど地続きのような形でその北方に展開したことになる。詳しくはわからないが、この広さは天武が最初に手がけた、天武五年時の「限の内」(＝公私の耕作を中止した荒れ地)の広さを遥かに超えるものであったに違いない。

†道路の造成から始まった「都づくり」

写真3-2は、私にとって目下の関心事である藤原京の遺跡が発掘され、その現地説明会があると知り出かけた時のもので、畝傍山を背景にした「四条条間路」を含む光景であるが、なんと西の京極路《きょうごく》は、この畝傍山を西へ超えた先を南北(右から左へ)に走っていたというから、新益京＝藤原京の広さをつくづく実感させられつつ撮影した。京域を持たない真神原の飛鳥諸宮からの飛躍的な発展を意図していた天武の構想を受け止める必要があろう。

このような京域の広大さが、発掘調査により判明した藤原京の第一の特徴とすれば、特徴のその二は、京中の道路についてである。宮室の部分では道路の遺構がその下層にあったことから、宮殿の造営時にはすでに道路が造成されていた、とみられることであった。つまりこれは、京域の整備が、宮室の造営より先になされていたことを示している。「都づくり」は通常、造

写真 3-2　発掘された四条条間道路跡　背後は畝傍山。

宮使・造京使が任命され、宮室部分と京域部分とが併行して造成されるものであるが、ここでは宮殿より先に道路の造成が行なわれていたことになる。

発掘調査によって知られたこのような事実を、同時代の記録である『日本書紀』の記述で確かめてみたいと思う。

そこで改めて「新城」での都づくりの経緯を辿ってみると、早い時期に見かけるのは「新城」あるいは「京師」の地形を視る、といった記事であった。これは「京域」部分の整地の進み具合を検分した、というものであろう。「京師」という表現が出てくるのも、その整備——具体的には道路づくりによる宅地部分の造成——が進んでいることを示すものであったとみられる。いずれにせよ、天武の在世中は専らこの種の京域部分の造成に意

写真3-3　藤原宮跡　北に耳成山を望む。

を尽くしていたこと、最晩年に至ってようやく宮室の場所選定に乗り出したものの、実現することなく没したことが知られる。

興味を引くのは、先に触れたが、持統女帝が早い時期に「路」の視察を行なっていることで、これは天武のあとを受け継いだ持統の仕事が、京域部分の整備からはじまったことを示している。そして持統による宮室造営は、こうした作業のあとに行なわれ、「新益京」と称される「藤原宮（京）」が生まれたのだった。

このように藤原京（宮）の造成過程を跡付けることで得られた文献上の知見は、宮室部分の下層に道路があったという発掘調査の所見と完全に符合し、合致しているといってよいであろう。藤原京（宮）造営の特異性として受け止めておきたい。

†藤原宮と藤原氏の関連性

それにしても、このような特異な状況は天武の行なった「都づくり」そのものの特異性に起因していることは言うまでもない。ひとことで言えばそれは、〝宮室の造作を後回しにした京域づくり〟である。「宮室」を造営することがなければ「遷都」が実現することはない。言ってみれば、〝遷都を予定していない都づくり〟であった。天武の場合、それが可能だったのはなぜか。

ひとえにそれは、「新城」が真神原と至近の距離にあったからである。それによって天武は、真神原の居所＝飛鳥浄御原宮に住み続けながら「都づくり」――「宮殿のない京域づくり」を進めることができた。天武が気にしていた〝遷都〟の名を避けるために、宮室は最後の段階で造ればよい、と。事実、天武は最晩年に至り、宮室の場所選定に乗り出したところで亡くなってしまう。

そしてこの事実は、藤原京の命運と無縁ではあり得なかったはずである。

ところで新益京は、「藤原宮（京）」と名付けられた。『万葉集』にはこの名称に関わる歌が二首収められている。

「あらたへの藤原」(「藤原宮役民の歌」巻一・五十)

「あらたへの藤井が原」(「藤原京の御井の歌」巻一・五十二)

「荒砂《あらたへ》(粗栲とも)」は、木の皮など荒い繊維で織った粗末な布のことで、主に藤蔓の皮から採ったところから、藤にかかる枕詞として用いられるようになった。藤原とは、その藤が群生するような場所のことであり、そこはまた、低湿地だったことで藤井が原とも呼ばれたのであろう。したがって、ここでの藤原(藤井が原)は個別の地名というより、「新城」の「限内」の景観を表す一般名称であったという方が適切であろう。仮に個別の地名だったとしても、広大な京域全体を藤が覆っていたわけではあるまい。

次に、藤原といえば誰しもが考えるのは、藤原氏との関わりであろう。藤原宮の名は藤原氏のそれを借りたものだ、とする見方が出てもおかしくはない。

周知のように藤原姓は、中臣鎌足が病床にあった時、これを見舞った天智天皇から与えられた姓である。正式にはその五日後、皇太子大海人を遣わし、大織冠《たいしょつかん》と大臣の位を鎌足に授け、姓を与えて藤原氏としたのである。そして、まさに藤原京の時代に頭角を現す鎌足の子不比等が、文武《もんむ》二年(六九八)八月十九日、自身とその子孫のみが藤原姓を名乗ることを文武天皇より許される。これにより一族の意美麻呂《おみまろ》を中臣姓に留めて神祇官の、自身は藤原姓を名乗り太政官の、それぞれのトップとして政治に深く関わっていくことになる。そのような経緯を考えると藤原京と藤原氏が無縁とも思えないが、しかし宮室名に一氏族の名を付けることはやはり考え難く、あり得ないことだと思う。ただし藤原姓の由来そのものが先の万葉の歌と同じであったとすれば、話はややこしくなって来る。

初春の一日、飛鳥坐《あすかにいます》神社の脇を通り小原の里を訪ねた。鎌足の母、大伴《おおとも》夫人の墓と称する小円墳の傍らに立つ古木には、藤が根元から高みにまでまつわりついて伸び、逆光に緑が映えて美しかった。少年鎌足はこの藤を見て育ち、後年天智より欲しい名を聞かれた時、藤―藤原を申し出たのではないか。それとも、鎌足が若い頃よりこの藤をこよなく愛でていたのを知っていた天智が、迷いなく付けた名であったろうか。逆光に映える藤の葉の緑を眺めながらそんなことを思っていた。むろん何の根拠もない単なる夢想に過ぎないが、藤原氏の由来は藤原宮のそれと同根であり、同じものだったのではないか。藤原京の時代、藤原京（宮）の名は、藤原氏の〝藤原〟だ

写真 3-4　小原の里の藤　鎌足の母（大伴夫人）の墓地の傍らに見た。

と受け止めていた人間がいても、一向に不思議ではなかったろう。

3　藤原京という時代

†飛鳥京と藤原京の非分離性

飛鳥真神原では平成十一年（一九九九）以来、毎年「飛鳥京跡苑池《えんち》」の発掘調査が続けられている。飛鳥浄御原宮跡の西北、飛鳥川の右岸（東側）の川岸段丘に営まれていた飛鳥時代の庭園遺跡で、渡堤で仕切られる南池と北池があり、両者をつなぐ導水路が見つかったことから、斉明天皇代に造られた南池に連ねて、北池が天武・持統朝に増設されたと理解されている。南池は浅く池辺に掘立柱の建物があり、噴水施設も備わっていた。それに対して北池は水深が二メートルほどもあり、今回発掘された水路は池の水量を調節するものであったろう――。第十五回の発掘調査説明会で聞いた内容の一端であるが、大変勉強になった。この結果から推測されるのは、南池には池のほとりに建物をしつらえて景色を楽しみ、北池では舟遊びを楽しむといった光景が目に浮かび、この池が饗応饗宴に用いられたであろうことである。これまでも注目してきた、飛鳥宮と藤原宮とが地理的に近い関係であったことの意味が、より明確になった

写真 3-5　飛鳥京跡苑池現地説明会の一コマ　右奥は甘樫丘の南端。

と思えたひとときだった。

天武・持統は、真神原の宮殿に住んだ最後の天皇であり、天武の手がけた「新城」での都づくりを承けた持統は、その完成を待って新益京こと藤原京に遷都した。これらの事実を踏まえると、真神原のこの苑池は、藤原京へ遷都した後でも宮廷行事の一環として利用されたことが考えられる。現に持統は、遷都前後に「多武嶺」に幸し（六九三）、「両槻宮」に出かけている（六九六）。前に論じたように、前者は酒船石のある真神原の「田身嶺」のことであり、後者の両槻宮もその田身嶺にあったとすべきものである。記録には残されていないが、真神原にあったその他の施設についても藤原京（宮）時代に利用されたことを思わせる。また両槻宮については、文武天皇時代の大宝二年（七〇二）三月に、大倭（和）国によって修治させたことが知られる。恐らく藤原宮には、この種の施設は真神原のそれに任せ、造られることもなかったのではなかろうか。真神原には、以前触れたように、斉明女帝の思惑によって多種多様な饗応饗宴施設が造られており、それらの多くは石で造られたこともあって、そのまま残されたものもある一方、新たに整備拡充されたものもあったのであろう。飛鳥宮と藤原宮とは空間的に近かったというだけでなく、機能のうえでも密接につながっていたことが知られる。飛鳥京は藤原京の時代でも死んではいなかったのだ――。

そのような観点から、改めて飛鳥浄御原宮から藤原宮への遷都を考えてみると、両者は近接していたので、当時の人々にとって遷都の実感はほとんど湧かなかったのではなかろうか。遷都に先立ち、右大臣以下に京中の宅地を班給しているが（与えるべき土地は広大な京域の中に〝無限〟にあった）、実際に移住した者がどれほどいたか、甚だ疑問である。というのも近距離遷都だったので、それまでの住居から出仕することができたからである。宮殿の周辺に建てられた貴族官人たちの邸宅は疎らだったろう。発掘調査の結果もそのような状況を伝えている。

こうした事実をもって、飛鳥京と藤原京の非分離性（空間的にも機能的にも）とでも呼んでおきたいと思う。

そういえばこれまで気になっていた歌があった。文武天皇の没後に即位した母の元明《げんめい》天皇が、和銅三年（七一〇）三月、藤原京を棄て平城京へ遷った時の歌で、『万葉集』巻一に次のように記している。

和銅三年（七一〇）藤原宮より寧楽宮《なら》（平城宮）に遷りましし時、はるかに古郷を望みて作る歌

飛ぶ鳥の　あすかの里を　置きて去《い》なば
君があたりは　見えずかもあらむ

詞書と併せて読めば、藤原宮も飛鳥の里にあったとする理解があったことが知られよう。息子文武の没後、わずかの期間この宮に住んだ元明にとっては、それが実感だったのであろう。そしてこのような飛鳥京と藤原京との深密な非分離性こそが、藤原京（宮）がわずか十六年という短期間で終わった要因であったと考える。

そして藤原京が放棄されたことで、ほぼ一世紀続いた飛鳥諸宮の時代は完全に終わったのである。別の言葉でいえば、それは皇祖母尊斉明女帝一族《ファミリー》の時代の終わりでもあった。

"一卵性家族"の八角墓——飛鳥時代の終焉

今日ではよく知られているように、この時期の天皇墓は八角形であった。ただし目下確認さ

れているのは、天智、天武・持統合葬陵だけであるが、八角墓であることが判明した牽牛子塚《けんごしづか》古墳が斉明の、中尾山古墳が文武の墓であることはほぼ確定した事実とみてよいであろう。長蛇の列を作って見学した前者の、八角形を構成する角度をもって置かれた礎石の一部、ことに凝灰岩をくり抜いて造られた二つの石室を見た時、娘の間人皇女、孫の建皇子との合葬を熱望した斉明の思いを実感させられたものだった。そのすぐ前に設けられていた大田皇女のそれも合わせ、これは〝一卵性家族〟の墓であった。

雨で崩れたことで八角形を確認できた中尾山古墳は、祖母持統女帝が合葬されている大内陵《おおうち》と指呼の間にある。ついでに言えば、中尾山古墳のすぐ近くにある、優れた装飾壁画で知られる高松塚古墳は、同時期のものとみられるが八角墳ではない。したがって天皇陵ではないが、その豪華さから恐らく皇族級の墓であろう。造られた時期、そして被葬者の頭上に北極星が描かれたこの墓は、母持統が「天上で天子であれ」との思いを込めた草壁皇子の墓ではなかろうか。もしそうであれば、ここにも持統―草壁―文武という絆で結ばれた家族墳があったことになるが、この方はまったくの願望に過ぎない。それはともかく、文武陵（中尾山古墳）をここに定めたのは母の元明女帝である。平城京遷都を実現した元明は、のちに平城京の北、佐保の地に葬られるが八角墓ではない。八角墓は文武で終わるのである。

つまり八角形の陵墓は、斉明に始まり文武で終わったことになる。その事実をどのように理

写真 3-6　復元途中の牽午子塚古墳　あれは、ピラミッドか UFO か。

解すればよいのだろうか。第一章で見た、斉明を皇祖母尊と奉った一族子弟間に共有された意識が、ここで途切れたことはたしかであろう。極端な近親結婚による、純血主義に基づく皇権の維持を図ったこの女帝の意図は、それゆえ現実には数々の悲劇を生み出しつつも、八角墓たることでつながっていたといえるが、それが終わったことになる。こうして皇祖母尊斉明の威光は薄明の中に消えていったのである。それはまた飛鳥の時代の終焉でもあった。

皇祖母尊斉明の果たした役割を重視してきた手前、飛鳥時代を終えるに当たり、もう一度牽牛子塚古墳を訪れた。前回の見学時の記憶から、そこを回れば陵墓の森が見えてくるはず、という地点に来た時、目に入ってきたのは〝UFO〟か、はたまた〝ピラミッド〟か、そんな風に思える白い三角形の物体が裸の丘の上に据えられていた。工事途中ということで近付くことはできなかったが、合葬墓の形態や内部が見えるような仕組みで再現されるのであろう。現在治定されている斉明陵は高市郡高取町大字車木にある。したがって宮内庁が所管している天皇陵ではないところから、こうした形での復元が可能なのであろうが、学問的な評価に耐え得るものにしてほしいと思う。

しかしそれとは別に、この牽牛子塚古墳が斉明家族の合葬墓であることにほぼ間違いない以上、これを天皇家とは無縁の墓として放置するのは忍びない。これまで治定した斉明陵はそのままにしてでも、せめてこれを参考陵墓として関わることはできないのであろうか。それが叶えば、この〝一卵性家族〟の霊魂は千年の時を越えて浮かばれることであろう。情愛があれば、今からでも遅くはない、一歩踏み出してほしいと願う。

最後に大内合葬陵についても少し触れておきたい。

藤原定家の日記『明月記』に、天武天皇大内山陵が盗掘にあったことが記されている（嘉禎《かてい》元年四月二十二日、六月三日、六月六日条）。天武天皇のものと思われる白骨や白髪が少し残っていたことや、女帝（持統）の銀の骨筥《こつばこ》が路頭に棄てられていたことを記したうえで、「塵灰《じんかい》と雖も、猶《なお》尋ね収められるべきか」と愁えている。この記述でも確かめられるように、持統は火葬であった。なぜ彼女は当時一般的でなかった火葬を望んだのであろうか。

どの天皇も、没後は自身の山陵に葬られているが、唯一の例外が天武天皇の大内山陵に合葬された持統女帝の場合である。この山陵は、持統二年（六八八）十一月に、持統によって営まれたが、合葬のスペースはむろん用意されてはいなかった。したがって、合葬は持統が晩年に思い立った願いであり、火葬は、予定されていなかった合葬を可能にするための、唯一の方法であった。持統の遺命により行なわれたものとみる。

この合葬を、今迄は、持統があくまでも天武の皇后として、夫婦として、共に同じ墓に葬られることを願った、夫への強い愛情の表れであり、言ってみれば〝押しかけ合葬〟であった、などと思っていたが、持統の生涯を辿るなかでそうした印象は反転した。

では、合葬にこだわった持統の意図は何だったのであろうか。ひと言で言えば、草壁への執着、妄執である。

持統は、天武の没後一ヵ月も経たぬ間に、同母の姉大田皇女の息子、大津皇子を殺している。大津皇子が、自身の息子、皇太子草壁の地位を脅かすことを恐れての仕業であった。夫天武が心を砕き、彼女自身も行なった「吉野の盟約」を最初に破ったのは、他ならぬ皇后自身であったのだ。しかし草壁は、その二年余り後に没してしまう。

草壁亡きあと、高市皇子を始め、天皇に立ち得る人物は多数いたが、持統は草壁の系統にこだわり、年少の軽《かる》皇子（文武天皇）の即位を超法規的に実現させる。持統にとっては、〝草壁皇

写真 3-7　天武・持統合葬陵（檜隈大内陵）

統〟しか認められなかったのである。そのような持統は、自分こそが天武の皇后＝正妻であり、したがって所生の草壁皇子とその系統こそが、唯一無二の皇位継承者である――そのことを天下に表明する必要があった。そのために持統自身は、天皇ではなく、天武の皇后であることに徹したのである。

異例とも思える度々の吉野行幸が、生きてなお天武との合一化を求めた儀式であったとすれば、大内山陵への合葬は、死してなお草壁の〝皇統〟の絶対性を主張するためのものであった。

第四章　平城京へ

1　百官の府

†母・元明女帝に引き継がれた遷都構想

若くして亡くなった父、草壁皇子の体質を継いだのであろう、文武天皇も生来「蒲柳の質」だった。父よりも三年早く二十五歳で生涯を終えている。しかし在位十年間（六九七—七〇七）に果たした事績は少なくない。なかでも、三品刑部《おさかべ》親王や正三位藤原朝臣不比等らの推進した大宝律令の撰定は、その後における国家体制の構築に絶大な役割を果たすことになる。

文武はまた遷都にも取り組み、慶雲《けいうん》四年（七〇七）二月、王臣五位以上に遷都のことを議論させている。律令国家にふさわしい宮都造りが論じられたものとみる。しかし文武はそれから四カ月後に没しており、遷都の事業は文武のあとに即位した、母の元明女帝に引き継がれることになる。元明は和銅元年（七〇八）二月十五日に詔を出し、遷都のことを天下に知らしめている。これまでにも遷都はたびたび行なわれてきたが、その意図なり趣旨が語られることはほとんどなかった。その点で、この詔は遷都についての天皇の基本姿勢が語られた希有の文献といってよいであろう。参考のため全文を引用し、大意を記してみる。

戊寅。詔して曰く、朕、祗《つつし》みて上玄を奉《う》けたまはりて宇内に君臨し、菲《ひ》薄《はく》の徳を以て、紫宮の尊に処す。常に以為《おもへ》らく、これを作《な》す者は労し、これに居る者は逸《やす》しと。遷都の事は必ずとすること未だ遑《いとま》あらざるなり。而るに王公大臣咸《み》な言《まう》さく、住古より已降《このかた》、近代に至るまで、日を揆《はか》り、星を瞻《み》て、宮室の基を起し、世をトひ土を相《み》て、帝皇の邑を建つ。定鼎《ていけい》の基、永く固く、無窮の業、斯《ここ》にありと。衆議忍び難く、詞情深切なり。然らば即ち、京師は百官の府、四海の帰する所、唯朕一人、豈《あ》に独り逸予せんや。苟くも物を利すること、其れ遠かるべけんや。昔殷王《いんおう》五たび遷りて中興の号を受け、周后三たび定めて太平の称を致す。安んじて以てその久安の宅を遷せり。方今、平城の地、四禽《しきん》図に叶ひ、三山鎮を作し、亀《き》筮《ぜい》並びに従ふ。宜しく都邑を建つべし。その営構の資は、須《すべから》く事条に随ひて奏すべし。また秋収の後を待ちて、路橋を造らしめよ。子来の義、労擾《ろうじょう》を致すこと勿れ。制

写真 4-1　若草山から眺望した平城宮跡　中景、光の当たっている部分。

度の宜、後に加へざらしめよ、と。

宮都をつくる者は苦労し、後に住む者は楽しんでいる。そんな遷都をしなければならないとは思わない。しかし王公大臣たちは皆、昔より今に至るまで宮都を建てることが国家が安泰で永く続く基といい、遷都をこぞって切望している。

たしかに京師は百官の府であり四海の集まる所であって、自分だけが楽しむ所ではない。幸い平城の地は土地柄が良いので、ここに都邑を建てよう。造営工事は経費を正しく使い、秋収ののちに行ない、民を苦しめてはならない。

この詔が出された翌月、京官・地方官にわたる百官の大移動がなされている。遷都に向けての人事というわけではないが、左大臣とされた石上麻呂、右大臣に任じられた藤原不比等らが遷都——それは造都でもあった——を統括する首脳となったことは言うまでもない。九月に入り元明が平城の地を巡幸して地形を視察したのが手始めで、造都事業は新たに任命された造京使・造宮使たちによって推進され、女帝が藤原京から平城京(宮)へ遷ったのは和銅三年(七一〇)三月七日のことである。ただしどの遷都でも、天皇の新都への遷御は造都事業の終結を意味せず、むしろ工事はその後に本格化したと言ってよい。平城京でも、造宮役夫たちが食料を欠き帰郷に苦しむといった事実が再三報告されており、その一端が知られる。

†貴族官人の母胎としての「百官の府」

ともあれこうして奈良盆地の北に出現したのが、遷都

写真 4-2　平城宮朱雀門　手前に朱雀大路が広がる。

写真 4-3　平城宮大極殿　聖武天皇の即位に向けて造営された。

の詔の言葉を借りるなら「百官の府」であった。百官の府とは、王宮内裏とその周辺に群立する官司を核とする国家統治の中枢のことであり、それが、条坊制に基づいて造成された京域の中央北部に営まれていた。

以前述べたように、飛鳥京時代の末期に「出身法」（六七三・六七六）や「朝参法」（六八三）が出されたことで、畿内・地方を通じて豪族たちの「京」への出仕が促され、それに伴い彼らは限られた時期ながら真神原の内外に止住するようになったと思われる。加えて藤原京から平城京への遠隔地遷都も、豪族たちの京師集住を加速させる要因になったろう。この前後から給与制度に関する記事を見かけるようになるのもその現れである。特に官司に出仕する「上日《じょうじつ》」数が問題にされたのは、それが給与算定の基準となり、さらには成績考課（勤務評定）の資料とされたからである。地方に居住していた豪族たちは、こうして京師に居を移し、官司に出仕して給与を受ける都市貴族となっていく。

貴族官人たちが受ける給与が「代耕《だいこう》の禄《ろく》」と呼ばれているのも、そのような時代相を端的に示している。例えば慶雲三年（七〇六）三月十四日に出された詔は、王公諸臣が山野を占有することを禁じたものであるが、その中でこんな表現が用いられている。


軒冕《けんべん》の群《むれ》、代耕の禄を受け、有秩の類、民農を妨ぐることなし。


軒冕・有秩はともに官位の高い王公貴族のことをいうが、彼らには耕作する代わりに給与が与えられているではないか、（にもかかわらず）山野を占有して民農を妨げることがあってはならない、というもので、この「代耕の禄」も、豪族たちの貴族化が田舎・郷土離れ、そしてそれによる生産からの遊離であったことを示している。こうして百官の府が貴族を生む母胎になり、貴族社会の展開を促す舞台となったのだった。

ところでその百官の府となった宮都はどのような姿であったのか。

平安京については、近衛《このえ》家や九条家などに「宮城図」が伝えられてきたが、平城京については残念ながらこの種の図面は残されていない。平安京は長い歴史の歩みの中で全面的に市街地となり、発掘調査もままならないが、たまたま宮城域の発掘が行なわれた場合、宮城図が拠り

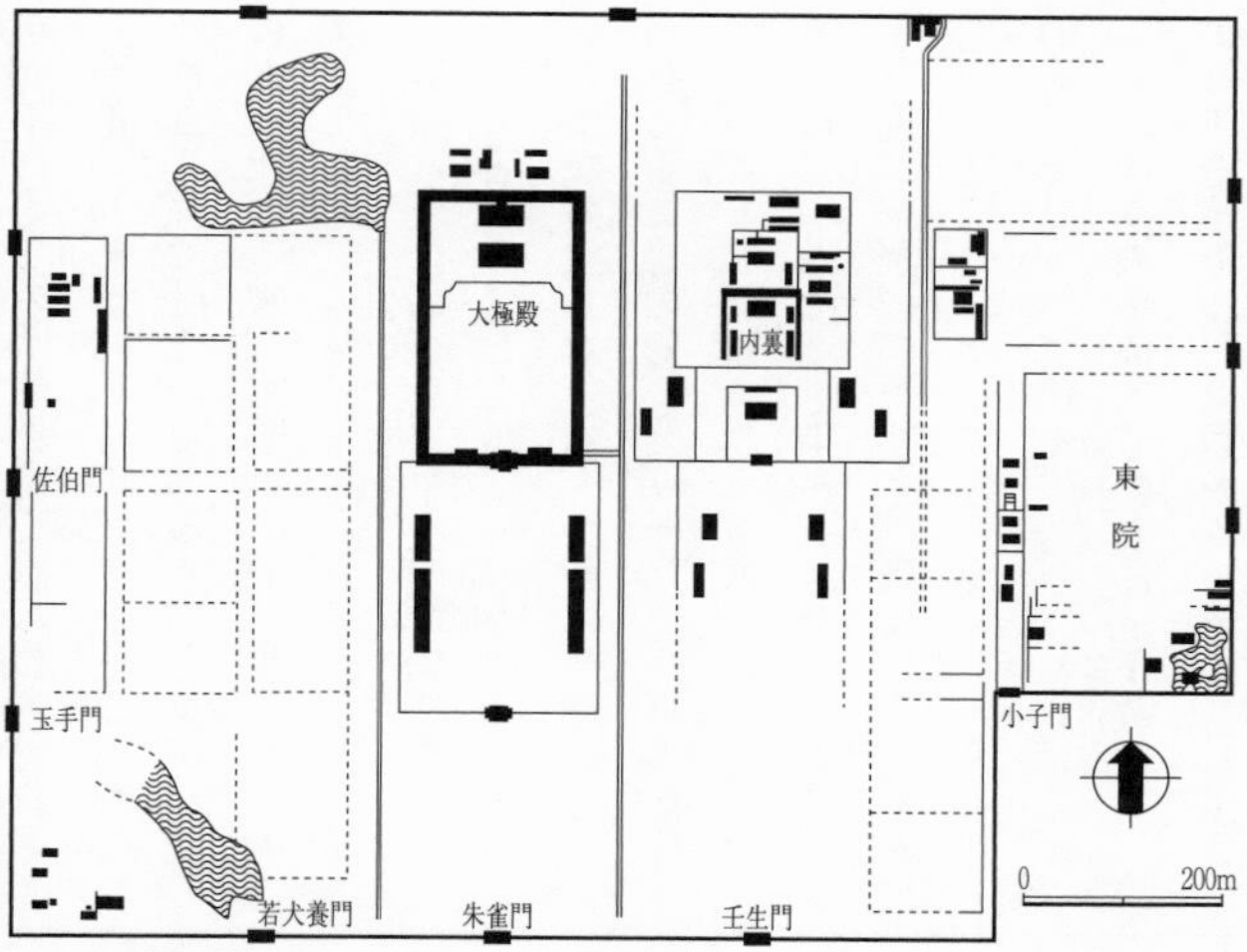

図 1-① 前期平城宮

所とされており、その史料的価値は高い。対して平城京では、宮城部分が国有地として保有されてきた関係で綿密な発掘調査が重ねられ、その発掘調査に基づく宮城図が作成されている。その「平城京図」は「平安京図」とは別の意味で貴重な図といってよいであろう。ここに借用したのは、奈良文化財研究所によって作成された奈良時代前期と後期の図であるが、この図を見ながら平城宮の光景を思い描いてみたい。

†「宮城図」の詳細

まず目に付くのは東の出っ張り部分である。ここが、藤原不比等の邸宅をもとに造営された首皇子《おびと》(後の聖武天皇)の御所、「東院」であったことは周知の通りであるが、不比等との関係を考えればこのプランは造都の初めからのもので、あとから付加されたものではないであろう。首皇子が文武と不比等の娘、宮子《みやこ》との間に生まれたのは、大宝元年（七〇一）のことであるから、平城京（宮）に遷都された時点で十歳、ここで生活すること十四年ののちに即位することになる。ちなみに、のちに皇后に立てられる不比等の娘、光明子《こうみょうし》は首と同年齢であり、ここを訪れることもあったと思われるから、二人は幼馴染みだったのである。また首が東院にいた間、内裏に住んだのが元明・元正《げんしょう》の二女帝であるが、ひたすら首の成長を見守っていた。

　その辺りの事情は、のちに「不改常典《ふかいじょうてん》」のことを取り上げる際うかがうことにした

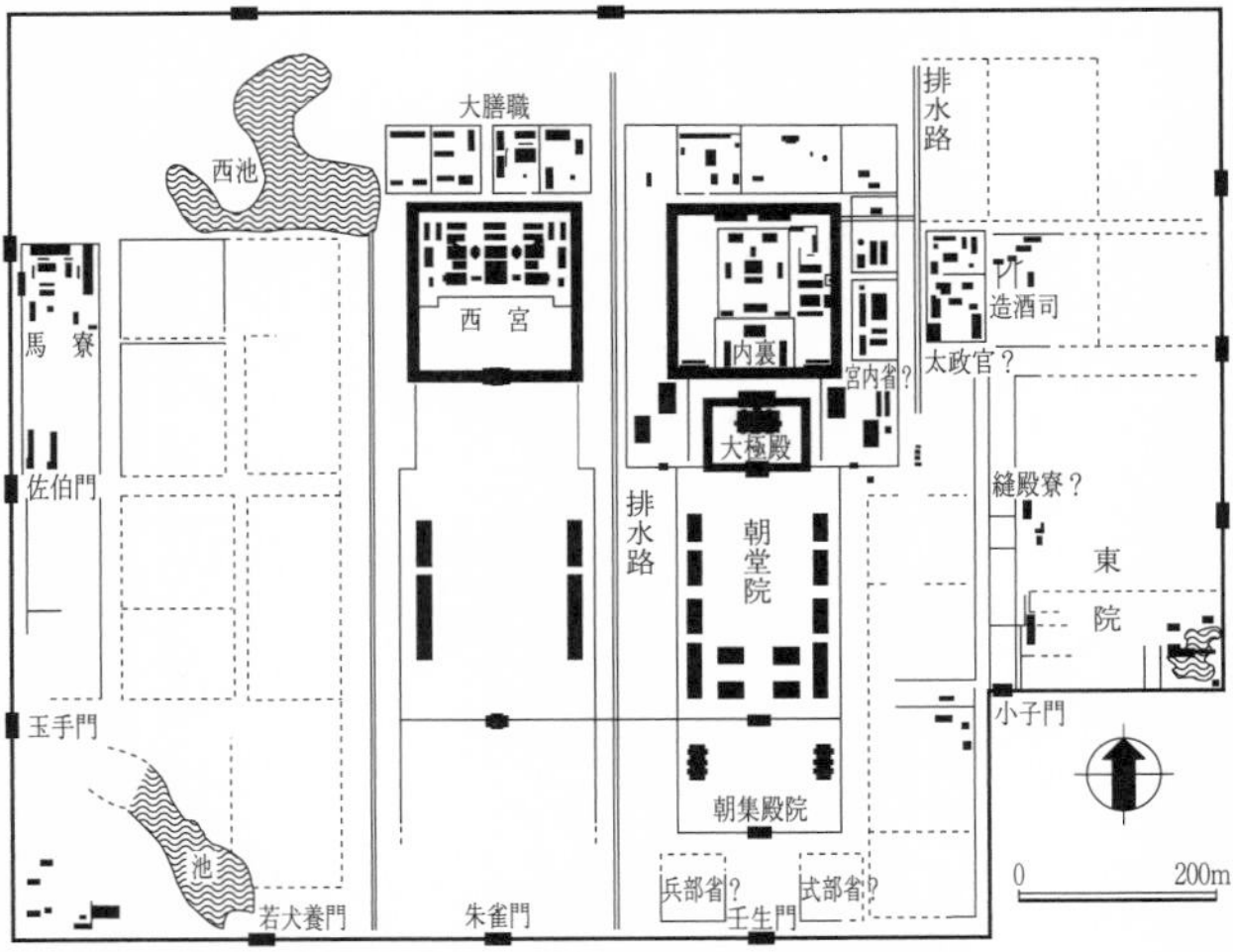

図1-②　後期平城宮

い。詳しくはその折に委ねるが、内裏よりも東院の方が立派だったのでは、と思えてくるのは、いわば東院が「不改常典」を可視化した場所だったたという思いがあるせいかもしれない。

内裏の西にあった、いわゆる第一次大極殿(院)。ここは首のための大極殿として、首の即位前から造営に着手したものと考えているが、気になるのは、だとすればそれ以前、元正が即位した大極殿はどこにあったのか、である。前掲の後期平城宮図に見える大極殿は、恭仁《くに》京から還都後に造られた通称第二次大極殿であるが、調査の結果この下に同規模の掘立柱形式の大極殿とみられる建物が造られていたというから、それであろうか。いずれにせよ、第一次大極殿の北には、居住区である内裏が存在した形跡はないから、即位後の聖武が住んだのは、元明・元正と同じ東の内裏であったことになろう。つまり、聖武の時代には、即位をはじめ国家的行事のもたれる公的な場の大極殿と、天皇とその家族の住む私的な空間である内裏とが、東西に分離されていたことになる。

大極殿と内裏の分離といえば、この形が初めて現れたのは長岡宮であったとするのが通説であるが、右の理解に誤りがなければ、この形はすでに平城宮において出現していたことになる。検討を要する点であろう。

†「倭京」の到達点としての平城京

前期図と後期図を見比べた場合、前期は意外と簡素であり、後期になって格段に施設が充実していることがわかる。前期の図のうち、大極殿は聖武の恭仁宮遷御に伴い解体移建されて消滅（のちに「西宮」として再整備される）。それにとどまらず、〝彷徨〟の五年間は留守官を置いたとしても平城宮は放置され、荒廃にゆだねられていたが、その様相まではどちらの図からも汲み取れない。後期図は、そうした事態を脱したあとに拡充された様子を示しているのである。

そのことに関して、後の称徳女帝の死後、皇太子白壁王《しらかべ》（のちの光仁天皇《こうにん》）が次のような令旨を出している（『続日本紀』宝亀元年〈七七〇〉九月三日条）。

令旨すらく、比年《としごろ》、令外《りようげ》の官、其の員数繁夥《はんか》にして徒らに国用を費し、公途に益すること無し。官を省《はぶ》き務《つとめ》を簡にするは往聖の嘉典なり。要司を除くの外、宜しく廃省すべし。

これによれば、職員令《しきいんれい》に定められていない「令外の官」の設置が官司増加の原因であり、それがまた官人増加の温床ともなっていたことが知られる。このような官司・官人増加の元凶が道鏡であったこと、これによって廃止された官司が道鏡関係であったことも明らかになっている。しかしこの政策の効果も限定的であったとみられ、依然として過剰な状態は続いていくのである。宝亀十一年（七八〇）三月十六日の太政官奏でも、「今、官衆《おほ》く事殷《さかん》にして蚕食《さんしょく》する者多し」「当今の急は官を省き役を息《や》め」「官員を省けば、即ち倉廩《さうりん》実りて」などという理由で冗《じょう》官《かん》の廃止を打ち出しているから、このような状態は奈良時代の末まで及んだものと思われる。

　それが後期図にみる〝充実ぶり〟の実状だとすれば、図面の奥にあるものを慎重に吟味することが求められよう。換言すれば、官司官人の増加により、すでに平城宮はキャパオーバーの状態であったことに注目すべきである。

　最後に一言。「平城宮図」と「平安宮図」（三二〇頁）を見比べると、後者の整序ぶりが歴然である。平城宮が前期後期を通して基本プラン——東西に並ぶ二つのブロックを基本型とし、それを改変することがほとんどなかったのに対して、平安宮では、まったく別の発想による基本設計が施されている。それをもって平城宮の未熟さを指摘するのは容易であるが、大事なのはそれが「倭京」の到達点であり、完成型であったという、歴史的な位置づけと評価に重点を置くことであろう。

2　羅城門はあったか

史料から見えてくる羅城門

羅城門《らじょうもん》はあったか。

「これ、平城京のこと?」

「そう」

「なかったの?」

「とは言っていない」

「なら、あったの?」

「あった」

「あったのなら、そんなややこしい言い方をしなくても――」

ごもっとも、と思うが、そんな言い方をしたくなるのが平城京の羅城門なのである。平城京の記録は、専ら『続日本紀』によるが、はじめて羅城門のことを調べた際、ページをめくってもめくっても、羅城門の文字が出てこない。記事(史料)がないから事実がなかったとは言えないとわかっていても、ひょっとして平城京には、それまでの宮都と同じように羅城門はなかったのではないか、そんな思いが強くなった時、羅城門の文字が目に飛び込んできた。天平十九年（七四七）六月十五日条で、この日羅城門で雩《あまごい》（祈雨）をした、とある。羅城門はやはりあったのだ。

それにしても、平城京遷都が和銅三年（七一〇）であるから、三十七年も経っている。遅すぎるのではないか、という思いを拭い切れないまま、それまで目を通した記事を思い返してみた。羅城門は「みやこ」の表玄関だから、外国使節を迎えた場面に留意する必要があるのではないか、と。案の定、次のような記事㈠と㈢に出会った。先の記事と併せて書き上げてみる。

㈠和銅七年（七一四）十二月二十六日
新羅使入京す。従六位下布勢朝臣・正七位上大野朝臣東人《あずまひと》を遣し騎兵一百七十を率《ゐ》て三椅《みはし》に迎えしむ。

㈡天平十九年（七四七）六月十五日
羅城門に於て雩《あまごひ》す。

㈢宝亀十年（七七九）四月三十日

唐客入京す。将軍ら騎兵二百、蝦夷廿人を率《ゐ》て京城門外の三橋に迎接す。

三椅（橋）なるものが目に付く。平城京の溝に架かる三つの橋のことであるが、その南に広がる広場で、騎馬集団による新羅や唐の使者を歓迎する行事が盛大に繰り広げられた様子が目に浮かぶ。㈠の場合、この行事のためにその前月、畿内七道から九百九十もの騎兵が差発動員されており、大掛かりな準備がなされていた。

かつて推古朝で、遣隋使小野妹子《おののいもこ》が帰朝した際（六〇八）、日本の事情を探るためであろう、これに同道して来朝した裴世清《はいせいせい》を、海石榴市《つばいち》に於いて騎馬により盛大に歓迎した場面が想起される。序章でも触れたが、勇壮で華麗なこの行事には、相応の空間が必要だった。それが平城京では京南、三椅の広場であった。現在も、その名を冠する町が大和郡山市に存在する。

その三椅が、㈢では「京城門外三橋」とある。この京城門こそ、言うところの羅城門であろう。表現の変化に、この門への関心が強まったことをうかがわせるが、それでも羅城門と記されてはいない。

では逆に、「京城門」といわれていることにこだわってみる。京城門とは、京域（左京・右京から成る京中）の正門のことである。京域の正門であるなら、その中央を南北に走る朱雀大路《すざくおおじ》の南端に立っているはずだから――。

「朱雀門だ」

「そう、朱雀門。羅城門は本来朱雀門だったのだ」

しかし現実は、同じ朱雀大路の北端、宮城域の正門の名になっている。宮都は、宮城部分の造営に始まり、その外部の京城域は遅れて整備されたから、朱雀門の名は先取りされていた――。

†歓迎行事の推移とともに

「いまの話、本当？」

「半分作り話です」

「またまた」

「だけど半分は本当の話」

ところで近時の発掘調査によれば、当初、左京部分には十条大路があった（のちに削除）という。これは九条大路と、その十条大路との間のスペースが、騎馬が外国使節団を迎える〝三椅の広場〟として用いられたことを示している。十条大路が左京だけだったのは、客を迎える側の位置取りとして、それで十分だったからである。しかし京外の三椅広場での歓迎は、朱雀大路を広場として擁する宮城門＝朱雀門前での歓迎に取って替わられていく。これは、京中へ入るのに、京域南端の京城門＝羅城門を経て北上するよりも、京域の西から宮城門（朱雀門）に直に向かう道が選ばれるようになったことが大きな理由だと思われる。十条大路が消えたのもそれが原因であろう。

†羅城がないのに羅城門？

ところで、羅城門についてしばしば出される疑問は、羅城がないのになぜ羅城門があるのか、である。平城京には形ばかりの羅城と思しき建造物が、門の両側にだけ建っていたが、京域の四周を囲んだものではない。

平安時代のことになるが、応天門の変（八六六）で焼け落ちたこの門が再建された際（八七一）、応天門の他、朱雀門や羅城門についてもその門号の意味を学者達に問うているが、羅城門については満足のいく返答が得られなかった。羅城がないのに羅城門だけが立っている必然性を、理解することができなかったのであろう。

しかしここで確認しておきたいのは、門は孤立していても、その背後に広がりを擁していたことである。神社の鳥居をくぐればそこは神域であるように、京城門とも呼ばれた羅城門も、京域の四周を区切る羅城がなくとも、京城全体に関わる存在という観念が生まれていた。日照り続きで行なわれた雩（雨乞い）をはじめ、天変地異や疫病の流行時などに催された各種神事法要から、土俗信仰に基づく行事の類に至るまで、京中住民の生活にかかわる行事の場となり得たのもそれゆえである。

しかし平城京の羅城門は、あろうことか、朱雀大路の上を南流した佐保《さほ》川の直撃を受けて破壊され、遺構は何一つ残っていない。東西三十三メートルに及ぶ重層建築であったという。

一日、羅城門跡一帯を訪ねてみた。佐保川左岸の小公園に「平城京羅城門跡碑」が立っているのを見届けた後、右岸へ渡ると、眼下に墓地が広がり、その中に立つ二基の鳥居が目に入る。大和郡山市の墓地で、江戸時代に始まるが、鳥居があることでよく知られている。その鳥居の下に由緒を刻む石標が立っており、その冒頭の文言から、ここが「来世墓地」と呼ばれていたことを知った。ライセ墓地と読むのであろう。墓地の名が来世とは、これ以上ふさわしい名はないと感心させられるが、ライセは、実は羅城門の名に由来する。

我々は羅城を〝ラジョウ〟と読むが、それは呉音訓であって、古くは「ラセイ・モン」と漢音で読んでいた。その〝ラセイ〟

写真4-4　平城宮羅城門跡石碑　小公園の一角に。

に、適宜漢字が充てられたことで、ライセ・ライセイ・ライショウ・ラショウなどと転訛した。平安京の羅城門跡も、遷都千百年記念事業の一環として編纂された『平安通志』によれば、その遺跡を「来生」と呼び、「来生ハらいせいと訓ス、羅城ノ古訓の転訛ナリ」と述べており、同じような転訛を遂げていたことがわかる。しかし現在その辺りは羅城門町と呼ばれ、ライセイなどの小字名は失われてしまった。地名には歴史が込められており、安易な改変は、その土地の歴史を消してしまうことを肝に銘じておきたい。

写真 4-5　橋の辺りに羅城門があった　下は佐保川。

写真 4-6　来世墓地（2021 年現在）　羅城門跡の側に営まれた。

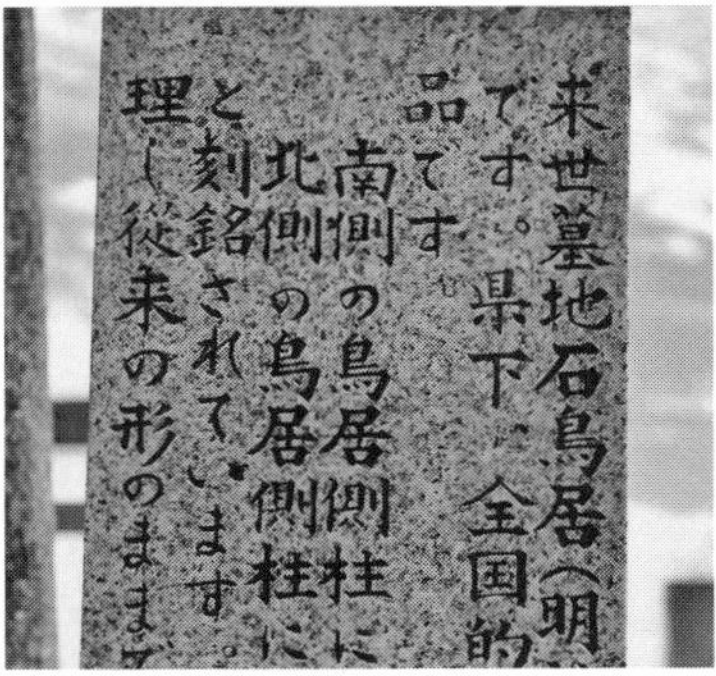

写真 4-7　来世墓地碑

羅城門に関しては、平安京の羅城門についても語るべきことがあるので、その折に改めて取り上げたいと思う。

3　「不改常典」の謎

†元明の詔の特異性

元明天皇は、我が子文武天皇が没したあと藤原宮の大極殿で即位する。慶雲四年（七〇七）七月十七日のことである。どの天皇も、即位に際して詔を出し、即位の経緯を述べ決意を表明するのが常であったから、この女帝についても即位の詔（宣命体）が残されている。しかし元明の詔がことさら注目されているのは、その中に「不改常典」なる文言がはじめて登場することにある。

「不改常典」とは、「関《か》けまくも威《かしこ》き近江大津宮御宇大倭根子天皇《あふみのおほつのみやにあめのしたしらしめししおおやまとねこすめらみこと》の天地《あめつち》と共に長く日《ひ》月《つき》と共に遠く不改常典《かはるましじきつねののり》と立て賜ひ敷き賜へる法《のり》」（以下「不改常典」と略称する）のことであるが、元明の詔は、それが用いられ始めた状況を次のように述べている。

藤原京で天下を統治された持統天皇は、丁酉《ひのととり》（文武元年八月）に、この天下を治めていく業《わざ》を、草壁皇子の嫡子で、今まで天下を治めてこられた天皇（文武）にお授けになり、二人ならんでこの天下を治め、調和させてこられた。

これは口にいうのも恐れ多い近江の大津宮で天下を統治された天智天皇が、天地と共に長く、日月と共に遠くまで、改《か》わることのない常の典《のり》（不改常典）として、定められ実施された法をお受けつぎになり、行なわれることである（略）。（宇治谷孟『全現代語訳続日本紀』）

ただし、天智天皇が定めたという事実も、その内容も、実は何一つわかってはいない。「不改常典」の実態を探るには、結局のところ、それが持ち出された事例、すなわち各天皇の即位の詔の中で、どのような経緯で皇位を継承し、そのことに「不改常典」が関わったか否かを検証したうえで、その結果から帰納する以外に方法はないと思われる。そこで以下、いささか煩瑣になるが、元明から桓武まで、平城京歴代天皇即位の詔の要点を抜き出してみる。

†歴代天皇即位の詔における「不改常典」

(1)元明天皇の詔

先述したように、文武天皇が持統天皇の譲りを受けて即位したのは、「天智天皇の立てた不改常典に従って行なわれたものである」、と述べる。

＊これは文武の即位について述べたものであり、元明の即位が「不改常典」に従ったものと述べているわけではなく、要注意である。実はそこが最大の問題点で、後に取り上げる。

(2)元正天皇の詔

先帝（元明）の譲りを受けて即位する、とあるだけで、「不改常典」に触れることはない。

＊ただし、聖武天皇の詔の中に、元正の言葉が興味深く語られている。

(3)聖武天皇の詔

元正が語られるには、「この国の統治権は汝（首皇子、即位して聖武天皇）の父（文武）が、汝に賜わった天下の業であるが、汝はまだ若かったのでその位に耐えられないとみて、元明が天下の業を引き継いだ。霊亀元年に私（元正）に譲位される時に元明から賜わった『この天下の業は天智の不改常典に従って必ず文武の子（首）に授けよ』との詔によって（首に）譲り給う」と述べられたのを受けて即位した、とある。

＊首皇子が、「不改常典」に従って確実に即位するよう、元明・元正の二女帝が首の成長を待っ

た様子がよくわかる。

(4) 孝謙天皇の詔

聖武天皇の命に従って即位する、とあるだけで「不改常典」は出てこない。

＊孝謙《こうけん》への譲位について、聖武が詔の中で「自分には他に子はなく、ただこの太子《ひつぎのみこ》（阿倍内親王＝孝謙）一人のみが我が子である。だから譲位するのだ」と述べていることが、後の記述から知られる。

(5) 淳仁天皇の詔

高野天皇（孝謙）の譲りを受けて即位する、とあるだけで「不改常典」は出てこない。

(6) 称徳天皇の詔

正式に重祚した記事はなく、即位の詔も知られてはいない。ただし、別の件に関する詔では、「再び皇位に還り天下を治める」と述べている。

(7) 光仁天皇の詔

高野天皇（称徳）から「天下の業を仕えまつれ」との仰せがあった、とするだけで「不改常典」の語はない。

＊ただしそれに続けて、「高御《たかみ》座《くら》の業は天に坐《ましま》す神、地に坐す神の相うづなひ奉り相扶《たす》け奉る事に依りてし比《こ》の座には平けく安《やすらけ》く御坐を、天下は所知《しらしめす》ものに在るらしとなも所念《おもはし》めす」と述べ、詔の中では異例のものである。出家して道鏡と共治した称徳批判を込めた、光仁の決意の表れであろう。

(8)桓武天皇の詔

天下の業を「近江大津宮に御宇天皇の初め賜へる法のまにまにうけ賜はりて仕へ奉れ」との仰せに従って即位する、とある。

＊この表現は「不改常典」そのものであり、それが天智系皇統の天皇に初めて適用されたことを示すが、そのことに関して言及されるところはない。

†首皇子の出生から生まれた「不改常典」

以上、「不改常典」の言葉の存在を元明の詔から桓武に至る平城京歴代天皇の即位の詔をみてきたが、その中で指摘したこと（＊）を含めて整理すれば、以下のようなことが言える。

(1)平城京時代の天皇、元明~桓武の八代(七人)のうち、「不改常典」によって即位したのは、聖武と桓武の二人だけである。ただし桓武は、皇位継承をめぐる争いの後の即位であり、事情を異にするので差し当たり除外すれば、聖武一人だけだったということになる。

(2)「不改常典」の詔を最初に用いたのは元明であり、文武の即位に適用されたとする理解がある。もしそれが事実なら、文武自身の即位の詔にこの語が出てしかるべきであるが出てこない。文武即位時には「不改常典」の法はもとより、その概念も生まれていなかったとすべきである。これは、のちに元明が得た知識で、若くして没した我が子文武の即位を権威あらしめるために行なった作意であったと考える。したがって、「不改常典」が生まれたのは文武の即位以後、元明の即位以前であったことになる。

(3)この間に何があったのだろうか。別掲の略年表(表4-1)を一瞥するだけで事態は即座に理解できよう。首皇子の出生である。母は、文武即位の年に入内した藤原不比等の娘、宮子で、四年目に生まれている。

首の出生を最も喜んだのが持統上皇だったことは言うまでもない。思えば持統は、我が子、皇太子草壁皇子の即位を熱望し、ライバルと目されていた甥の大津皇子を殺したが、肝心の草壁が、その二年半後、二十八歳で死去。望みをその遺子、軽皇子に託し、十五歳になったのを機に、いわば超法規的に即位を実現する。文武天皇である。しかしこの天皇もまた病弱で、皇統の断絶は時間の問題であった。そこへ生まれたのが首である。持統は、この首の成長にすべてを託し、その結果生まれたのが「不改常典」であったと考える。

先に見た事例から「不改常典」は、男女間、女性間には用いられておらず、文武からの継承とする聖武天皇、そして光仁から桓武への父子相承にのみ適用されている。この事実から判断すると、首を起点とした男子嫡系相承を柱とする皇位継承を定めた法と考えて間違いない。

686	天武天皇没（56）、皇后鸕野称制
689	皇太子草壁没（28）、持統即位
697	文武即位（持統と共治）、不比等娘宮子入内
701	**首皇子生まれる**
702	**持統上皇没（58）**
707	文武没（25）、元明即位

表 4-1　文武即位前後の略年表

このような事実をもう少しわかり易くするために、皇位継承図などを図2（一二八頁）にまとめてみた。

図2-①は先ほどの元明から桓武に至る皇位継承を図に表したもので、太い実線で示したのが「不改常典」を適用した関係である。この図からも、「不改常典」の適用は文武から聖武、光仁から桓武の二組だけで、どちらも嫡系の父子関係であることが知られる（図2-②も参照）。加えて直接父から子へ譲位されたのは光仁―桓武父子間のみであったことがわかる。

図2-②は、飛鳥時代の舒明天皇にまで遡って皇位継承を書き出したもので、天皇名の右には前帝と後帝の関係を記したが、親子孫・兄弟・

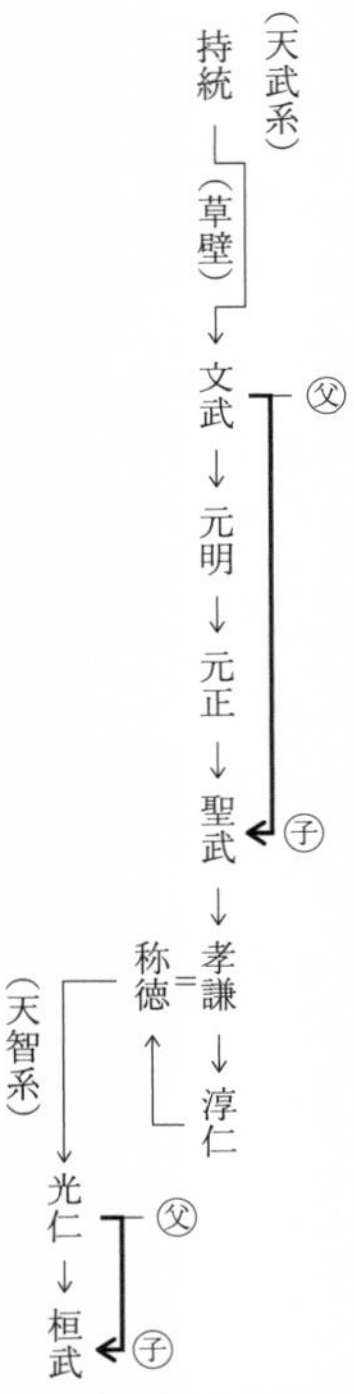

図2-① 持統から桓武に至る皇位継承図

㉞舒明
↓
㊛㉟皇極（妻）
↓
㊱孝徳（弟）
↓
㊛㊲斉明（姉重祚）
↓
㊳天智（子）
↓
㊵天武（弟）
↓
㊛㊶持統（妻）
↓
㊷文武（孫）
↓
㊛㊸元明（母）
↓
㊛㊹元正（娘）
↓
㊺聖武（甥）
↓
㊛㊻孝謙（娘）
↓
㊼淳仁（他）
↓
㊛㊽称徳（他重祚）
↓
㊾光仁（他）
↓
㊿桓武（子）

※㊴弘文（大友皇子）は省く

図2-② 舒明天皇からの皇位継承

夫婦間以外は他とした。これを見る限り、舒明にまで遡っても、嫡系父子の相承がないことに改めて気付かされる。しかし第一章でも述べた斉明による純血主義は、しっかりと守り継がれたことも図から見えてくる。それだけ、皇位継承が彼らにとって重要な課題であったことが知られるとともに、斉明の決断もそれに従うものであったと納得できよう。

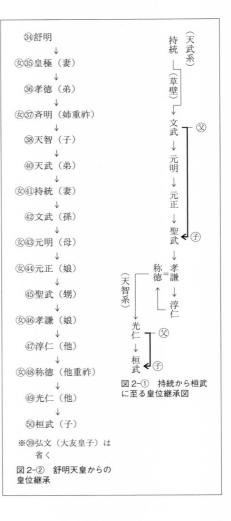

注目したいのは持統から孝謙まで、である。天武には皇太子草壁以外にも多くの皇子がおり、草壁にこだわらなければ天武から皇子達への嫡系相承は十分可能であった。しかし前にも述べたように、持統が草壁の血を引く嫡系にこだわったがゆえに継承者が枯渇していった様子が、この図から歴然と見えてくる。そして遂には、天智系の天皇、光仁が誕生する事態に陥ってしまうのである。持統が草壁にこだわらなければ、斉明の純血主義も、もう少し保たれたと思われるが、これも時間の問題であったろう。

†持統天皇の最晩年における執念の所産として

以上、皇位継承における「不改常典」について種々考察してきたが、この法についてのもう一つの謎は、天武を父とする草壁の嫡系相承に関わる法と考えられるにもかかわらず、これを定めたのを天智天皇とする点である。

持統も元明も天智の娘であるから、文武・首にも天智の血は流れており、首に至っては天武よりも天智の血の方が濃いとみることもできる。その点で首こと聖武天皇は、現実的には天武系の天皇であるが、「不改常典」を天智が作ったとすることに異論の出る余地はなかったであろう。「不改常典」の目的は、皇統を草壁皇子の嫡流に伝えていくことであるが、草壁の父天武の立てた法とすれば、自前の論理とされ、かえって信頼を損ねることになりかねない。だから、あえて他流の天智の立てた法としたのであろう。ただし現実の天智は、四十三歳で即位するまで皇后を立てておらず、皇太子は弟の大海人（天武）であった。最晩年に至り後嗣と頼んだのは、伊賀采女《いがのうねめ》所生の大友皇子であったから、天智天皇には「不改常典」の如きものを定める理由も必要もなかったといってよい。それらの点を併せ考えても、「不改常典」は持統によって巧みに作られた虚構の法であったとみる。

見逃してならないのは、持統の立てたこの法の構想や作成を助力した人物がいたことである。それは首の外祖父不比等であった。持統は、首誕生の翌年に没している。「不改常典」は、持統が最晩年、それも文字通り、人生最後の年に作った執念の産物といってよいであろう。

さて、平城宮最後の桓武天皇は、即位に当たり聖武天皇陵に参詣している。これは当初、自身を天武系の皇統に連なる者と思っていたことを示している。しかし、天武系の氷上川継《ひかみのかわつぐ》が乱を起こしたことなどから猛省を促され、天智系皇統の天皇として行動するようになる。長い歴史を持った大和の宮都――「倭京」に訣別し、「山背」遷都を断行したのは桓武である。また、以後の天皇の即位に「不改常典」が用いられることはあっても、その実質はすでに失われていたというべきである。それを促したのは、平安京の時代になって進んだ皇太子制度の確立。また嵯峨天皇が多くのキサキを寵愛し（「内寵」といった）た結果生まれた多数の男子の一部を臣籍に降した賜姓皇族の制。そしてキサキについては、「女御・更衣」を定めるなど、皇位継承をめぐる環境は一変するからである。

飛鳥時代以来の濃厚な近親結婚による純血主義は、結局皇位継承の可能性を自ら狭め、低下させ、それは平城京の時代に極限に達した。「不改常典」は、そういう状況の中で生み出された唯一の光明と思われたが、聖武以後機能せず、持統の願いは果されることはなかったのである。

加えて、天智が作ったとする「不改常典」は、平城京の最後、まさに天智の血を引く光仁から桓武への嫡系父子の皇位継承に適用される。天武系草壁の血を守るために作られた法は、皮肉にも、天智系天皇の皇位継承を守る法となったのである。

これは、飛鳥京に始まり、藤原京を経て平城京に至った、天皇の皇位継承の一つの時代が終わったことを表しているといえよう。

第五章　流離する宮都

1　平城京・恭仁京

†波乱含みの聖武の治世

古来、年号には人々の願いが込められており、ことに「瑞祥《ずいしょう》」（めでたいしるし）があると、喜んでそれを年号とした。中央・地方を問わず、次々と珍奇な物などを献上しているのも、運が良ければ採用されて年号に用いられ、恩賞に与ったからである。

聖武天皇の即位も、元正女帝の瑞祥に対するこんな配慮によるものだったという。

（元正天皇が仰せられるには）

「不改常典《かわるましじきつねののり》」《ふかいじょうてん》に従って天下の政をそなたに授けようと思っていたところ、去年（養老七年・七二三）九月に大瑞《だいずい》（白亀）が出現した。国々では穀物が豊かに実ったと知って考えるに、この大瑞は明らかに朕の世のために現れたものではないと思われる。今皇位を嗣《つ》ごうとされる皇太子（首皇子）の御世の名（年号）として、皇太子の徳に応えて現れたものであろう。そこで今、「神亀《じんき》」の二文字を年号と定め、養老八年を改めて、神亀元年とし、高《たか》御座《みくら》と天下統治の業《わざ》を我が子（実は甥）である汝に授け譲る、と。

聖武の治世は、こうして大瑞による年号、神亀に祝福されて始まったのだった。しかしこれは、母の元明の後を承けて即位し、ひたすら首皇子の成長を待って在位した元正女帝が、瑞祥を持ち出すことで譲位の時期や理由を探っていたことを暗示する。

ちなみに元正は、母元明から即位を求められた時、あえて下世話な言葉で表現すれば、こんなふうに応えている。「私は逃げずにちゃんと引き受けますわよ」。この女帝の気っ風の良さに心安らぐものを覚える。元正は天平二十年（七四八）、六十九歳で生涯を終えるが、聖武とその娘の阿倍内親王（のちの孝謙女帝）を愛し、聖武も終生この伯母を敬愛している。

だが神亀で始まった聖武の治世が、いつまでも穏やかだったわけではない。夫人光明子（不比等の娘）との間に皇子が生まれた（七二七）喜びも束の間、翌年夭逝している。そのことにも関わったとされる左大臣長屋王《ながや》の事件（七二九）は、神亀六年を天平（元年）と改めるきっかけとなった。その年十月、光明子の立后を実現したように、藤原氏の台頭が目立つようになるのが天平の初期、ことに五、六年からである。

ところが、天平七年（七三五）夏、大宰府で起こった天然痘の流行は、東漸して畿内に及び、感染して死亡する者が後を絶たなかった。なかでも藤原氏は、不比等の四子――房前《ふささき》（九年四月）、麻呂（同年七月）、武智麻呂《むちまろ》（同前）、宇合《うまかい》（同年八月）が相継いで没するという不幸に見舞われている。『続日本紀』は、天平九年の末尾に次のように記す。

この年の春、疫疾大に発《おこ》る。初め筑紫より来り、夏を経、秋に渉りて、公卿以下天下の百《ひやく》姓《せい》相継ぎて没死すること勝《あげ》て計《かぞ》ふべからず。近代以来いまだこれあらざるなり。

†藤原広嗣の乱を受けて

天下大疫病の犠牲となり、一挙に勢力の後退を余儀なくされた藤原氏に代わり、俄かに頭角を現したのが橘諸兄《もろえ》である。後宮に隠然たる力を持ち、後に不比等の妻となった橘三千代《みちよ》の子で、光明皇后の異父兄という立場から権勢の道を歩み、官位累進して天平十年正月には正三位右大臣となり、聖武との関係も密接になっていった。

ちょうどそんな時期、藤原広嗣《ひろつぐ》（宇合の子）は一族の中でも孤立した存在であったが、大宰少弐《しように》に任じられて下った九州の地で反乱を起こす。上表して時政の得失を指摘し、天地の災異を陳べた上、君側の奸、玄昉《げんぼう》僧正と下道真備《しもつみちのまきび》の二人を除くことを要求して挙兵している。天平十二年（七四〇）九月上旬のことであった。広嗣挙兵の報を受けた朝廷は、大野東人を大将軍となし、東海・東山・山陰・山陽・南海五道の軍兵一万七千を動員、他方広嗣も、大隅・薩摩・筑前・豊後国などの軍兵五千を率いて対抗したというから、広汎な地域を巻き込んだ戦さであった。戦いは、広嗣が肥前国松浦郡値嘉嶋《ちかのしま》で捕えられ、十一月一日に斬殺されたことで落着をみる。

広嗣挙兵を機に平城宮を離れていた聖武天皇は、東人から広嗣処刑の報を受けたのちも東国行幸を続け、平城宮へ戻らなかった上、東人にこう告げている。

朕、意《おも》ふ所あるによりて、今月の末、暫く関東に往かんとす。その時に非ずと雖も事やむこと能はず、将軍知りて驚恠《きやうくわ》すべからず。（天平十二年十月二十六日）

聖武の「意ふ所」とは何だったのか。「それを実行するような時ではないが、止めるわけにはいかないのだ。将軍よ知って驚かないでくれ」という〝弁明〟のわけは、やがてわかる。いまはその後における聖武の行動を追うことにする。

一行は壬申の乱の道を辿って不破頓宮《ふわのかりみや》に至り、そこから南下。ただし諸兄は、その途次一足先に山背国相楽《さがらか》郡恭仁《くに》郷に赴いて「経略」し、来駕を待っている。天皇はじめ、元正上皇・光明皇后らが到着したのは、五日後の天平十二年十二月十五日のことであった。

『続日本紀』は、諸兄の「経略」について「遷都に擬するを以ての故なり」と、いささか持って回った言い方をしているのが私には引っかかる。「遷都に擬するを以ての故なり」とは、天皇一行を出迎えることを遷都に準《なぞら》える——遷都並みに威儀を正したものにした、といった意味であろう。要は、ことさら遷都に準えたというのである。そして遷都に準えたということは、逆に言えばこの時の聖武の恭仁郷遷御は、「遷宮（都）」といえるようなものではなかった、ということになる。

†〝遷都ならぬ遷都〟からの恭仁宮造営

通常遷都は、それに先立ち一部あるいは過半の造作が為された後に実行される。天皇の居所をはじめ、必要最少限度の施設が用意されたあとに行なわれるのが常であった。

ところがこの時の遷御は、広嗣の乱をきっかけに離京し、不破頓宮まで行った足で恭仁郷に至ったのであり、遷宮（都）の用意など何一つなされていなかった。総勢数百名に上ったであ

写真 5-1　恭仁宮跡　海住山寺参道より見る。

ろう集団が、いっときに恭仁郷の地に辿り着いた、というものだった。

それが恭仁郷遷都の実態であったということがわかってくると、諸兄が先行して恭仁郷に赴き行なったという「経略」が「遷都に擬するを以ての故なり」とされた理由も明らかとなろう。それは、聖武に従っていた諸兄の見識に出る振舞であり、そこからみえてくるのは、諸兄の有した格式重視の姿勢である。そのことにまず注目しておきたいと思う。

さて、そんなわけで〝遷都ならぬ遷都〟で始まったのが恭仁宮の造営であったから、通常の造都にはみられない特徴があった。

その一は、貴族官人達が平城宮へ戻れないようにしたことである。加えて、平城宮に留まっていた者や他所に居た者も恭仁宮に呼び寄せられている。平城京（宮）へはわずか十キロメートルという近距離であるがゆえに出されたこの〝禁足令〟は、人々の気持ちの緩みを防ぐ意図が込められていたが、やがて人々の不満を招くことになるであろう。

恭仁宮が営まれたのは山背国相楽郡なのにもかかわらず、「大養徳《やまと》（大和）恭仁宮」と称したのも、同種の意味があったと思われる。この呼称は天皇と諸兄のやりとりの中で決められたものであるが、この場所も大和にあるようなものだと思わせる配慮であったろう。

それらにもまして「遷都に擬す」対策の最たるものが、平城宮の大極殿を移建したことである。

大極殿といえば、即位をはじめ国家的な儀式が催される、宮城の中でも要の建物である。その大極殿を解体して他所へ運ぶという決断は、簡単にできるものではなかろう。しかもこの大極殿は、聖武の即位に向けて造営された記念すべき建造物（いわゆる第一次大極殿）であった。聖武はそれまで皇太子として過ごした「東院」を出て、神亀元年（七二四）二月、この大極殿で即位したのである。したがって建てられてからまだ二十年余りしか経っていないであろう。しかし聖武にとって特別な関わりを持っていたことが、逆に解体移建という発想を生ませる誘因になったと思われる。二年余りで恭仁宮の地に再建された時、その豪壮な姿は辺り一帯を圧したに違いない。近時、平城宮跡に再建された第一次大極殿からも、恭仁宮大極殿の姿が偲ばれる。

†短命であった恭仁宮の全貌

恭仁宮の造営は、天平十三年九月、智努王《ちぬ》と巨勢奈氏麻呂《こせのなてまろ》の二人を造宮卿とし、畿内四カ国（大養徳・河内・摂津・山背）から役夫五千五百人を差発して進められており、翌年正月の記事によれば、自身の家が「大宮」に入る百姓二十人には位を、「都」に入る者には物を賜っている。この場合「大宮」が宮城、「都」が京城のこととみれば、恭仁宮にもその周辺に京域が設定されていたことが知られる。このうち後者が、木津川の南、鹿背《かせ》山を境として、その東西に設けられたという「左京」「右京」ということになろう。これも恭仁宮（京）が他の宮都と異なる、変則的な構造上の特徴であるが、その地理的条件に加え、恭仁宮が短命だったことを考えると、京域についてはその設営がどこまで遂行されたか、分明ではない。

さて別掲図は、京都府埋蔵文化財保護課による発掘調査で分かった恭仁宮の平面構成であるが、興味深いのは北側にある東・西の二区画で、東が聖武天皇の内裏、西が元正上皇の御所と見られている。これに対して建物の造営軸や、四周の垣の造り具合いから判断して、西区が先に造られ、後に東区が造られたとみられるところから、右の理解に否定的な見方が出されている（古川匠「恭仁宮の構造と造営順序」）。この説を承けて私の見方を申せば、当初西区が造成され

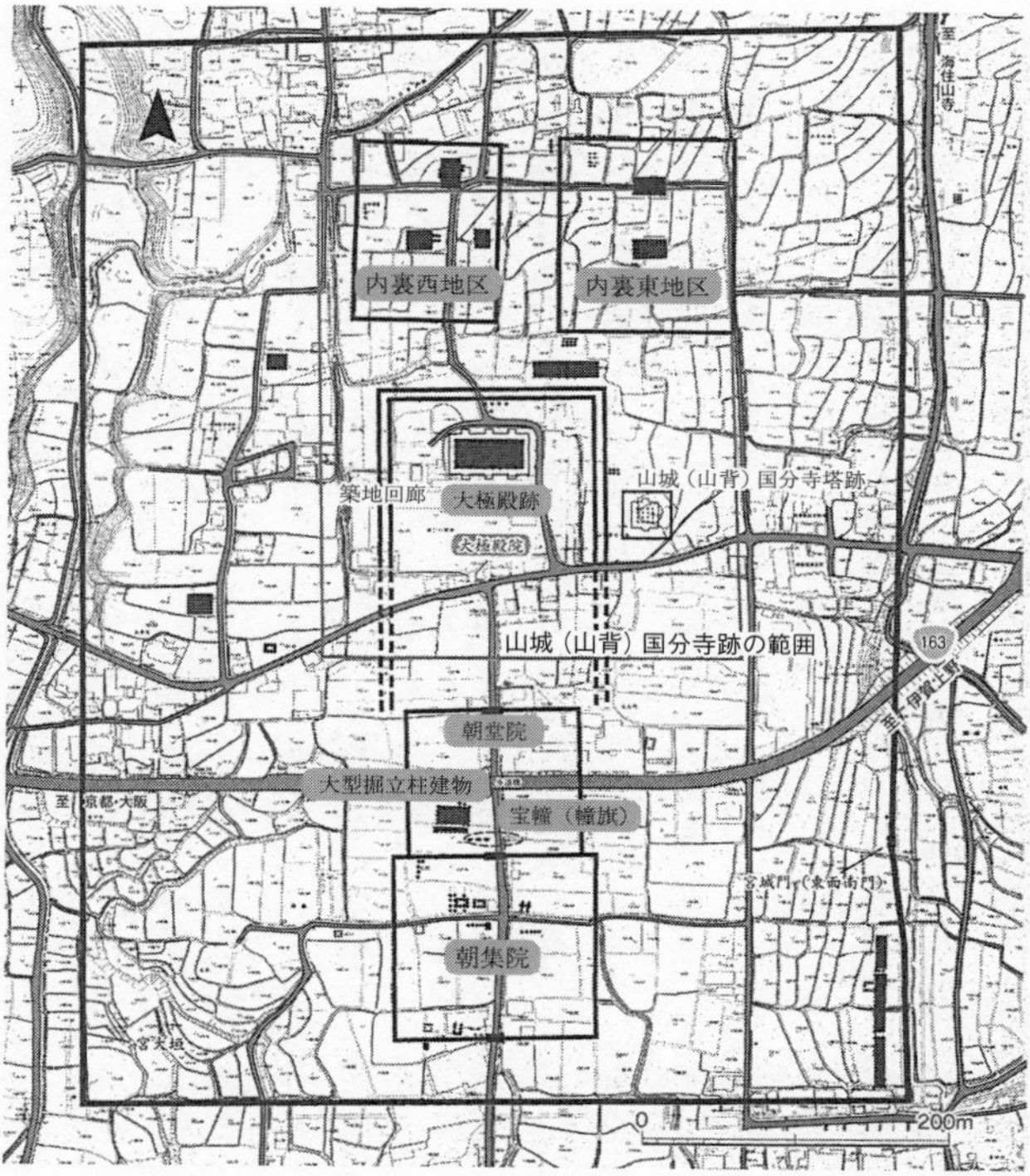

図5-1　恭仁宮の構成　京都府文化財保護課「令和3年度の発掘調査成果」所載。内裏西地区の造営軸の傾きに注意のこと。

た時にはその区画内には聖武天皇だけでなく、同行していた元正上皇などの居所もあったとみる。その後、平城宮から大極殿が移建されるのに伴い、改めて施設の充実整備が図られた際、東方に天皇の内裏が造成されたのであろう（その際上皇の「新宮」は、別個に造られたようである）。いずれにせよ、短い期間におけるこのような変更は、通常の遷都では天皇の遷御以前からなされる〝先行工事〟が行なわれておらず、遷御の直前・直後に造作された仮設の建造物が早々と手直しされた有様を示すものであり、恭仁郷への遷御が、まさしく「遷都に擬す」ものであったことの証左とみる。

それとあわせて、私が知りたいと思うのは、どれほどの数の貴族官人たちがこの近辺にどのように居住していたのか、その様態であるが、痕跡を見つけるのは容易ではないと思われる。ちなみに『続日本紀』で知られる数を挙げてみると、後に取り上げる紫香楽宮《しがらきのみや》への往還に陪従した者は、五位以上二十八人、六位以下二千三百七十人であったという（天平十五年四月二十二日条）。また翌十六年閏正月一日に行なわれた「定京」（「恭仁・難波のいずれを定めて都となさん、各その志を言へ」と問うたもの）で意見を求められた際は、「恭仁宮の便宜を陳ぶる者　五位以上二十四人、六位以下百五十七人」、「難波宮の便宜を陳ぶる者　五位以上二十三人、六位以下百三十人」であったというから、合わせて三百三十四人といった数字が知られる。分番出仕といったことも考慮すれば、これが総数というわけではなかったろう。なお、これには諸国より差発された造宮役夫は含まれていない。これらの人々が、さして広くはない恭仁宮を中心とする地域で働いていた――現在《いま》はその有様を想像するだけである。

2 紫香楽宮・難波宮

†聖武天皇の紫香楽宮行幸と「大仏建立の詔」

山背国相楽郡恭仁郷に遷御して京都《みやこ》づくりを始めたのが、天平十二年（七四〇）十月のこと、大極殿の移建は十四年の正月でもまだ終わっていなかったが、二月初旬、「恭仁京の東北道」が開通している。これ以前から進められていたことが知られるが、これによって恭仁宮から近江国甲賀郡へ直に通ずるようになった。平城宮を離れる時に漏らした「意《おも》ふ所」が、ようやく形になり始めたといってよいであろう。それは、この東北道の先にある甲賀郡紫香楽の地に、ルシャナ大仏を造立することであった。そのため、造離宮司を定めて殿舎が営まれ、紫香楽宮と呼ばれてこの地域での活動拠点となる。

聖武の紫香楽宮行幸は、別表5-1の如く前後四回にわたっている。ほぼ四カ月に一回という割合で、数日間の滞在であるが、四回目は「車駕、紫香楽に留連すること凡そ四月」と、わざわざ書き加えているように長期に及び、そしてこの滞在中に最終決断が下されている。また初回の行幸だけは、あらかじめ装束司・前後次第司を定めており、当日は華やかな行粧だったことだろう。しかしこれを演出した諸兄は、三・四回目（二回目は不詳）は留守役に回っている。

四回にわたって行なわれた紫香楽行幸で注目されるのは、一回目の「刺松原《さしのまつばら》」である。松原の広がる紫香楽丘陵の、どの辺りであったのだろうか。この名だけがわざわざ書き留められているのは、この刺松原が、造像の場所とされた現甲賀寺址一帯のことだったからではなかろうか。

略年表を辿るだけでも、聖武が行幸を重ねる中で、造像の段取りを練り上げていった様子がうかがえる。特に四回目、四カ月にわたる長期滞在中の十月十五日に、「大仏建立の詔」を出しているのは、その明確な証左といえよう。ルシャナ大仏を建立する趣旨や目的、あるいはその進め方など、以前から思い描いてきた構想を天下に表明したのが、この詔である。

聖武が大仏建立を思い立ったのは、かつて訪れた河内知識寺《ちしきじ》の大仏が、人々の知識結《ゆい》によって建立されたことに感銘を受けたからである。そのことを示す言葉が建立の詔の中に次のように語られている。「自分は天下の富も勢も持っている。この富勢をもってすれば尊像は容易に造ることができるであろう。しかしそれでは、徒に人の労苦を招き、誹謗を生ずるだけである。

紫香楽宮行幸

第一回　天平十四年（七四二）八月二十七日～九月二日
・恭仁宮・平城宮に留守官を置く。
・行粧司・前後次第司を定めて行幸。
・この間、九月一日刺松原《さしの》に行幸。

第二回　天平十四年十二月二十九日～十五年正月二日
・恭仁宮に留守官を置く。

第三回　天平十五年（七四三）四月三日～十六日
・諸兄ら三人、恭仁宮の留守官、平城宮にも留守官。
・行幸陪従者五位以上二十八人、六位以下二千三百七十八人に賜禄。

第四回　天平十五年七月二十六日～十一月二日
・諸兄ら恭仁宮留守官。
・この間十月十五日　**大仏建立の詔**。
十月十九日　紫香楽宮に御し、ルシャナ大仏建立のため初めて寺地を開く。

表5-1　4回にわたる聖武天皇の紫香楽宮行幸

人々が一枝の草、一把の土でも助勢してほしい――」。詔の文言は王公の言葉で綴られているが、天下に知識結を求めた聖武の真意は伝わってくる。遅きに失した感があるが、それを表明できる段階に至ったとみる。四日後、紫香楽宮で、造像のために初めて寺地を開いている。

なお『続日本紀』はこの時のことを、「紫香楽宮に御す」と記している。文面通りだと、目下滞在中の紫香楽宮から紫香楽宮へ出かけたことになり混乱を招きかねないが、別の個所では後者を「甲賀宮」と称している

写真5-2　河内国知識寺の塔の心礎　付近の石神社境内に伝わる。

ように、造像が行なわれた甲賀寺地のことを示している。当然そこには、天皇のための殿舎が設けられていたことから「宮」を称したのであろう。後世この辺り一帯が「内裏野《だいりの》」と呼ばれるようになる一因かもしれない。他方、前者の「紫香楽宮」は、甲賀寺址より二キロメートルほど北にある、現宮町《みやまち》で、天皇以下の起居した殿舎の遺構が発見され、そこにも紫香楽宮が営まれていたことがわかった。したがって聖武は、この紫香楽宮（宮町）から紫香楽宮（甲賀宮）へ赴き、造像に当たったのである。

†四度目の行幸における重大な決断

四度目の紫香楽宮行幸が注目されるのはそれだけではない。四カ月余りの滞在中に最終決断をしたとみられることである。聖武は恭仁宮に戻るなり、次のような措置を取っている。

初め平城（宮）の大極殿ならびに歩廊を壊《こぼ》ちて恭仁宮に遷し造ること茲に四年にして其の功纔《わづか》に畢《をは》りぬ。用度の費す所、勝《あげ》て計《かぞ》ふべからず。是に至りて更に紫香楽宮を作る。仍て恭仁宮の造作を停む。（十二月二十六日条）

いよいよ造像に着手するに当たり、現地拠点としての紫香楽宮の充実整備を図る一方、恭仁宮については、これまで進めてきた大極殿や歩廊の移建がやっと終わったところだが、これ以上、手をかけないとしたのである。

不可解なのは、このように造像事業が本格的に展開されようとした矢先、年が明けた天平十六年正月十五日、難波宮への遷都行幸のための装束次第司が任じられたのをはじめ、閏正月一日には、百官を朝堂に呼び集め、「恭仁・難波の二京、何れを定めて都となさん、各その志を言へ」と、「定京」の意見を求めていることである。その結果は次の如くであった（再出）。

恭仁京の便宜を陳ぶる者
　五位以上二十四人、六位以下百五十七人
難波宮の便宜を陳ぶる者
　五位以上二十三人、六位以下百三十人

難波宮行幸（天平十六年）

二月一日	恭仁宮の駅鈴・内外印を収め諸司・朝集使らを難波宮に召す。
二日	恭仁宮・平城宮の留守官を定める。
二十日	恭仁宮の高御座並びに大楯を難波宮に運ぶ。兵庫の器仗を水路で運ぶ。
二十四日	天皇は三嶋路で紫香楽宮へ。太上天皇・左大臣諸兄は留まりて難波宮に在り。
二十六日	難波宮を以て定めて**皇都**となす。
三月十一日	石上・榎井の二氏、大楯鉾《たてほこ》を難波宮の中外の門に樹《た》つ。
十五日	難波宮の東西楼殿に僧三百人を請じ大般若経を読ましむ。

表 5-2　難波宮行幸

市人　みな恭仁京。但し難波を願ふ者一人、平城を願ふ者一人あり。

そして十一日には、定京の結果にかかわらず、天皇が難波宮に行幸している。

いったいこれは何事であろうか。

難波宮は、それまで大仏造立には何の関わりもない。この難波遷都を推進したのは、左大臣橘諸兄であるが、諸兄はいったい何を考えていたのであろうか。

聖武の決断で紫香楽宮の造作が始まる一方、恭仁宮の造作は停止された――ということは、紫香楽宮は当然宮都の体裁をまだ整えてはいない。他方恭仁宮は造作停止により、貴族官人達の多くは紫香楽宮の方へ移り、宮都の実態を急速に失ってゆくであろう（平城宮に至っては、人跡希れとなっていた)。してみるとこの時期、どの宮都も天皇の居所として相応しくない状態になっていたことになる。

†橘諸兄による難波宮への着目と「皇都」宣言

聖武以下の来駕に当たり、「遷都に擬す」べく「経略」した諸兄のことは記憶に新しい。その諸兄にとって、然るべき宮都がない天皇なるものは考え難いことだった。そこで浮上したのが難波宮である。難波宮は、他ならぬ聖武の初政、神亀三年(七二六)に藤原宇合を知造難波宮事に任じて営まれ、天平四年(七三二)に一応の完成をみた、いわゆる後期難波宮であり、造られてまだ十二年しか経っていなかった。宇合が、

昔こそ難波田舎といはれけめ
　今は都引き都びにけり(『万葉集』巻三・三一二)

と詠んだことはよく知られている。整った王宮が一つだけ残っていたのである。大極殿の解体移建と同様諸兄が難波宮に着目した、それが唯一の理由であったといってよい。

注目すべきは、先に見たような手続きをとったあと、勅を奉じて次のように宣していること

写真 5-3　紫香楽宮跡（宮町）　道の先一帯に殿舎が営まれていた。

である。

左大臣（諸兄）、勅を宣して云く、いま難波宮を以て定めて皇都となす。宜しく此の状を知りて京戸の百姓は意のままに往来すべし、と。

遷都に当たり難波宮の「皇都」宣言をしているのである。そういえば難波宮は皇都ではなかった。しかし遷都すればそこが皇都となることを考えれば、そもそも無用な宣言であり、諸兄特有の格式パフォーマンスであった。最初から、難波へ遷都する理由はなかったのである。

諸兄といえば、何度か述べてきたが、広嗣の乱で平城宮を離れ東国行幸に出かけた聖武を、山背国相楽郡恭仁郷に迎えるに当たり「経略」

したことが、「遷都に擬するを以ての故なり」と評されたのは、四年ほど前のことであった。また、恭仁宮から初めて紫香楽へ行幸の際に、装束司や次第司を任じて行列を華麗に演出したのも諸兄だった。諸兄が宮廷儀礼をことさら重視した人物だったことを、改めて思い知らされる。そうした演出が、自身の権勢を強める効果的な手段であることを承知していたのである。

しかしこの難波遷宮と、それを踏まえての皇都宣言は、まったく無駄な試みだったと思われる。というのも、天皇の名に於いて皇都宣言を行なう二日前、当の聖武は難波宮を去り三嶋《みしま》路をとって紫香楽宮に行幸していたからである。難波宮には元正上皇と左大臣諸兄が留まっていたが、拍子抜けの思いであったろう。このような事実から、聖武と元正との間に生じていた政治路線の対立がもたらした混乱であった、とみる向きもあるが、そうは思わない。この時期聖武は、大仏造像の取り組みの遅れに焦燥感を抱いており、難波宮に留まる余裕などなかったのである。

†〝彷徨五年〟の果てに

その後聖武は、一時難波宮へ戻ることもあったが、紫香楽宮での造像に専念し、その年の十一月十三日、甲賀寺で初めてルシャナ仏像の体骨柱を建て、種々の楽が奏される中、聖武みずからその縄を引いている。元正上皇もその翌日甲賀宮に赴いているが、聖武の仕事を祝福したものとみる。この伯母上皇は、いつも聖武の理解者であった。

この間恭仁宮では、大極殿が山背国分寺に施入されている。造都が停止された上に、難波遷宮が打ち出されたことによって、貴族官人たちは紫香楽宮や難波宮へ移動し、恭仁宮は宮都の実態を急速に失っていったと思われる。さらに大極殿が払い下げられたことで、恭仁宮の生命は絶たれたといってよい。他方紫香楽宮（甲賀寺宮）では、骨柱を立てた頃からみられ始めた周辺の山火事に加えて、地震が頻発し、社会不安が醸成される中で造像事業は打ち切られることになる。

そんな状況の下で行なわれた二度目の「定京」——太政官・諸司の官人らを召して問ふ。「何れの処を以て京となさん」と。これに対し「平城に都すべし」というのが貴族官人・学僧・市人らすべての人々の共通する答であった。そしてこの度はその反応に乗ずるように還都が打ち出され、人々は踵を接して平城京へ戻って行った。天平十七年（七四五）九月のことである。

天平十二年十月に平城京を離れてから五カ年、聖武天皇の〝彷徨五年〟と称される歳月である。しかし聖武の足跡をたどると、ひたすら構想の実現に向けて歩んでおり、無駄な動きがあったとは思えない。だが、それにしても、時間を取り過ぎている。

恭仁宮と紫香楽宮の間を往復しながら構想を練り上げていったものの、結局紫香楽宮での大仏造立を実現することはできなかった。

あえてその原因を挙げるとすれば、それは広嗣の反乱を機に平城宮を離れた際、「意ふ所」が十分固まっていなかったことに尽きると考える。中国の事例から、宮都（平城京）を離れた土地（紫香楽）にルシャナ大仏を建立するという構想は、早くから有していたと思うが、知識寺に詣でて知識結方式に関心を持つようになったのは乱直前のことだった。設計図はもとより、資材や物資、役夫の差発と、それに伴う食・住の調達など、事業を推進するうえで必要な段取りは、多分何一つ具体化していなかったと考える。にもかかわらず、広嗣の乱に便乗して出立してしまった。

これが仮に、国分寺・国分尼寺の創建の如き計画であれば、基本概念や方針を指示すればその具体化は天皇の手を離れ、すべては当事者に委ねられる。しかし「大仏建立の詔」からもうかがえるように、聖武天皇の勝れて個人的な思いに基づくこの事業は、天皇から〝設計図〟の提示がなければ進めようがない。それでも、東北道開通を機に行なわれた恭仁宮と紫香楽宮間の行幸を繰り返す中で、着実に構想を練り上げ、四回目の行幸の際、終に最終判断を下したのである。しかしその決断はあまりにも遅過ぎた。その原因は出立時における準備不足にあった、というのが私の理解である。

左大臣橘諸兄は聖武の傍らにあり、互いに意思疎通を図りながら事を進めたとみるが、果た

写真 5-4　若草山から見た東大寺

してどこまで天皇の構想や方針を理解していたであろうか。聖武にとって大事な紫香楽宮行幸の後半、諸兄は恭仁宮の留守官を勤め、天皇には同道していないのも私には気になる。その好むところが宮廷儀式にあったことから、形ばかりを整えることに終始し、聖武に労力の無駄な浪費をさせている。聖武が最終段階に入り、焦燥感を抱いていた時の難波宮への遷宮騒ぎの如きは、その最たるものである。それが聖武の事業を妨げていることを、諸兄が知らなかったとは思えないのだが。

平城宮へ戻った聖武は、気力も体力も失ってしまったのだろう。大仏建立の仕事は金鐘寺(東大寺)においての国家的な組織に引き継がれることになる。これは大仏造立の詔で、造像は〝天下の富勢〟によってではなく、〝一枝(の枝)

一把〈の土〉〟の知識結で行ないたいのだと、熱く語った聖武の構想が挫折したことを意味していよう。鋳造は天平二十一年（七四九）七月二十四日に終わるが、成就に先立ち聖武は、七月二日、娘の皇太子阿倍内親王に譲位。孝謙女帝である。それから三年、天平勝宝四年（七五二）四月九日に催された盧遮那《るしやな》大仏の開眼供養は、「仏法東帰してより斎会《さいえ》の儀、いまだ嘗《かつ》て此の如く盛んなるはあらざるなり」と言われ、奈良時代最大の盛儀だったが、上皇としてこれに臨んだ聖武の胸中に去来するものは何だったのだろうか。

聖武はその四年後、天平勝宝八年（七五六）五月二日、五十六歳を一期としてこの世を去った。

3　北京（保良宮）・西京（由義宮）

†「北京」近江保良宮の成り立ち

聖武が没した二年後の天平宝字二年（七五八）、孝謙天皇が大炊王《おおい》（淳仁天皇）に譲位し、自らはその輔佐に回っている。淳仁は大炊王時代、藤原仲麻呂《なかまろ》の亡くなった子息の妻と結婚して仲麻呂邸に住み、皇太子道祖王《ふなど》が廃されたあと、仲麻呂の強力な支援で立太子、即位できたとい

写真5-5　保良宮（北京）跡　この礎石を保良宮の遺構と伝えてきた。

う経緯があった。それがやがて、孝謙と淳仁の不和・対立を生み、さらには、皇位継承をめぐる紛争が次々と生じ、宮室のあり方にも影響を及ぼすことになる。平城京との位置関係から、「北京」「西京」などと呼ばれた王宮―近江保《ほ》良宮《らのみや》や河内由義宮《ゆげのみや》の登場がそれである。

保良宮については、天平宝字三年（七五九）十一月、造営輔中臣丸連張弓《わにのむらじはりゆみ》、越前員外介長野連君足、及び六位以下の官人五人を遣わして保良宮を造らしめたとあるから、この時造営に着手したことがわかる。早くから「新京」と呼ばれているが、その翌四年正月でもまだ完成していなかった。そこで十月十一日、淳仁天皇は「都を保良に移すため」と称して、大師（恵美押勝《えみのおしかつ》こと藤原仲麻呂）に稲百万束を賜ったのをはじめ、自身もその二日後、保良宮に行幸し、近江按察使《あぜち》藤原御楯《みたて》の邸宅、次いで仲麻呂の邸宅に赴き、酒宴を催し歓を尽くしている。いずれの場所も不詳だが、保良宮が仲麻呂らの邸宅と近かったことが推測される。次いで十月二十八日の詔では、「平城宮を改造するために暫く近江国保良宮に移る」と述べ、これに奉仕する者や造営使藤原田麻呂以下に位階を与えるなどしたうえ、さらに次のような勅を出している。

朕は思う所あって北京を造ろうと考えている。そこでこの国を遊覧してみると人民がすこぶる課役に苦しんでいることがわかった。そこでこの都に近い二郡（滋賀郡・栗太郡）を以て永く畿県として庸《よう》を止め調《ちょう》を納めさせることにする。調の数量は平城宮に準ずる。

規模はともかく、北京保良宮を王宮に仕立てているわけである。当初不明だった保良宮造営の理由が、あとになるにつれ次第に明らかにされる感があるが、最初から平城宮の改造のためであったろう。しかしその曖昧さも、この保良宮造営が仲麻呂の方針によって進められたものであることを暗示している。保良宮の場所については、石山寺の西方、「ほら」の地名のある大津市国分町洞《ほら》の地と考えられるが、その場所に宮室が営まれていたとするにはいささか狭隘と思われるので、そこから北東に開ける土地一帯と考えられよう。

†藤原仲麻呂による新羅出兵計画

留意しておきたいのは、保良宮の整備が行なわれていた時期、仲麻呂が新羅出兵に向けての体制作りを急速に展開していた事実である。大宰府に行軍式（軍事行動に関する規程）を造らせたのをはじめ、甲刀弓箭や船舶を造らせ、少年達に新羅語を習わせるなど、西国に重点を置きつつ、全国的な規模で多種多様な軍備を進めていた。

新羅は、白村江の戦い（六六三）以後でも最も交流の密であった国である。京城門外三椅《みつはし》で催された、騎馬集団による盛大な歓迎式典のことが思い出されよう（第四章）。しかし、新羅が唐との関係を改善し立場を高めたことにより、我が国との間に不協和音が生ずるようになったのも事実である。それを容認できなかったのが、唐一辺倒の男だった仲麻呂で、淳仁天皇の擁立――亡き息子の妻と結婚させ自邸に住まわせていた大炊王を推して皇太子とし、さらに即位を実現した――によって掌握した強力な権勢で進めていたのが新羅出兵計画であり、それと表裏の関係で実現したのが保良宮の造営であった。中大兄皇子による近江遷都について触れた際、その地理的条件から、国際的な緊張関係が生じた時、必ず注目されたのが近江国であったと述べた。仲麻呂の場合は、自ら作り出した緊張関係というべきであるが、新羅出兵計画と保良宮造営とが時期を重ねるように行なわれていたのは偶然ではなかったのである。

近江国といえば、藤原不比等が「淡海公《たんかいこう》」（淡海は近江の海こと、琵琶湖のこと）と呼ばれたことも想起される。不比等自身は格別近江国との関わりはなかったが、それまで不比等の受けた恩賞は十分でないとして、仲麻呂が淳仁天皇に勧めて賜ったのがこの追号である。天平宝字四年（七六〇）八月のことで、これも前述来のことと一連の仕事だったことがわかる。不比等の子、武智麻呂以下近江守に任じられる者が多かったから（仲麻呂も当時近江守に任じられていた）、この措置で藤原氏は鎌足以下、歴代近江国に関わりを持ち続けた氏族という構図ができ上がったことになる。

これも仲麻呂の差配するところであったとみてよいであろう。

この保良宮には、実は孝謙上皇も淳仁天皇に従って移御していた。天平宝字六年（七六二）三月三日、保良宮の西面に新たに池と亭を造り、曲水の宴を催したといい、また同じ月、諸殿と屋垣を諸国に分担させて一斉に完成させているのは、滞在中の上皇と天皇のために施設の整備を急いで進めたことを思わせる。

†異変、そして廃墟と化す

ところが、その保良宮で異変が起こった——。

孝謙上皇と淳仁天皇が不仲になり、二人とも保良宮を去って平城宮へ戻るという事件である。上皇は法華寺《ほっけじ》へ入り、天皇は中宮殿に入っている。その間の経緯は、後に道鏡が没した時に記された道鏡の略伝（『続日本紀』宝亀三年〈七七二〉四月七日条）の中に、次のように記されている。道鏡が関わっていたのであった。

天平宝字五年、孝謙上皇が保良宮に行幸して病気になられた時、道鏡がその看病に当たり、次第に寵愛を得るようになった。淳仁天皇は常にこれに異を唱え、上皇とうまくいかなくなった。上皇は平城京の別宮（法華寺）に帰り居を構えた云々。

説明は無用であろう。諫言《かんげん》は、どんなに抑えた表現でも、言われた者の胸に突き刺さる。それを一再ならず受けたのであろう。怒った上皇は、「淳仁は外人の仇《かたき》が言うような、言うべからざる事をも言い、為すまじき事もしてきた。およそこのような事を言われるべき朕ではない」と、猛反撥したが、そのように言われて恥と思うと反省し、自分はこれを仏縁と受け止め、出家して仏弟子となる、と言って出家した。ただし政治のうち、恒例の祭祀などの小事は淳仁が、国家の大事と賞罰は自分が行なうこととしている。淳仁から天皇大権を奪い、上皇が事実上天皇になったといってよい。

この時は決定的な破局寸前で留まり、淳仁は引き続き皇位にあった。しかし二年後の天平宝字八年（七六四）九月に仲麻呂の謀反が発覚、北近江で敗死したことにより、仲麻呂に擁立された淳仁も廃され（十月九日）、同日孝謙太上天皇が平城京に於いて重祚する。称徳天皇である。

北京保良宮は、孝謙上皇・淳仁天皇が去ったあとは放置されていたが、仲麻呂の没落によって無用の存在となり急速に廃墟と化したと思われる。今日、その遺跡も定かではない。

†「西京」河内由義宮の成り立ちと道鏡の野望

孝謙上皇は保良宮で淳仁天皇と対立した折、

(1)道鏡は自分を正しく導いてくれる師である。
(2)仏典にも、出家者が政治を執ることに支障があるとは記されていない。

という理由で、自ら出家者となり、道鏡と共治する道を選び、それは生涯変わることがなかった。

表5-3は、重祚した称徳と道鏡との関わりを整理した略年表であるが、これを見てもその重用ぶりが知られよう。少僧都《しょうそうず》に始まり、大臣禅師、太政大臣禅師を経て法王の位を授けられ、その翌年には法王宮職も置かれている。そして神護景雲三年(七六九)正月三日、道鏡は西宮の前殿で大臣以下の拝賀を受け、寿詞《よごと》(年頭の祝いの言葉)を述べている。天皇並みの扱いであった。この西宮は、いわゆる第一次大極殿が恭仁宮に解体移建された跡地に整備されたもので、天皇の住む内裏殿舎の西にあり、道鏡の法王宮とされていた。道鏡の生涯で、最も晴れがましい場面であったろう。その五日後には称徳も法王宮に出向き、五位以上の官人に宴を賜ってい

	称徳天皇		由義宮		道鏡	
					〈763.4.4	少僧都〉
764	10. 9	淳仁廃し称徳重祚			9.20	大臣禅師
765	10.13	紀伊行幸（〜10.29）	10.29	弓削行宮行幸	⑩. 2	太政大臣禅師
			10.30	弓削寺行幸		
766					10.20	法王
767	4.14	東院の玉殿成る			3.20	法王宮職を置く
769	1. 7	法王宮に出御して宴	10.17	由義宮行幸（〜11.9）	1. 3	西宮の前殿で大臣以下の拝賀を受ける
	9.	宇佐八幡託宣事件	10.30	由義宮を西京とする		
	10. 1	教誡の詔を下す				
770	1. 8	東院で宴	2.27	由義宮行幸（〜4.6）	8.21	下野薬師寺に左遷される
	8. 4	没（53）	3. 3	博多川で宴遊、葛井氏ら6氏の男女歌垣、西京讃歌		

表5-3　称徳・道鏡関連年表

る。称徳の治世は道鏡とともにあった七カ年だった、といえそうである。人々の間に批判的な空気が生じたとしても決して不思議ではない。

まさにそんな時期、神護景雲三年（七六九）九月に起こったのが、皇位を窺う道鏡の野望を退けたということで有名な、かの託宣事件である。

まずこの事件（以下〝一件〟と略称する）を理解するうえで、あらかじめ知っておかねばならぬことがある。それは、道鏡が皇位を求めていたとしても、それを実現するには、現在の天皇（＝称徳）の退位が前提条件だったことである。二人の天皇が並び立つことは、あり得ないからである。道鏡がこの自明の理を知らない筈はない。ましてや、自分に破格の地位と名誉を与えてくれている称徳天皇を退位させてまで、即位を強行する事は考え難い。

事実はその通りであった。藤原永手《ながて》が没した時、その事績を述べた略伝（宝亀二年〈七七一〉二月二十二日条）の中に、「（道鏡は）天皇の寵が非常に厚かったので、日夜天皇の位を嗣ぐという野望を抱き始めた」と記しており、道鏡の意図するところは、皇位の〝奪取〟ではなく（称徳没後の）〝継承〟であったことが知られる。

しかしこの事は、法王となり、事実上天皇と同等の振舞をしていた道鏡の行動を考えれば、極めて現実味を帯びた事態であったとみるべきである。現に、光仁天皇が道鏡を下野《しもつけ》薬師寺別当に下した時の詔にも、「道鏡は密かに皇位を窺う心を抱いて、久しく日を経ていた」とあるように、執拗に皇位を狙っていたことがわかる（宝亀元年八月二十一日条）。しかも称徳は、重祚以来その必要性を承知していながらも、「その人を得ない」として、皇太子を立てていなかった。当然のことながら、皇太子がおれば称徳の崩御に伴いその皇太子が即位する。しかしいなければ、まず皇太子を選ばなければならない。道鏡がそこに乗ずる隙も生じてこよう。

志ある人達にとって、この事態を放置することは到底できなかったであろう。それが、この一件が起こされた背景である。

†宣託事件の経緯

次に、この事件の概要をみてみよう。

㋑大宰主神《かんづかさ》(大宰府で神事を扱う官)習宜阿曽麻呂《すげのあそまろ》が道鏡に媚びて、八幡神の教えと偽って言った、「道鏡を皇位に即《つ》かせたら天下泰平になろう」と。これを聞いた道鏡は大いに喜ぶ。

㋺天皇の夢に宇佐《うさ》八幡神の使者が現れ、伝えたい事があるので、と使者法均の派遣を求める。天皇、代わりに弟の和気清麻呂を派遣する。出立する清麻呂に、道鏡甘言。

㋩清麻呂、八幡神の託宣(「我が国は開闢《かいびやく》以来君臣が定まっている。臣を君と為すことは未だない。天つ日嗣は必ず皇緒を立てよ。無道の人は早《すみやか》に掃《はら》い除《のぞ》くべし」)を伝える。

㋥これを聞いた道鏡大いに怒り、清麻呂を解官し、因幡員外介とする。出立以前に天皇の詔あり、清麻呂を大隅に流し、法均は還俗して備後に流す。(天皇は道鏡以上に厳罰を与えているのである)

法均・清麻呂姉弟の活躍で道鏡の野望を阻止した事件、とされてきたことは周知の通りである。しかし『続日本紀』の関連記事を読み返す間に、そのような理解で十分なのか、いささか違和感を覚えるようになった。以下その理由を述べてみる。宮都と無縁ではないので、しばらくこの一件に関わってみたいと思う。

この一件を理解する緒は、『続日本紀』神護景雲三年（七六九）九〜十月条の記事が図5-2の如き構成をとっていることに見出せると考える。

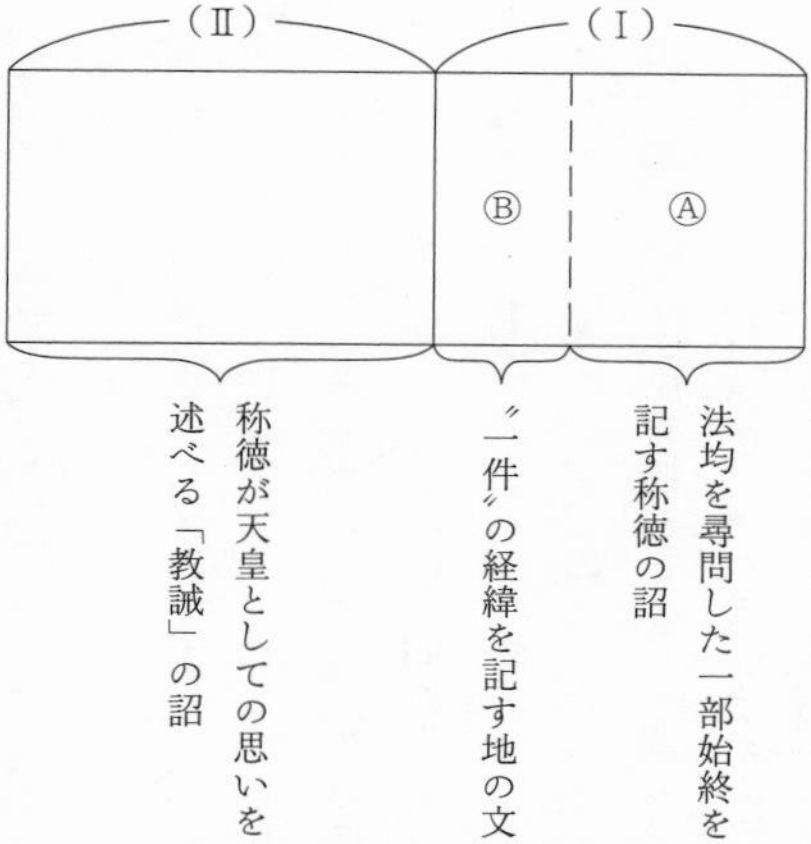

図5-2 『続日本紀』神護景雲3年9〜10月条の構成

このうち特に注目したいのは、(Ⅰ)の中で一件の経緯（先に紹介した）を述べたⒷの前に、Ⓐ——清麻呂が聞いて帰った宇佐八幡神の託宣の内容を、称徳が（清麻呂ではなく）姉の法均に問い正した時の一部始終が、詔の形で語られている——を置いていることである。その中で称徳は、法均の混乱した応答ぶりから、この託宣は偽作されたもの、と断じている。これはつまり、この一件が仕組まれた謀議であったという判断を先に提示し、その後一件の経緯（Ⓑ）が語られているわけで、Ⓐこそが重要であることを示している。『続日本紀』の編者がこの詔をⒷの前に置いたのは、称徳の判断に妥当性を認めていたことを暗示する。

その事とともに見過ごすことができないのは、同じく詔Ⓐの中で、「またこの事を知りて清麻呂らと相謀《あいはか》りけむ人在りとは知らしめして在れども、免《ゆる》し給ふ」と言い、また「先に清麻呂等と同心してこの事も相謀りけむ人等は心改めて奉仕せよ」と述べていることである。これが事実なら、法均や清麻呂には与同した者たちがおり、彼等による「謀議」が持たれていたこと、しかもそれが天皇側に漏れていたというのである。

清麻呂に与同したのがどのような人達であったのかは記されていないが、恐らく名の知れた大臣、納言級の上層貴族が含まれていたと思われる。〝今回は処罰しない〟としているのも、それを追及すれば政治的混乱を招きかねなかったからであろう。

この一件は、清麻呂姉弟による、いわば単独行為ではなく、他の貴族たちを含めた共同謀議だったのである。その眼目は、文字通り「神の声」を持ち出したことにある。それが先に見たように、大宰主神《かむつかさす》習宜阿曾麻呂《げのあそまろ》の伝えた託宣であり、宇佐八幡神の託宣であったのは、宇佐八幡宮が東大寺の大仏建立事業に協力して以来の関わりがあったからであり、阿曾麻呂は当時平城京に居たものと思われる。神託は、真実の証であることを示す最大の武器だったといってよい。むろん、これらは九州の神主と示し合わせたうえのことである。

†逆効果に終わった法均・清麻呂姉弟の策略

多少誇張しているが、彼等は次のような構想でシナリオを組み立てたのではなかろうか。

(1)第一の神託。大宰主神習宜阿曾麻呂には、道鏡に媚び諂《へつら》うような所作で「あなたが皇位に即けば天下泰平となりましょう」と、道鏡の喜ぶような神託を伝えさせ、道鏡を舞い上がらせる。

(2)第二の託宣。「臣下が皇位に即くことはあり得ない。そのようなことを望む無道の者(=道鏡)は、すべからく掃除(追放)すべし」と、一転、八幡神が辛口の神託を申し渡し、道鏡に鉄槌を下す。

つまり、道鏡の心を煽り、皇位を求める心を起こさせて、現に今その野望を抱いていることを炙り出し、それを証拠に神の名に於いて道鏡を追放する、というのが彼らの謀議の目指すところだったのだと考える。称徳の「あとを嗣ぐ」(もう少し先の野望)のではなく、「即位は現在《いま》の野望」として暴かねばならなかったからである。前に述べた、この一件の背景からも理解できよう。

ところがこの構想は称徳に見破られてしまう。法均は問い詰められ、清麻呂ともども厳しく処罰された。しかし本命の道鏡は、称徳によって守られた――この計画は失敗したのである。

この計画は、第一義的には道鏡の追放にあったが、それと同時に、道鏡と称徳の分断（換言すれば称徳の〝覚醒〟を促す）の意も込められていたと考える。しかし道鏡への侮辱は自身への不信とみなし、道鏡以上に称徳を怒らせてしまい、逆効果に終わったのである。九月末のこの一件のあと、十月一日に出した称徳の詔は、異様なまでに高揚した〝帝王意識〟に満ちている。このそれは明らかに、この一件で刺激された帝王意識であり、臣下に強く忠誠を求めている。この詔が「教誡の詔」と称されるゆえんである。

次がその教誡の詔の一部であるが、この中で称徳は、自身の存在根拠をかつて受けた元正・聖武の詔に求めているのが特徴である。ここには二例だけを挙げてみる。

◎元正天皇の詔（元正は称徳の大伯母。聖武・孝謙〈称徳〉父子を愛し抜いた）
朕の子（実際は甥の聖武）にお仕えし、お護りしお助け申し上げよ。次にはこの太子（阿倍内親王すなわち孝謙・称徳のこと）に仕え、お助け申し上げよ。朕の教えに従わないような人たちを朕は必ず天翔り見て、退け捨て除くであろう。
◎聖武天皇の詔（娘の阿倍内親王を男子と同様に立太子させ、即位させた）

朕に仕える諸臣たちは皇后（光明子）を朕と違うと思うな。次には朕の子の太子（阿倍内親王）に二心なくお仕え申せ。朕に子は二人はいない。ただこの太子一人が朕の子である。

◎以上を引用した称徳天皇の詔

もし民が悪行をなしているのに王たる者が見逃し禁じなかったら、これは秩序ある正しい道理とはいえない。悪を罰するには法を定めるようにすべきである。（最後に「恕」と書いた帯を下賜するに当たり）ここに取らせる帯を受け取って汝らの心を整え直し、朕の教えに違わずにまとめ治める業として、この帯を賜る。

この中で称徳は、自分が元正・聖武からいかに大切に扱われたかを述べ、天皇の権威がいかに大きいものであるかを語り、天皇である自分に絶対的に従うよう強く求めている。称徳の強圧的な姿勢には驚かされるが、古代における帝王意識の一端を知る材料として挙げてみた。

それにしても、この詔は、本来皇位を狙った道鏡に対してこそ与えられるべき性質のものであると思われるが、称徳は逆に、道鏡を追放しようと試みた貴族官人達に与え、激しい怒りを込めて強く服従を要求しているのである。大臣達の思いは、称徳にはまったく届かなかったのだ。ただし、下賜した帯に書かれていたという「恕」（あわれむ・ゆるす）の文字が微妙ではある。

†称徳女帝の孤独を癒やした由義宮行幸

さて称徳は、このようにして謀議に対処し事態を切り抜けたが、そこでの緊張に心身共に疲れ果て、その後意欲を失っていったように思われる。そして由義宮に遊ぶのが残された唯一の救いとなった。

もっとも称徳が由義宮を訪ねた回数は、弓削《ゆげ》〝行宮《あんぐう》〟時代を含めてもわずか三回で、多くはないが、滞在期間の長いのが目に付く。

一回目は重祚した翌年（七六五）、紀伊行幸した折り、その最後に弓削行宮に入っている（別表6参照）。この種の行幸は、古来天皇の威光を内外に示す示威行為であり、この時も例外ではない。なおこの時、淡路島では、捕われの身となっていた淳仁廃帝が逃亡を試みた末、命を断たれている。この淡路廃帝の復位を望む声もあったことを称徳は聞いており、そうした意見を抑えるためにも行幸は必要だったのである。

弓削行宮は、行幸に先立ち、あらかじめ造作させた仮宮の一つであり、道鏡ゆかりの弓削寺の近くにあったとみられる。その後、造由義大宮司によって造作が進められたものとみえ、二年間関係記事を欠くが、神護景雲二年（七六八）に至って現れ始める。

そして二回目。三年九月の〝一件〟を経た後、十月十七日、完成した由義宮に行幸した際、ここを「西京」と呼ぶことにし、併せて河内国を河内職と改めるとともに、河内国のこの年の調と、大県《おおあがた》・若江《わかえ》の二郡の田租と、安宿《あすかべ》・志紀《しき》の二郡の人に田租の半分を、それぞれ免除している。保良宮でも行なった畿県扱いをしたのである。同類の措置は、翌宝亀元年（七七〇）正月にも、大県・若江・高安などの郡で、由義宮の地内に入った民家にはその代価を補償している。宮地の境域は具体的には明らかでないが、王宮として拡充整備されていった様子がうかがわれる。なお、由義寺の塔を造営した諸司の人々にも位階が与えられているから、由義宮と合わせて、由義寺の造作も官営でなされたことがわかる。

三回目の行幸は、宝亀元年（七七〇）二月二十七日であったというから、春爛漫の季節であったろう。称徳は三月三日、博多川畔で宴を催し、遊宴のひと時を過ごしている。日を改めて三月二十八日には、葛井《ふじい》・船《ふね》・津《つ》・文《ふみ》・武生《たけふ》・蔵《くら》という、河内一帯に蟠踞していた渡来系氏族六氏の男女二百三十人が歌垣を奉仕し、舞踏しながら次のように歌った。

写真5-6　由義宮（西京）旧址碑　現由義神社境内に立つ。

乙女らに　男立ち添ひ　踏《ふ》み平《な》らす
西の都は　万世《よろづよ》の宮

写真 5-7　聖武天皇佐保山南陵　さすがに立派である。

淵も瀬も　清くさやけし　博多川
千歳を待ちて　澄める川かも

それは、西京讃歌であった。

称徳は四月六日、長期にわたって滞在した由義宮を後にして平城宮へ還っているが、これが由義宮に赴いた最後となった。六月十日の記述では、由義宮行幸から一カ月余り身体不調となり、病床に臥していることが知られる。この間、軍事警察の権限を左右大臣に委ね、誰とも会わず、ただ女官の吉備由利《きびのゆり》一人が出入りして言葉を伝えたという。そして八月四日、西宮の正寝で没している。五十三年の生涯であった。

聖武の愛情と期待を一身に受け、皇位に即いた称徳だが、測り知れない重圧に耐える日々であったろう。非婚の女帝であった彼女には皇位を継がせる子もいなかった。常に孤独で、それゆえ道鏡に頼ったのであろう。不改常典に縛られた彼女の人生が哀れに思われてならない。

春の陽射しの中、一日、由義宮跡を訪ねた。JR関西本線志紀駅から歩いたが、五十年ほど前に訪れた時は田園が広がっていた記憶があるが、いまは住宅街の中にある由義神社の一角に「由義宮舊址」の碑ばかりが立っていた。

写真 5-8　称徳天皇高野陵

第六章　「山背」宮都へ

1　皇統の転換

†「倭京」から「大和宮都」、そして新たな宮都へ

我が国の宮都は、永く大和にあり続けたことから「倭京《わきよう》」（やまとのみやこ）と呼ばれていた。壬申の乱（六七二）のあと、大海人皇子（天武天皇）が飛鳥に戻り、ひとまず嶋宮《しまのみや》に落ち着いた時のことを、「倭京に詣《いた》りて嶋宮に御《おはしま》す云々」と記した『日本書紀』の記述が印象に残っている。この言葉に込められた地域の人々の思いの強さがうかがわれたからである。

「倭京」の語は、規模の小さい王宮の殿舎でまとまっていた飛鳥諸宮に最も適合する言葉であった。したがって大宝律令が制定（七〇一）され、「百官の府」と呼ばれるような規模構造を持

つようになった段階では、現状にそぐわない表現になったとみる。

そういえば聖武天皇代、九州で起こった「広嗣の乱」（七四〇）をきっかけに遷った恭仁宮を、山背国相楽郡恭仁郷（京都府木津川市）に営まれたものでありながら〝大養徳《やまと》〟恭仁京と呼んだのは、貴族官人達をこの京域に留め置き、平城京へ戻らせないための方便――ここも大和にあるようなものだと思わせる――であったが（なお大和を「大養徳」としたのは、別の理由で改めていたもの）、もう倭京と呼ぶ時代ではなくなっていたことを思わせる。いうなら大和宮都である。平城京旧跡に、実物大で建造されている大極殿や朱雀門などは、そのような壮大な宮都の時代があった昔の姿を今に再現している。

その大和宮都と決別する時期《とき》が来ていた。その要因を一言で言えば、皇統の転換――天武系（より詳しく言えば草壁系）から天智系へ移ったことにあったが、その転換が速やかに成就しなかった背景には、皇位継承を担うべき人材の枯渇にあったことは否めない。かつては天智系に比し天武系には数多くの皇親がいた。それが、既述したように、持統女帝が皇位の継承を我が子草壁皇子の系統に限定したことから、その可能性が一挙に狭められた結果である。その矛盾を一身に負うた非婚の女帝称徳は、死に臨み皇太子を立てる意欲さえも失ったかにみえる。

†皇太子をめぐる変化

ちなみに孝謙・称徳の時代は、在位中に皇太子不在が常態になっていた。

㋑七二八年九月光明子所生皇太子没〜七三八年一月阿倍内親王立太子まで十年弱、皇太子不在。

㋺七四九年七月阿倍即位（孝謙）〜七五六年五月聖武の遺令により道祖《ふなど》王立太子（ただし翌年三月廃止、四月大炊王立太子）まで七年間、皇太子不在。

㋩七六四年十月淳仁廃し重祚（称徳）〜七七〇年八月称徳没まで六年間、皇太子不在。

㋑は別としても、㋺㋩合わせて二十年近くの在位中、十三年も皇太子不在の状態を体験していたことになる。皇太子を立てることが政局安定の基だとわかっていながら、「その人を得た時に」と言って結局立てなかったのも、皇太子不在に慣れていたからかもしれない。

称徳が没すると、直ちに左大臣藤原永手、右大臣吉備真備、参議藤原良継《よしつぐ》（宿奈麻呂《すくなまろ》）らが合議し、白壁王（天智の孫、六十二歳）を皇太子に定めている（宝亀元年〈七七〇〉八月四日）。

ところで、皇太子を立てることなく天皇が亡くなった場合、取るべき手続きは、

①（速やかに即位して天皇となるべき）皇太子を立てる。この皇太子は、すぐにも即位して天

皇となる。
②この天皇は、さらに次の天皇となるべき皇太子を立てる。

であった。つまり皇太子を二人、続けて定める必要があったのである。

そして、

③最初に選ばれるべき皇太子（①）は、②の条件を同時に充足する人物であることだった。

『続日本紀』には、「白壁王は諸王の中で最年長であり、先帝（祖父天智）の功績もあるので皇太子とした。」とあるが、系図6-1でもわかるように、白壁王の妻が聖武天皇の娘、井上《いのえ》内親王であり、二人の間には他戸《おさべ》親王がいたことで選ばれたのは明らかであろう。つまり、妻が内親王であれば文句なくその人を皇后に立てることができる上、皇太子となるべき男子がいたから、右に示した①〜③の条件を十分満たしており、願ってもない人材であった。

『日本紀略』などには、白壁王の他に、智努王（天武の孫・七十八歳）、及びその弟大市《おおち》王（六十七歳）も選び、最終的に白壁王が定められた、とも伝える。

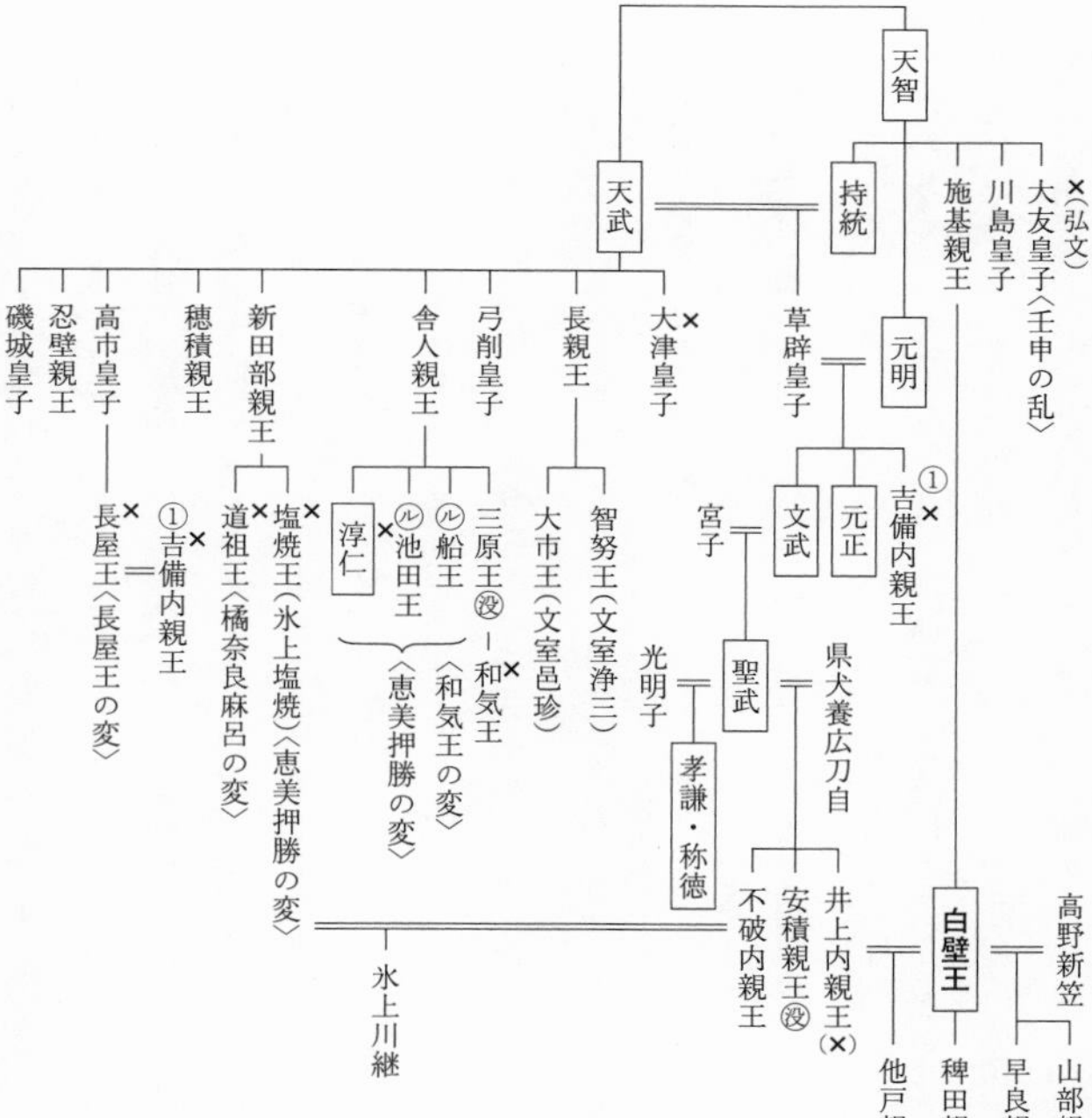

※① 一世の皇子達は既に没
② ×印は謀反の罪で死罪／㋸は流罪
③ 系図に記載していない二世の王は既に没
④ (×)印は光仁即位後に謀反の罪で死罪

図 6-1 白壁王擁立関係系図

いずれにしても、聖武天皇の没後、孝謙は道祖王を廃太子し（天平宝字元年三月）、その翌月、大炊王を立てるが、その後橘奈良麻呂《たちばなのならまろ》の変（天平宝字元年七月）、恵美押勝（藤原仲麻呂）の変（天平宝字八年九月）、乱後の淳仁廃位（天平宝字八年十月）、和気《わけ》王の変（天平神護元年八月）、県犬養姉女《あがたのいぬかいのあね》らの巫蠱《ふこ》事件（神護景雲三年五月）など、皇位をめぐる事件が次々と起こり、そのたびに罪を問われ、ある者は殺され、また流されて地位を失う皇親が相次いだ。

結果、称徳崩御時、天智・天武の血を引く二世の王は、天武を父に持つ長親王の子智努王と大市王、そして天智を父に持つ施基親王の子白壁王ぐらいしか残っていなかったのである。したがってこの時点では、天智系か、天武系か、といった、皇統を考慮する余裕などまったくなかったとみる。

†光仁天皇の施策と天皇呪詛事件

さて、白壁王は立太子後直ちに（八月二十一日）令旨を出し、道鏡を下野国薬師寺別当として即日下野国に追放、和気広虫《ひろむし》・清麻呂姉弟は入京を許している。称徳時代、貴族官人達を悩ませ、また多くの反乱の種となった道鏡の野望はこうして潰えたのである。白壁は光仁天皇として即位した後も、多くの事件で処罰された人々を元の位に復すなど、称徳時代の残滓《ざんし》を清算することに努めており、その施策は老成した天皇の人柄をうかがわせるものがある。しかし宝亀十一年（七八〇）、陸奥国で按察使参議紀広純《きのひろずみ》が殺され、多賀城に火を放たれるなど、勢を増す蝦夷の反乱の対応に追われるようになる。そしてこの事業は、宿題として次の桓武天皇の時代に持ち越されることとなった。

ところで話は戻るが、他戸親王が即位すれば、白壁王こと光仁天皇の子というよりも、聖武天皇の孫という立場の方が強調されるに違いない。このことから、天武系皇統の復活を意図した人事とまでは思わないが、その要素が顕在化することは容易に想像できる。それを良しとしなかったのが、藤原百川《ももかわ》であった。

近い将来における他戸の即位を阻止し、かねてから親しかった山部《やまべ》王を皇太子に立てるために、井上皇后の廃后、他戸の廃太子を画策する。それが、井上皇后の天皇呪詛事件である。天皇に対する呪詛、という重い罪状でなければ廃后の名目とはならなかったのである。さりとて、井上皇后に天皇を呪詛する理由があったとも思えない。『続日本紀』にも具体的な事件の推移などは記されていないが、百川らの仕組んだ事件であったことは間違いないであろう。

この母子は、大和国宇智《うち》郡（奈良県五條市）に配流され、宝亀六年（七七五）同日（四月二十七日）に没している。これも只事ではない。恐らく暗殺されたのであろう。他戸親王の廃太子を受け、山部王が宝亀四年（七七三）一月二日に皇太子に立てられたが、母子の死後、宝亀八年（七七七）十一月に光仁が、十二月には皇太子山部が、相次いで病になる。山部の病は重く、年が明けても回復せず三月まで続いた。これを井上皇后の祟りと受け止めた光仁は、皇后を二度も改葬し、加えて淡路の淳仁の墓も山陵（兵庫県南あわじ市に所在）として整備したうえで皇太子のために大赦を行なった。

この地（現奈良県五條市）に現在も御霊神社が多数あるのは、土地の人たちが母子に同情し、その無念を晴らし、その怨念を慰撫《いぶ》するために設けたものであろう。

†存在感を増す藤原式家

ここで別掲の関係系図6-2をご覧頂きたい。これを見て注目されるのは、具体的な年次は不詳ながら、山部王＝桓武天皇に対して、百川をはじめとする藤原式家の者達が試みている接近ぶりである。

藤原式家宇合の子、百川が注目されるのは、「皇后（井上）と皇太子（他戸）の廃止は、山部擁立を画策した百川の謀計による」との百川伝（『公卿補任《くぎようぶにん》』）などの記述があるからである。これが定説となり、従来黒幕は百川とされてきた。しかし『続日本紀』からみえてくるのは、むしろ百川の兄、良継（宿奈麻呂）の存在である。良継は、兄広嗣が起こした乱に坐した形で伊豆に流された過去を持つ。政界に復帰した時期、南家の仲麻呂（恵美押勝）が太政大臣にまで上り、権勢をふるっていた。恐らくこの時、式家の隆盛を誰よりも強く願っていたのではない

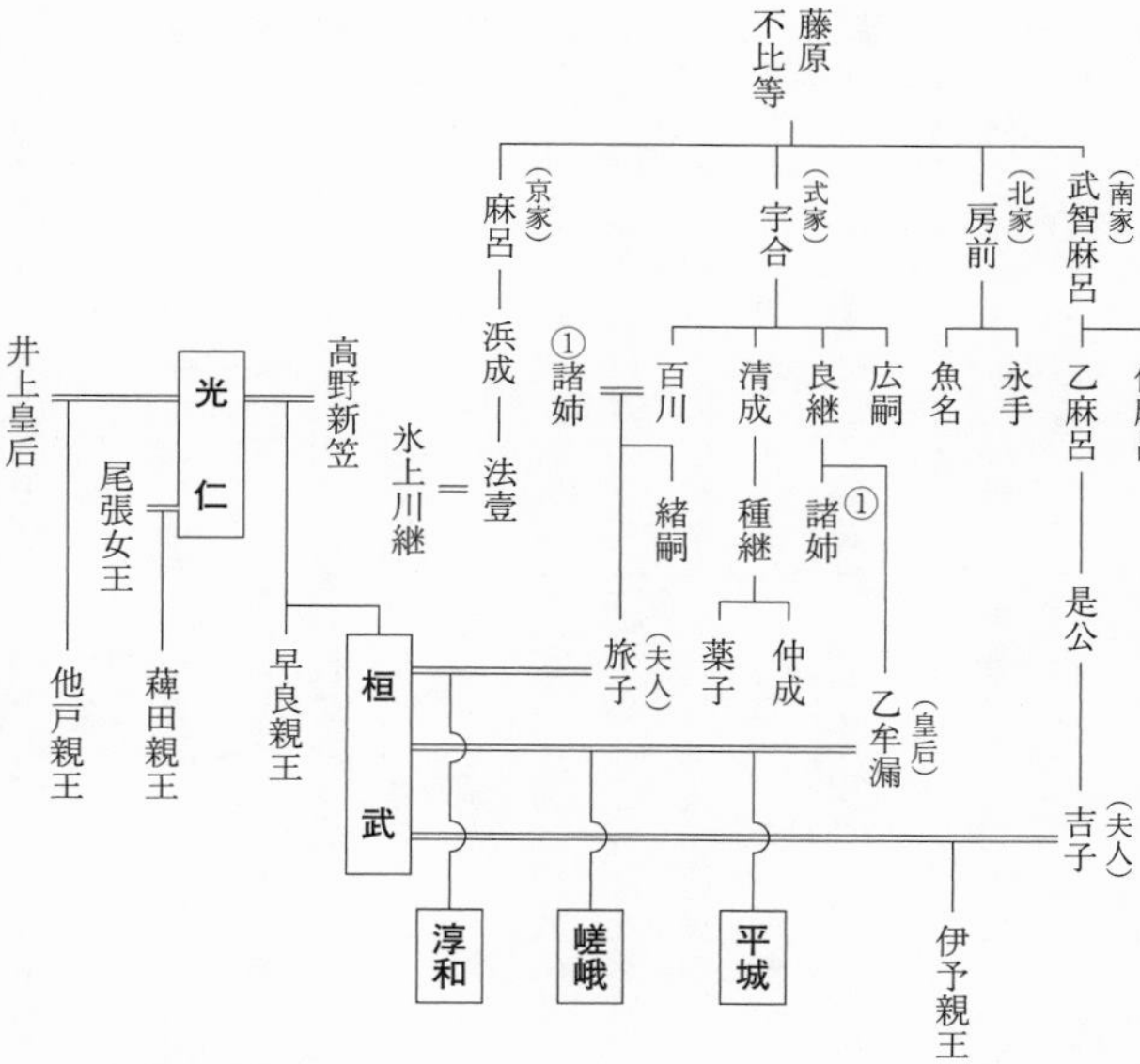

図6-2　藤原式家関係系図

か。称徳朝末期には参議となり、左大臣永手（北家）らと白壁王を皇太子に立て、永手の没後光仁朝で内臣（後に内大臣）となり、藤原四家の頂点に上った。念願が叶った瞬間であったろう。したがって井上皇后の事件とそれに伴う山部王立太子は、恐らく式家の長、良継の案によるものであったとみる。弟の百川とともに策を練り、実際に行動するのは百川であった。それゆえ百川伝に多く語られることになったのだろう。またそのような大きな謀計は、大臣クラスの人間の後楯がなければ成就しなかったであろう。

良継は光仁の、百川は山部の信頼を得ていた。宝亀八年七月、良継が病に伏した折、光仁は彼の為に藤原氏の氏神である鹿嶋社を正三位に、香取社を正四位に叙し回復を祈っている。ところで百川には緒嗣《おつぐ》という優秀な長男がいたが、良継は男子に恵まれなかった。良継の女、諸姉《もろね》が百川に嫁しているのは、良継がいかに百川を頼りにしていたか、兄弟の結束の強さが知られるばかりでなく、百川に式家の後を託す思いさえあったかもしれない。

話を系図に戻そう。山部立太子を成功させた二人は、良継が女の乙牟漏《おとむろ》を、百川も女の旅子《たびこ》をそれぞれ山部に入れている。長男の平城《へいぜい》天皇、次男の嵯峨天皇を生んだ乙牟漏は皇后に立てられ、旅子も淳和《じゅんな》天皇を生み、式家の女達は桓武に続く三代の天皇の母となった。ちなみに旅子の母は、前述の良継の女、諸姉である。残念ながら良継も百川も、孫の即位を見る前に亡くなってしまったが、彼らが生きていれば後の道長の如く、天皇の外祖父として式家による望月の世が生まれたであろう。また百川の男、緒嗣が桓武天皇に信任され、その意見が平安遷都に終止符を打つことになる経緯は、「徳政相論《とくせいそうろん》」として知られるところである。

話は前後するが、信任されたといえば、桓武天皇の意を受け、長岡京造営の中心人物として働きながら暗殺された種継《たねつぐ》は、良継・百川の甥であった。その子、薬子《くすこ》・仲成《なかなり》のきょうだいが平城上皇とともに起こした、いわゆる「薬子の変」は、平安新京の命運に影を落とすことになる。

このようにみてくると、平城京末期から長岡京、平安京初期の光仁～桓武朝は、藤原式家によって始動したと言っても過言ではない。長岡京・平安京の造都を論ずるとき、改めて式家の存在とその役割に注目したい。

短い梅雨の晴れ間を縫って、百川の墓を訪ねた。古墳の如き高まりを持つ墓の周りの雑草は、刈り取られずに伸び放題であった。百川は桓武の即位を見ることなく、宝亀十年（七七九）に亡くなっている。桓武はその死を心から悼み、即位後の延暦二年（七八三）に右大臣を追贈、また淳和天皇も即位とともに外祖父として太政大臣正一位を追贈した。山背の地を踏むことがなかった百川の墓は、平城と山背の境、木津の地にある。

写真6-1　伝藤原百川の墓　その役割にふさわしく大和・山城の境にある。

2　遷都の思想

†桓武天皇の即位と氷上川継の乱

宝亀十二年（七八一）元旦、光仁は詔

を出し、皇位に就いて一紀《いっき》（十二年）を歴《へ》たことを振り返り、万民に善きことを施すことなく過ぎたが、近時伊勢斎宮《さいぐう》に大瑞に相当する美雲が現れたと聞き、これをめでたい天の贈り物としてともに喜びたい、と言い、年号を「天応」と改めた上、天下に大赦して叙位や贈給などを行なっている。

ところがその翌月、皇女の能登《のと》内親王が亡くなった。皇女は高野新笠《たかののにいがさ》との間に生まれ、市原王に嫁して五百井《いおい》女王、五百枝《いおえ》王を生んでいる。詔によれば、最近は病気でおられたが、いつか病が治り娘の来るのを今日か明日かと心待ちにしていたのに、年をとった朕を置いて亡くなった（時に四十九歳であった）と聞き、もっと会って話をしたかった。「悔しかも、哀しかも」と記す歎きの言葉が哀切である。

それがきっかけになったのであろう。体調を崩した光仁は、皇太子山部親王に譲位することを決めている。天応元年（七八一）四月三日の譲位の宣命の中で、「この親王は幼少の頃より朝な夕な朕に従い、今日に至るまで怠ることなく仕えてきた。これをみれば仁孝厚き王になるであろう」と言い、貴族達にこの親王を助け導くことを願っている。

気になるのは、この詔の末尾に記す次のような言葉である。

このような時には、とかく人々が良くない陰謀を聴いて天下を乱し、自分の一族一門も滅してしまう者が多いものである。そうならないように、ますます忠誠を持って仕えるように。

いったい、どのような不穏な動きが醸成されていたのであろうか。翌日には、弟の早良《さわら》親王が皇太子《（弟）》に立てられている。

四月十五日、光仁の譲りを受けた山部は大極殿に御し、桓武天皇として即位の詔を発しているが、その中に見える「此の天日嗣高座の業を掛けまくも畏き近江大津の宮に御宇天皇の初め賜ひ定め賜へる法」——いわゆる「不改常典」が天智系の皇位継承者には無用の証文であったことについては、すでに述べた。光仁太上天皇は、八カ月後、十二月二十三日、七十三歳で没している。

光仁が譲位の詔の末尾に述べていた不安が的中し、事件が発覚したのは、年が明けた天応二年（延暦元年〈七八二〉）閏三月十一日のことである。

因幡守氷上《ひかみの》川継が謀反を企て、まず従者を宮中に乱入させたが、捕えられ事を白状したので、川継は逃亡。三日後大和国で捕えられた——氷上川継の乱である。事件は光仁天皇の喪中であったため、死を免じ伊豆国へ妻とともに遠流となった。この事件では連坐の罪で、川継の母不破内親王、姉妹たち、そして義父の藤原浜成及びその男、さらには大伴家持や坂上苅田麻呂《さかのうえのかりたまろ》といった面々がそれぞれ流罪や解任、京外追放などの罪に処せられている。また陰陽師《おんみょうじ》山上船主や三方《みかた》王とその妻弓削女王（舎人親王の孫）も、天皇呪詛の罪で遠流に処せられた。

†事件をめぐる様々な思惑

だがこの事件、『続日本紀』を見ても、事件の概要は記されるが川継が策を練った様子などは窺われず、事が露見してから一週間ほどで多くの人の処分が決まるなど、腑に落ちない点があり、まるで仕組まれた事件のように思われて来る。

まず私には、処分された人の中に一人、気になる人物がいる。川継の義父（妻の父）、藤原浜成（京家）の存在である。浜成は桓武即位直後の天応元年四月十七日に大宰師となり、わずか二カ月後の六月十六日、善政を行なわないとの理由で大宰員外師に左降されているからである。この早さは只事ではなかろう。桓武に対し恨みを持ってもおかしくはない。なぜこのような処置がなされたのか、考えられるのは次の一件である。

実は桓武が百川によって皇太子に推挙された折、桓武の母が渡来系であることを理由に強く反対した浜成は、尾張女王を母に持つ薭田《ひえだ》親王を推し、百川と対立した過去がある。そのことを桓武は忘れていなかったのであろう。後にも述べるが、渡来系の母を持つことが桓武の一番の弱みであったから、それを理由に反対されたことは桓武のプライドに関わることであった。

以来浜成を好ましく思っていなかったのではなかろうか。
加えて川継の父は、新田部《にいたべ》親王（天武の子）の子、塩焼《しおやき》王（氷上塩焼）で、母は聖武天皇の娘不破内親王である。本来ならば、天皇に推挙されて当然の家柄であった。父塩焼王は何度か天皇の候補に持ち上げられ、恵美押勝の乱に巻き込まれる形で死去。ついでに言えば、叔父も孝謙女帝によって廃太子された道祖王である。川継は桓武の対抗馬としては恰好の人物だったのである。それがこの事件の首謀者に持ち上げられた理由であったとみる。

この事件では、少し遅れて藤原魚名《うおな》（北家）も事に坐したとの罪で左大臣の職を解かれ流罪、子供達も職を解かれたうえで流罪になっている。してみると、最初の浜成の左降は、この事件

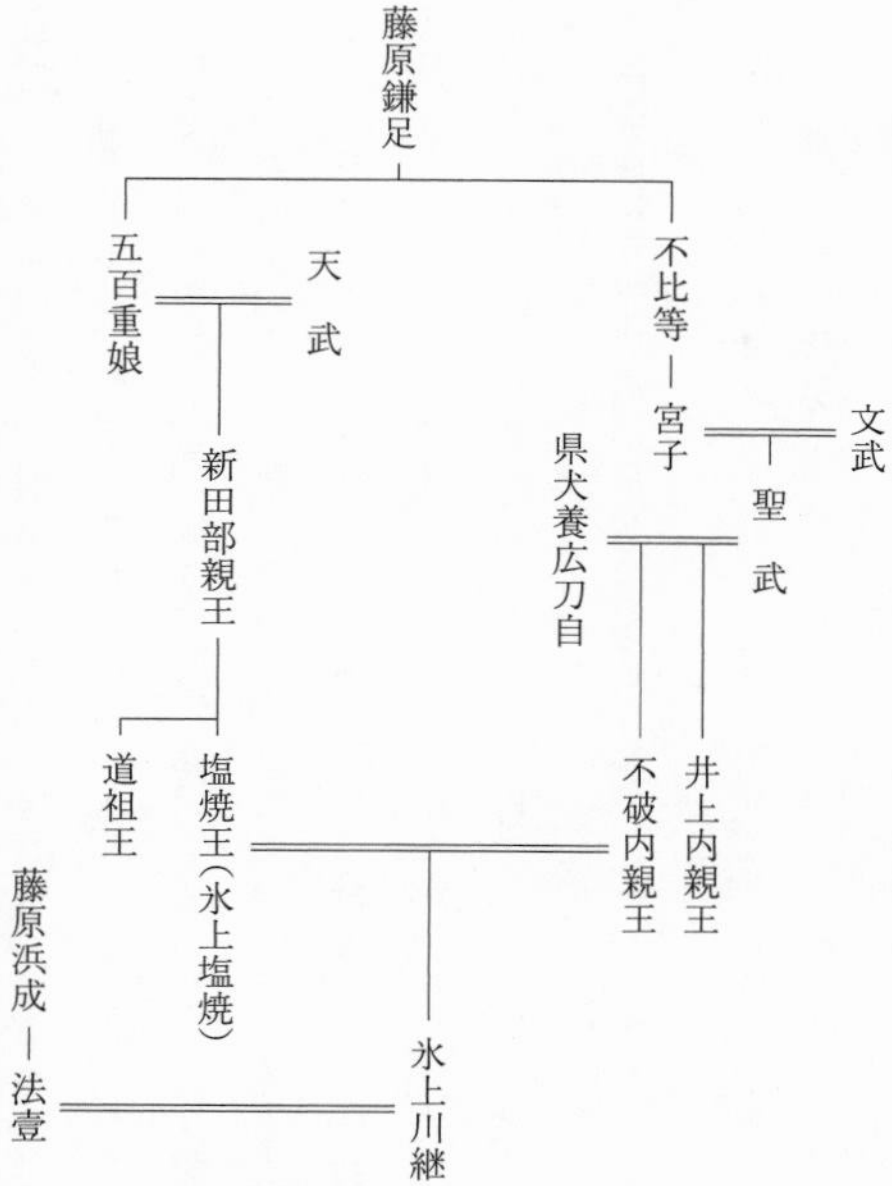

図6-3　川継関係系図

を起こさせるために仕組まれたものと思われてならない。藤原北家や京家の重鎮を政界から退けたことからも、暗躍したのは式家の人間であろう。ただ前述の理由から、桓武が積極的に関与したであろうことも、疑う余地はないであろう。大伴家持らも首謀者の中に名を連ねることから、天武系の天皇を望んだ最後の乱であったことも事実であろう。

ともあれ、この事件によって天武系の皇統は絶え、一時的にせよ式家の隆盛は保たれた。天武系天皇を希望する者達、せっかく築いた地位を確固たるものにしたい式家の者達、天皇のプライド……、様々な思惑が交錯した事件であったように思われる。

†桓武天皇に芽生えた強い自覚と個性的な施策

即位早々に出くわしたこの川継事件で、桓武が思い知らされたのは、自身の立ち位置についてではなかったろうか。

その一は皇統についてである。かつて称徳女帝のあと、白壁王こと父光仁が選ばれた時、天武系か天智系かという皇統がことさら要件とされることはなかったが、ここに来て明確に天智系に代わったと自覚したに違いない。そしてこの認識は、父光仁よりも桓武のものであったと思う。光仁からは生まれなかった、新しい皇統の宮都造りを桓武に決意させたのも、その認識と自覚あってのものであろう。

その二は、自身に渡来系氏族の血が流れているとの自覚である。百済系氏族、和乙継《やまとのおとつぐ》の娘高野新笠を母とする桓武にとって、天皇に即位したことにより改めて強く意識されたものであったろう。同族に対する強い愛顧の情も出自と無縁ではなかったと思われる。新笠の甥に当たる和家麻呂《やまとのいえまろ》が、「人物は木訥で学はなかったが、帝の外戚であることで、特に抜擢されて昇進、渡来人で公卿になったのは家麻呂が最初である云々」（『日本後紀』延暦二十三年四月二十七日条）と言われたのは有名である。

こうした特異な立場が、桓武を、父光仁とも、また前後のどの天皇とも異なる個性的な天皇たらしめた要因であったと考える。早い話、桓武ほど京畿の各地へ出かけた天皇は他にはいない。行幸の目的は主として狩猟にあったが、現地では土風の芸能で歓迎される一方、地位に応じての叙位や賜物を通して、恩威並び行なう政治の場でもあったことを知る。加齢に伴い、その範囲も狭まりはするが、最晩年に至るまで途絶えることはなかった。

個性的といえば、改元の考え方にもその一端がうかがわれる。奈良時代の天皇のほとんどは、即位後すぐに改元（代始改元）、瑞祥の出現を理由に元号を定め、また一代の間でも瑞祥があれば改元をしていた。しかし桓武は、即位後一年四ヵ月を経ての改元であり、その詔の中に特に瑞祥を持ち出すことなく、「すでに歳月を経てしまったが新号を施していない。だから天応二年を改めて延暦元年とする」と、改元は代始めの原則だから行なうと述べている。改元が遅れ子どもたちもこの考えに従っている。

たのは、光仁の喪が明けるまで控えたからであろう。そして瑞祥の如何にかかわらず、没するまで改元することなく延暦で通している。これも奈良時代の天皇とは異なった桓武独自の考えによるもので、この一世一元号の考えは、中国の皇帝に倣ったものであろう。そして、桓武の子どもたちもこの考えに従っている。

元号と同様、これまで見られなかった儀式を催し、中国の思想を取り込んだのも桓武である。しばしば訪れた河内の交野《かたの》（大阪府枚方市《ひらかた》）は母にゆかりの百済王氏《くだらのこにきし》の本拠であったが、そこで行なった郊《こう》（旱）天《てん》の祭祀では、中国風に天帝を宗祖（天宗高紹《あめのむねたかつがす》天皇こと光仁天皇）を祀っており、自らを中国皇帝になぞらえたものであった。桓武は特に、中国的な「革命思想」を強く意識し、それを行動の原理としていたが、これは父の譲りを受けて即位した天応元年（七八一）が、物事が革《あらたま》るという「辛酉《しんゆう》」の年であったことが意識するきっかけとなったのであろう。その最たるものが皇権の拠り所としての宮都を、変革の時を選んで定めていることである。すなわち、長岡遷都に「甲子《かつし》」の年、平安遷都は「辛酉」の日を選んでいる。宮都の歴史上最も大きな画期となる「大和」から「山背（城）」への遷都を、桓武は変革の事業と受け止め意義付けていたことを物語っている。

†詔・勅から垣間見られる天皇の思い

その果断な行動からも、桓武には多分に専制君主の素質が認められるが、その極端化を抑制したのは、この天皇にも求められていた伝統的な帝王像ではなかったろうか。どの天皇も、即位時をはじめ在位中に発した「詔」や「勅」において、必ず自らの至らなさを歎き、王臣貴族官人達の協力、時には諫言を求めることを忘れなかった。建前の表明であったとしても、権力を自制する役割を果たしていたとみるからである。

余談ながら、その意味で詔や勅は、天皇自身が直接廷臣に語り掛けた言葉（実際の文言は天皇の意見を聞いた上、官人が作った）であり、天皇の意思が知られるばかりでなく、個性といったものが汲み取れる、という点でも興味深いものがある。それが平安時代に下ると、左大臣以下参議以上から成る議政官による貴族合議制が確立するため、万事が合議で処理され天皇の言葉はほとんど聞くことができなくなる。『続日本紀』の面白さは、収められている数多くの詔・勅を、天皇の思いを想像しながら読み解くことにある、と言っても過言ではない。

そのような類の詔が、天応二年（延暦元年〈七八二〉）四月十一日に出されている。

是の日、詔して曰く、朕、区宇に君臨し、生民を撫育《ぶいく》して、公私彫弊《てうへい》せり。情《こころ》に実《まこと》にこれを憂ふ。方《まさ》に此の興作を屏《しりぞ》けて、茲《こ》の稼穡《かしょく》を務め、政、倹約に遵《したが》ひて、財、倉廩《さうりん》に盈《み》ちんことを欲す。今は宮室居するに堪へ、服翫《ふくぐわん》用ゐるに足れり。仏廟云《ここ》に畢へ、銭価既に賤《やす》し。

宜しく且《まさ》に造宮・勅旨の二省、法花・鋳銭の両司を罷《や》め、以て府庫の宝を充たし、以て簡易の化を崇ぶべし。但し造宮・勅旨の雑色《ざふしき》・匠手は、其の才幹《さいかん》に随ひて木工《もく》・内蔵《くら》等の寮に隷せしめ、余は各本司に配せん、と。

桓武はこれ以前、天応元年六月、即位早々大規模な人事――任官・叙位を行なった際、父光仁と同様、内外文武官の員外官（定員を越える官人）の解却を命じている。増加した官人の削減を図ったものであるが、この時の措置は官司そのものの削減であり、より徹底した対策であったといってよい。

†蝦蟇の大群の大移動、そして遷都のスタート

さてこの詔の要点は、諸事倹約を心がけ、財物を豊富に蓄えることを目指したいとして、

造宮省――いまの宮殿は住むに十分であるから廃止する。
勅旨省――調度品も不足していないから廃止する。
造法華寺司――寺院の造営も終わったから廃止する。
鋳銭司――貨幣の流通量も増え銭の価値が下がっているので廃止する。

といった理由で、これら二省両司を廃止するというものであった。いずれも生活に関わる官司であるが、文面から、造宮省の廃止がこの詔の眼目であったことは明らかである。

造宮省は宮殿の造作を始め、修理保全にも当たった常設の官司であり、その業務が絶えることはなかった。この時も、詔の最後に記すように、技術者達を木工寮や内蔵《くら》寮に転属させており、その対策を講じたことが知られる。ちなみに、平安京では「修理職《しゅりしき》」が設けられ、配属されていた多数の飛驒匠《ひだのたくみ》らが事に当たっている。したがってこの場合も、造宮省の業務（の一部）は形を変えて存続したとみてよいであろう。それにしても、現在《いま》ある宮殿は住むに十分なので今後手を掛けないというのは、王宮の建物の衰微を甘受し、自滅を待つに等しい。

しかしそれはあり得ない話であろう。事実廃止された四つの官司のうち、鋳銭司は八年後の延暦九年十月に復活、再設置されている。判断が甘かったことが示されているが、この詔で打ち出された方針は、次の一手を考えたうえでの措置であったはずで、いずれその動きがみえてくるに違いない。

延暦三年（七八四）五月十三日のことであった。摂津職より報告があり、今月七日卯の刻（午前六時頃）、長さ四分ほどで黒斑《まだら》の蝦蟇《がま》二万匹ばかりが、難波市の南道から南にある汚池《おち》まで列なること三町ばかり、道に随《したが》って南下し四天王寺の境内に入り、午の刻（正午頃）に至って皆残らず散り散りに去って行きました、と。

かつて飛鳥時代、遷都の予兆とみられた鼠の大移動のことが想起されるが、同じ予兆でも、この時摂津職（長官は和気清麻呂だった）から伝えられたのは、蝦蟇の大群が難波宮近くにあった難波市から南（北ではなく）に去ったというものであったのは、難波宮が廃される兆しと見立てたものであったとみる。

果たせるかな、報を受けた三日後には平城京で動きがあった。中納言の藤原小黒麻呂《おぐろまろ》・藤原種継らが、地相調査のため現地——山背国乙訓《おとくに》郡長岡村の地だった——に派遣され、翌六月十日には、種継を筆頭に「造長岡宮使」が編成され、直ちに新都造営に取りかかっている。明らかにこれは、蝦蟇の報告に始まる一連の動きであり、かねてから準備されていた遷都事業の速やかな展開であったとみて間違いない。初動はまるで電光石火の勢いであった。

蝦蟇の報告が一連の動きの始まりとすれば、和気清麻呂の摂津職大夫任命がすでにその計画の一端だったことを思わせる。

それが延暦二年三月のことで、同じ年の七月には種継が式部卿に任じられている。

難波宮は、種継の祖父式部卿宇合が聖武朝に造作した、いわゆる後期難波宮である。長岡宮造営は、まず難波宮の大極殿を移建することから始まったが、その難波宮の解体移建を実施するに当たり、建議者であったろう種継の式部卿任命は、この事業に対する種継の意欲を盛り上げるためではなかったろうか。桓武は、祖父と同じ式部卿を与えることで、種継の心を揺さぶったのである。してみると、長岡遷都＝造都計画は、遅くとも種継が式部卿、清麻呂が摂津大夫に任命された、延暦二年の半ばにはスタートしていたことになる。

そして、遷都の年は「甲子」の年でなければならず、それは翌年であった。これこそが電光石火のスタートだった所以である。

3　遷都と棄都の間

†桓武天皇による長岡遷都

遷都に着手して半年も経っていなかったが、延暦三年（七八四）十一月十一日、桓武天皇は平城京から長岡京へ遷っており、これを長岡遷都の日としている。ただし、遷都の詔が出された形跡はない。延暦六年と七年に、遷都のことに言及した詔を相次いで出しているが、他の理由によるもので、もとより遷都の詔ではない。

ところで、この長岡遷都には通常の遷都には見られない特徴があった。天皇はじめ貴族官人ら〝ヒト〟は平城京から長岡の地へ移ったが、〝モノ〟――新京の核となる王宮殿舎は、摂津にあった難波宮（内裏・大極殿・太政官院＝朝堂院から成っていた）を解体し淀川を使って運ぶ、という形を取ったことにある。それが難波宮だったのは、長らく果してきた迎賓施設としての機能低下に鑑み、その再利用を意図したものであったこと、そして桓武にとってより切実だったのは、変革の歳とされる「甲子《かっし》」がすぐそこに迫っていたことであったろう。遷都を「変革の行為」とみなす桓武にとって、その歳に遷都を果たすことが至上命題であった。淀川の水路を用いることで、殿舎の速やかな移送と現地での建造が見込まれる難波宮の解体移建は、願ってもない方策だったと思われる。

したがって、難波宮の利用を定めた時点で、新京の地の選定も織り込み済みであったと考える。むろんそれは、淀川水系の然るべき土地――「山崎《やまざき》」に連なる場所だった。

かつて乙巳《いっし》の変（六四五）のあと、飛鳥から難波に出た孝徳天皇は、難波長柄豊碕宮《なにわながらとよさきのみや》を完成した段階で、皇太子中大兄皇子らと対立して孤立した際、国（皇）位を捨てようと思い「山碕」の地に宮を作ったとされる（『日本書紀』）。現在の京都府大山崎町である。山碕（崎）の地は、三川（桂川・宇治川・木津川）が合流し淀川となって難波湾にそそぐ、水路はもとより陸路においても交通の要衝であった。孝徳はこの地に最も早く着目した人物であったと言えよう。ただし、ここには広い土地がなかった。山崎と地続きの長岡の地が選ばれた理由であり、そこも「水陸の便」が謳われたのである。桓武が延暦六年十月と翌七年九月に出した詔の中でも、

○「また朕、水陸の便を以て都を茲《こ》の邑《むら》（長岡）に遷す」（六年詔）
○「水陸の便ありて都を長岡に建つ」（七年詔）

と繰り返し述べており、遷都の地に長岡が選ばれた唯一最大の理由が、水陸の便であったといってよいであろう。

しかし「水陸の便」が都造りのすべてであったのだろうか。そのことを頭の片隅に起きながら、その後の推移を辿ってみることにしたい。

†遷都以後の動き

延暦三年十一月の遷都のあと、十二月に入ってしばらくの間、造営に労功のあった人達への褒賞が行なわれているのは、いかにも遷都事業が一段落した感を抱かせる。むろん種継や清麻呂らも叙位されている。また賀茂上下二社や松尾・乙訓社も遷都の故をもって叙位された。

見落とせないのは、以下に示すような叙位事例である（参考のため、延暦四年分についても併記した）。

（延暦三年十二月）

◎山背国葛野《かどの》郡人外従八位下秦忌寸足長《はだのいみきたりなが》、宮城を築き、従五位上を授く。

○外従五位下栗前《くりくまの》連広耳、役夫を伺養、従五位下を授く。

○但馬国気多《けた》団毅《のだんき》外従六位上川人部《かわひとべ》広井、私物を進めて公用を助け、外従五位下を授く。

（延暦四年八月）

◎従七位太秦《うずまさのきみのいみき》公忌寸宅守《やかもり》に従五位下を授く。太政官院の垣を築くを以てなり。

（延暦四年十二月）

○近江国従七位下勝《すぐりのおびと》首益麻呂《ましまろ》、去る二月より十月に至るまでに進むる所の役夫、惣て三万六千余人、私粮を以てこれに給す。労を以て外従五位下を授く。而るに其の父真公《まとも》に譲る。勅ありてこれを許す。

これらの褒賞は奉仕内容は様々であるが、従五位下に叙せられている点で共通する。五位は「通貴」、すなわち貴族の末端に連なることを意味しており、もとより名誉であった。その中で「宮城」を築いたという秦忌寸足長は、外従八位下から五階級特進し、従五位下に叙せられており、特筆すべき功績であったことが知られる。同じく太政官院の垣を築いた太秦忌寸宅守も、むろん秦氏の一族である。そういえば、これ以前にも秦下嶋麻呂《はたのしもしままろ》が、恭仁宮で大宮の垣を築いて四位下に叙せられているから（この場合、従四位下だったのは、嶋麻呂が造営録《さかん》という造営省の官人であったことによるものであろう）、これが先例となり、秦氏の造都事業への関わりが「垣の造作」に特化し、それが秦氏の伝統になっていたのであろう。

ただし「垣を築く」とあるが、秦氏が直接垣の造作に当たったのではなく、造作に必要な経費を負担した、との意である。それにしても少々の負担ではない。豊かな財力を誇った秦氏ならではの協力であった。

写真6-2　長岡京跡　朝堂院西四堂跡の現況。

　さて、宅守が垣を築いた太政官院では、翌五年七月十九日に「太政官院成る。百官始めて朝座に就けり」とあるから、太政官院こと朝堂院（ここでは八堂であった）も続いて完成したことがわかる。宅守が造ったのは、その外回りの垣だったわけである。とすれば、足長が築いたという「宮城」も、「宮城の垣」のことであったと考えられよう。なぜなら、宮城内の内裏や大極殿、あるいは朝堂院などの王宮殿舎はいずれも難波宮から移建した建物だったからである。なおまた留意しておきたいのは、足長の奉仕で築かれた宮城の垣には、門——朱雀門以下のいわゆる宮城十二門——が付けられていなかったことである。それに関わる一件については、後に触れることにする。

†長岡造都事業の本格化と種継暗殺事件

ここで話を延暦三年十一月十一日の長岡遷都時に戻す。この日、桓武が最初に入った住居が「西宮」と呼ばれる内裏で、天皇の遷都に合わせて最も早く造営（実は難波宮の内裏の再造）された殿舎であったとみられる。年が明け延暦四年の元旦、桓武は大極殿に御して朝賀を受け、内裏では五位以上に宴を賜っているから、即位をはじめとする国家的儀礼の場であった大極殿も、同じく前年の内に再建されていたことがわかる。天皇にとって不可欠の公私の場が最も早く用意されているわけで、恐らく突貫工事であったろう。

内裏や大極殿に続き、施設の造成が急がれたとみられ、同年七月には諸国から百姓三十一万四千人が造営役夫として和雇《わこ》されている。「和雇」とは、強制的な徴発によるものではなく、功賃を支払って雇用する方法――それを「雇役《こえき》」といった――による動員のことを言うが、むろん三十一万余人が一度に長岡の地に集められたわけではない。これだけの人数が一度に集められたら、長岡の地は、食料や住居をめぐって深刻なパニック状態に陥ったであろう。当時首都の平城京でも、人口は十万人以下とみられている。適宜国々に割り当てられたのであろう。

ともあれ、長岡造都事業は、この役夫大動員（京域の道路造成に宛てられたか）によっていよい

写真 6-3　早良親王墓跡　最初の埋葬地と伝える小円墳。

よ本格化するとみられた、その矢先に起きたのが種継暗殺事件である。延暦四年（七八五）九月二十三日夜のことであった。

その時種継は、松明《たいまつ》を掲げながら工事現場を見回っていたというから、暗がりの中、その明かりが恰好の標的となったのである。二本の矢が射られ、即死ではなかったが翌日自宅で亡くなった。

桓武は、娘の朝原内親王が伊勢大神宮の斎王として下向するのを見送った後も平城宮に留まっていたが、事件の知らせを受けるや直ちに長岡に戻り、関係者を一網打尽に逮捕し、処断している。事件は、二十日余り前に陸奥《むつ》の地で亡くなっていた大伴家持を首謀者とする、大伴・佐伯一族の犯行とされ、彼らが皇太弟早良親王の春宮坊《とうぐうぼう》の官人達であったことから、累《るい》は早良親王にも及んだ。桓武に重用される種継と早良親王との関係は良好ではなく、しばしば対立していたとされ、桓武が平城に行幸したこの時は、早良親王・右大臣藤原是公《これきみ》・種継の三人が留守官として長岡に留まっていたから、嫌疑をかけられても仕方がない状況であった。早良は廃太子された上、乙訓寺に幽閉されたが、無実を訴えて絶食、淡路島に配流される途中で絶命する。しかし遺骸はそのまま配所に送られ、その地に葬られた。兵庫県淡路市仁井《にい》にある円墳がそれといい、地元では〝ゾーラテンノーの墓〟と呼ばれてきた。

†種継の死による大きな打撃

大伴氏についても一言触れておく必要があろう。大伴氏は、古来「内《うち》の兵《つわもの》」として、大王・天皇の身辺に侍りこれを護衛することを使命とした古代氏族である。「壬申の乱」に際し、大伴吹負《ふけい》が大海人皇子方に付き、その勝利に功をあげて以来（ちなみに『日本書紀』では、吹負の合戦日記が舎人日記とともに、重要な素材とされた）、天武系皇統の天皇に奉仕する氏族となっていた。ところが前節で見たように、皇位が天武系から天智系に代わる中で不満を募らせ、皇統に関わる陰謀には常に関与し、その都度処罰されるようになっていた。家持は、数年前の氷上川継の乱にも与同し、藤原式家によって処罰されている。大伴氏の遺恨は、同族の佐伯氏とともに深かったのである。

そして種継事件。天武系皇統の宮都だった平城京を捨てて山背遷都を推進する、ここでも式家種継の活動は許せなかったのだ。これが事件の背景で、綿密に計画され実行されたのである。遷都・造都にまつわる話題は事欠かないが、殺人事件にまで及んだのは後にも先にもこの一件だけである。しかも種継は、長岡造都の中心人物だった。『続日本紀』も種継について、

天皇、甚だこれを委任して内外の事みな決を取る。初め首として議を建てて都を長岡に遷さんとす。

と記す。長岡遷都が中心人物の不慮の死亡で大きな打撃を受けたことは想像に難くない。以前触れたように、桓武が延暦六年と七年、二年続けて詔を出し、遷都事業を督励しているのもその現れである。特に七年の詔では、

朕、眇身《べうしん》を以て忝くも鴻業《こうげふ》を承く。水陸の便ありて都を長岡に建つ。而るに宮室未だ就らず。興作稍《やや》多く、徴発の苦、頗る百姓にあり。

といい、役夫の労苦を軽減するために功賃をあげ、また負担を軽減するために役夫所進の国の

出挙《すいこ》の利率を下げることを命じている。

ちなみにこの七年の詔は、後世遷都を表明したものと受け止められ、この詔が出された延暦七年（七八八）をもって長岡遷都の年とする理解を生んでいる。『三代実録』貞観《じょうがん》六年（八六四）十一月七日条に、次のような内容の記事がある。

大和国のいうことには、平城旧京は、東は添上《そえかみ》郡、西は添下《そえじも》郡であるが、和銅三年（七一〇）古京より遷り平城に都したので、両郡はおのずから都邑となった。ところが延暦七年（七八八）、都を長岡に遷してから七十七年がたち、都城道路は変じて田畝となった。内蔵寮田の百六十町をはじめ、ひそかに開墾されたものも数多い。そこでこれらの田を収公し、田租を輸《だ》させることにしたい、と。これを許した。

七十七年も経って、平城京跡の多くが田畝となっているので、それらから田租を徴収したいと願い出て許されたというものである。延暦七年から貞観六年までは確かに（数えで）七十七年であるから、延暦七年は書き間違いでも写し間違いでもなさそうである。

†桓武天皇に萌した長岡棄都の思い

それにしても延暦六年と七年の詔は、遷都からすでに三、四年も経っており、今さら遷都の趣旨説明でもなかろうと思われるが、遷都時に詔を出していないこともあり、これらの詔は、遷都の原点に立ち戻り改めてこれを推進する姿勢を示したものとみられる。

しかしそう思う反面、私には、殊に七年の詔には、「水陸の便があるという理由で長岡へ遷都したものの造都がうまくいかない。この選択は果たして良かったのであろうか」、という迷いが生じ始めているように思われてならない。確かな根拠があるわけではないが、桓武の中で長岡棄都の思いが頭をもたげ始めるようになるのは、それからさして時間を要しなかったのではなかろうか。

とは言うものの、自身の梃入《てこい》れの甲斐があったのか、桓武は延暦八年（七八九）二月二十七日、西宮から東宮へ移御している。「西宮」は遷都以来の最初の天皇の住まい＝内裏のことで、「東宮」とあるのは、その東方に新たに造られた内裏のことを意味する。本来内裏は〝内裏〟であって、「西宮」「東宮」などと最初から個別の名で呼ばれることはなく、新しい内裏の新設に伴う位置関係から後に適宜名付けられたものである。ましてや、「西宮」を内裏が大極殿の西にあったことによる呼称というのは考え難い。内裏は最初から、難波宮と同じ配置、すなわち大極殿の北にあったとみるべきである。実際この周辺では、難波式瓦が多く発掘されている。大極殿の北にあった内裏とは別に、その東に新しく造られたことで、本来の内裏が「西宮」と呼ばれたのである。

したがってこの事実から、内裏と大極殿の分離が長岡京で初めてみられたとする理解も、軽々には従えない。この形は、かつて聖武朝において平城宮の東区内裏と西区の大極殿院（いわゆる第一次大極殿）が分離していた事実こそが最初の事例とみるべきであろう。

ともあれ天皇が西宮から東宮に遷御したのが延暦八年二月二十七日のこと、三月一日に造宮使が天皇に酒食と種々の物を祝儀として献上しているのは、造都事業が一段落した雰囲気を伝えている。それから半年後の八月一日、造営使の官人以下雑士以上の者に、労功に従って叙位し、地位に従って物を賜っているのは、明らかに造都事業に一区切りがついたことを示している。

なおまた、この年十一月には、摂津職が権限を有した、難波を通過する公私の使者の調査が停止されているが、この事も摂津職との関わりから始まった難波宮の移転事業を思うと、摂津職の権限縮小は一時代が終わった事を思わせる。ともあれ延暦三年に始まった長岡宮遷都＝造都は、事実上この年、延暦八年までの五ヵ年で終わったと言えそうである。

†長岡遷都の歴史的位置づけ

そう思ったのは、実は早計だった。

『続日本紀』延暦十年九月五日条に、

越前・丹波・但馬・播磨・美作《みまさか》・備前・阿波・伊予などの国々に仰せて、平城宮の諸門を壊ち運びて以て長岡宮に移し作らしむ。

とあり、畿内周辺の国々から、かなりの数の役夫を動員し、平城宮の宮城門を取り壊して長岡宮に移築したことが知られるからである。これは、以前指摘したように、秦忌寸足長の築いた宮城の「垣」には門がなかったことから、平城宮の宮城門を解体して取り付けたことを示すものであろう。右の記事は、その事業がこの年（延暦十年）をもって終了したことを述べたものである。これにより、長岡宮の宮域は内・外ともに整備されたに違いない。したがってこの事業は、難波宮の移転に伴う工事の総仕上げだったと言ってよいであろう。

しかし、これによって平城宮の宮域は、十二門の全てか否かは不明だが、いわば〝歯抜け〟の状態となり、甚だ不用心な姿に成り下がってしまった。その翌年二月二十八日に、諸衛府を率いて平城京の旧宮を守らせたとあるのは（『日本紀略』）、まさしくその対策であったとみる。そしてこれは、平城京（宮）に王宮殿舎が手付かずの状態で存在していたことで可能な措置だった。

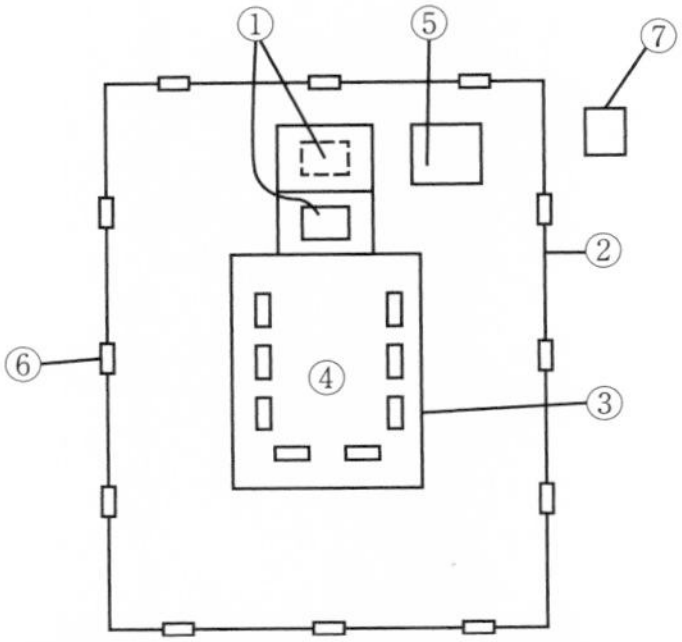

図6-4 『続日本紀』の記事から読み取れる長岡宮の造営（移建・新造）状況

①	延暦 2年（783）	6月	遷都開始	
		年内	内裏・大極殿	難波宮より移建
②	〃 3年（784）	末	宮城の垣	秦足長新造
③	〃 4年（785）	8月	太政官院の垣（朝堂院）	太秦宅守新造
④	〃 5年（786）	7月	大政官院	難波宮より移建
⑤	〃 8年（789）	2月	内裏（東宮）	新造
⑥	〃 10年（791）	9月	宮城諸門	平城宮より移建
⑦	〃 12年（793）	1月	東院へ	

このように長岡京の遷都事業の流れを辿る中でわかってきたことは、こうである。

長岡遷都が、本来あるべき平城京からでなく、難波宮のいわば〝先行移転〟もしくは〝別途移転〟であったことにより、当初こそ快調に事は進んだものの（種継事件もあったが）、それですべてが完結したわけではなかったし、時には平城宮からの施設の移転もあったこと、である。しかし、その上でなお、長岡宮の中核を成す王宮殿舎は難波宮のものが用いられている以上、自ずから補助的なものに留まっていたであろう。考えられるのは官衙に関しては、旧京からの移建というよりは長岡京での新築であったろう。いずれにせよ平城京の果たす役割は限られていたと思われる。

難波宮の移建をベースにした長岡遷都＝造都は、結局のところ難波宮を構成した王宮殿舎の再現であり、それ以上のものに成り得なかったと考える。長岡造都は延暦十年に終わったが、それは次なる山背（城）遷都への動きが始まる前年のことであった。つまり長岡京（宮）は、文字通り出来上がった時が棄てる時だったのである。したがって平安造都の開始時には、王宮の殿舎（内裏及び大極殿・朝堂院から成る）は、平城京（宮）には温存されてきたものが残り（宮城門はなくなったが）、長岡京（宮）にも難波宮から移建されたものがあり、都合〝二セット〟存続していたことになろう。〝水陸の便による経済性〟を重視した長岡遷都の、これがその結末であった。長岡京あるいは長岡遷都に対する見方は様々であるが、その実態のさらなる解明が求められている。

第七章　平安新京

1　京中巡幸

†桓武天皇を襲った度重なる不幸と平安遷都構想

種継暗殺事件（延暦四年九月）による長岡造都の停滞を打破するため、桓武天皇が延暦六年・七年と二年続けて詔を出し、工事の推進を図ったことは前章で述べた。しかし桓武には、さらなる苦難が待ち受けていた。それは、相次いで身辺の不幸に見舞われたことである。

○延暦七年五月四日、夫人旅子が三十歳で没した。
○延暦八年十二月二十八日、実母で皇太后の高野新笠が没した。

写真 7-1　平安京千分の一模型　遷都 1200 年記念事業として作られた。右京城の鄙ぶりに注目。京都アスニー 1 階に常設展示されている。

○その三カ月余り後の延暦九年閏三月十日、今度は皇后の乙牟漏が三十一歳で没した。

○同じく延暦九年七月二十一日、皇太子時代に後宮に入り高津内親王を生んだ坂上又子（坂上苅田麻呂の女）が没した。

そして、この年九月には、皇太子安殿《あて》親王の健康状態が良くないため、京内七カ寺で読経をさせたが、病状は回復しない。そこで、翌延暦十年十月には親王自身を伊勢神宮に向かわせて

いる。親王のためには、翌十一年六月にも畿内の名神に奉幣している。

それにしても、この不幸の連鎖、桓武ならずとも、これを早良親王の怨霊の祟りとみて怖れるようになったとしても、一向に不思議ではないだろう。この時期、具体的な怨霊対策は見られないが、桓武が事態を深刻に受け止めていたことは想像に難くない。そして長岡の地を離れることが、事態の最良の打開策であるとの思いが桓武の中で強くなっていったと考える。

和気清麻呂が長岡造都の中止、新京への遷都を進言したのは、まさにそんな時期のことだった。清麻呂の薨伝（故人の経歴や事績を記す。清麻呂は延暦十八年〈七九九〉二月二十一日、六十七歳で没した）の中に、次のような記述がある。

長岡新都、十載を経て未だ功成らず。費勝《つひえあげ》て計《かぞ》うべからず。清麻呂潜《ひそ》かに奏す。上《かみ》（桓武天皇）をして、遊猟に託して葛野《かどの》の地を相ぜしむ、さらに上都を遷す。

清麻呂の奏言を承けた桓武は、遊猟に事寄せて葛野の地相調査に乗り出し、遷都に至ったというのである。延暦十一年五月十七日、葛野川《かどの》へ行幸し、右大臣藤原継縄《つぐただ》の別荘へ立ち寄ったというのが、その最初であろうか。平安遷都の構想は、この年には固まったとみる。閏十一月七日に長岡宮の諸院を巡幸しているが、これまで造営してきた建物を逐一巡覧し、名残りを惜しんだのであろう。巡幸の後、扈従《こしょう》した官人達には禄を下賜している。

年が明けて延暦十二年正月十五日、藤原小黒麻呂、紀古佐美《きのこさみ》らを葛野郡宇太《うだ》村の地へ派遣。『日本後紀』に「遷都のためである」と記すように、これが遷都＝造都に向けての第一歩となった。桓武自身もその六日後、長岡宮内裏東方の「東院」へ遷御している。同じく『日本後紀』に、「宮を壊さんと欲するに縁《よ》ってなり」と記しているように、東院への遷御は、桓武が自ら退路を断って長岡棄都を進め、平安遷都の実現を天下に表明したものであり、二度と失敗は許されないとの覚悟の程を示した行動であった。この東院跡とみられる遺跡が発掘され話題になった時の事を、今も鮮明に思い出す。桓武は、延暦十三年（七九四）十月二十二日の平安遷都の日まで、ここを拠点として、遷都＝造都事業に専念するのである。

†熱心な「京中巡幸」といくつかのエピソード

そのことを端的に示してくれるのが、度々に及ぶ「京中巡幸」である。「新京巡覧」などとも記されるように、桓武自身が直接現場に出向いて、工事の進捗状況を視察し督励したもので、延暦十二年三月一日「葛野行幸、新京巡覧」というのを初度として、「徳政相論」によって造都工事が打ち切られる最晩年までの間、実に三十数度に及んでいる。

語れば一言で済む事実であるが、いかに多かったかを実感するために別表を作ってみた。長岡京の造都時には居所が平城京だったこともあろうが、巡幸はわずか一回に留まっていたことを思えば、二度目の造都にかけた桓武の熱意がいかに強かったかを、この数字から知ることができよう。

当然、京中巡幸にまつわるエピソードの類も見られたに違いないが、記録化されることは稀であったようだ。ここでは、二話を取り上げてみる。

一つは、桓武が堀川の工事現場を通り過ぎようとした時のことである。

近頃、宮中を巡行して堀川の側を通り過ぎようとした時、刑具を付けられた囚人が身体をむき出しにしたまま徒役《ずえき》に従っているのを見て、心中痛ましい思いが生じた。自らの愚行により罪を犯したとはいえ、その父母のことを思うと憐れな気持にならざるを得ない。

七九二（延暦11）	二月二十九日	京中（長岡京）を巡幸
七九三（同12）	三月一日	葛野に幸し、新京（平安京）を巡覧
	四月三日	葛野に幸す
	七月二十五日	新宮を巡覧
	八月二十六日	京中を巡覧
	十一月二日	新京を巡覧
七九四（同13）	四月二十八日	新京を巡覧
	十月二十二日	**新京に遷る（平安遷都）**
七九五（同14）	七月十二日	京中を巡幸
	八月十九日	朝堂院に幸し匠作を観る
	十二月一日	京中を巡幸
	十二月十八日	京中を巡幸
七九六（同15）	三月二十四日	朝堂・諸院を巡覧
	四月十日	京中を巡幸
	八月二十一日	京中を巡幸
	十二月十四日	京中を巡幸
七九七（同16）	一月二十日	京中を巡幸
	二月一日	京中を巡幸
	二月二十日	京中を巡幸
	五月七日	京中を巡幸
七九八（同17）	一月十九日	京中を巡幸
	二月八日	京中を巡幸
	二月二十五日	京中を巡幸
	三月一日	京中を巡幸
	三月五日	京中を巡幸
	五月八日	京中を巡幸
	五月十四日	京中を巡幸
	八月十日	京中を巡幸
七九九（同18）	六月二十三日	京中を巡幸（堀川囚人の件）
	八月七日	京中を巡幸
	十一月十一日	京中を巡幸
	十二月二十四日	京中を巡幸
八〇〇（同19）	三月十八日	京中を巡幸
	四月十日	京中を巡幸
	四月二十三日	京中を巡幸
八〇三（同22）	四月十一日	京中を巡幸
八〇四（同23）	二月二十日	京中を巡幸
	八月十九日	京中を巡幸
八〇五（同24）	十二月十日	**平安造都中止**
羅城門の高さをめぐるエピソードは年月日不詳。		

表7-1　桓武天皇の京中巡幸

として、現に徒役に就いている囚人と収監されている未決囚を全員、罪の軽重を問わず放免して更生させよ、という詔を出したというものである。

堀川は、京中流路として人々の生活に深く関わることから、造都の一環としてその整備が図られていたことを知る。古代の天皇は、即位などの大事に際してしばしば大赦を行ない、罪人を放免することを帝王の慈愛を示す機会としているが、このエピソードは特殊な事例といってよいであろう。『日本後紀』延暦十八年六月二十三日条には、この話の後日談ではないが、同類の話が伝わっている。

十五年後の弘仁五年（八一四）八月二十一日条に見る、次のような話である。

囚人日下部《くさかべ》土方《のひじかた》を免《ゆる》して木工（寮）長上《ちようじよう》（官）に任じた。土方は摂津国武庫《むこ》郡の人で、銭を私鋳《しちゆう》して下獄した。堀川の改修に使役した際、大変土木技術に優れていたので、瑕《きず》（罪があること）を棄てて才を取ることにしたのである。

土方は、囚人として堀川の工事に使役されていた時、働き振りから土木技術に長けていることに注目されたのであろう。木工寮の長上――正式な官人に任命されたというのである。この土方、かつて桓武が宮中巡幸の際、堀川の現場で使役されているのを見た囚人の一人だった

写真7-2　平安京羅城門遺址
今は児童公園になっている。

……と思いたいのだが、『日本後紀』の編者達はそこまでは書いてくれていない。

桓武の京中巡幸のこととしてよく知られているのは、羅城門の高さをめぐる天皇と工匠のやりとりを語るエピソードであろう。これは、宇多《うだ》天皇（八六七〜九三一）の『寛平御遺誡《かんぴょうごゆいかい》』に収められている。

延暦帝王（桓武天皇）……羅城門を造る。巡幸して之を覧る。即ち工匠に仰せて曰く、「此の門の高さ五寸を減ずべし云々」。後又幸して之を覧る。即ち工匠を呼びて「如何」。工匠云く、「即に減ず」と。帝、歎きて曰く、「五寸を加へざるを悔ゆ」と。工匠之を聞き地に伏して絶息す。帝奇《あや》しみて問う。工匠ややあって蘇息《そそく》し、即ち云く、「実は減ぜず。然れども煩あらんが為詐言《さげん》するのみ」と。帝その罪を宥《ゆる》す。

羅城門の高さは二十四、五メートルだったと推測されているが、わずか五寸（十五センチメートル）の違いをめぐるやりとりに、工匠の腕と天皇の目、それぞれの確かさを示すこのエピソードは、文中にもあるように桓武の京中巡幸の中でこそ生まれた話題であったろう。それが後に、宇多天皇の遺誡――子の醍醐天皇に譲位する時に与えた教訓――とされた背景には、これが帝王の持つべき見識の事例とされ宮廷で語り伝えられた〝古事談〟であったことを思わせる。残念ながら、この逸話の年次は詳らかでない。

†効率的に進められた造都事業

平安京造都の際に顕著だった桓武による京中巡幸のことを先に取り上げたが、造都事業の実際について見ておかねばなるまい。一言で言えば、平安造都はこれまで蓄積されたノウハウを駆使して効率的に進められた感がある。初動時の取り組みとして、早速伊勢神宮や山陵（天智・光仁陵及び施基皇子の墓）へ使者を派遣して遷都を奉告。ことに今回は賀茂上下社へも奉告がなされ、これにより賀茂社は王城守護の神社となる。宮城敷地内に取り込まれた百姓私有地の補償なども次々と処理している。

造都体制も速やかに編成され、事務系（造宮大夫・亮以下）・技術系（造宮大工・少工以下）の官人らが任命されている。初代の造宮大夫に藤原小黒麻呂、その没後には和気清麻呂が任じられているが、ともに民部卿であったのは、民部省が被官に主計・主税の二寮を擁し、調庸雑物や田租を取り扱う最も重要な経済官司であったことを考えると、造都事業の統括者として適切な人事であったことをうかがわせる。ちなみに工事が一段落した際（延暦十四年五月）、造宮使の

写真 7-3　暮れなずむ東寺五重塔（国宝）　寛永 21 年（1644）の再建、高さ 54.8 m。東寺は世界遺産に指定されている。

主典以下将領以上百三十九人に叙位されているが、この数字は特設された造宮機関の規模を示すものとして興味を惹く。これに主典以上の官人を加えると、総勢百五十人というところか。それだけの組織によって造都事業が企画推進されたのである。

技術系官人として、造営大工に外従五位上物《もの》部《のべ》多芸連《たげのむらじ》建麻呂《たけまろ》、造宮少工に外従五位下秦忌《いみ》寸《き》都岐麻呂《つきまろ》が任命されているが、前者は忌部《いんべ》や猪名部《いなべ》などとともに古来土木工事に関係の深い氏族であり、建麻呂は難波沖で難破した遣唐船や破損雑物の修理に当たったこともある。また都岐麻呂も、木工寮少工・造西大寺允に任命されるなど、技術系官人の道を歩んでいる。造都に経済的な協力をしたことで重視される秦氏の中で、純粋に技術畑の官人として活躍した人物

写真7-4　廃絶した西寺跡　東寺と違い官寺だったため早く衰微。塔も天福元年（1233）12月に消失した。

も居たことに留意しておきたい。

秦氏については、長岡造都での協力ぶりに反して、平安造都には協力した形跡がない。これは、造都に協力した長岡京が十年足らずで放棄されたことへの、失望と反撥によるものであろう。留意すべきところである。

造都の労働力となる役夫の動員にも工夫が見られる。造都開始間もない時期には、動員可能な五位以上及び諸司の主典以上から役夫を進めさせているが、やがて諸国からの動員体制に移行、拡大している。

役夫の動員は、功賃（功稲《こうとう》）を支給する雇役《こえき》に依ったが、食料《じきりよう》や往還路料も支給したから（平城京の場合、帰京の途次、食料がなくて苦しんだ役夫のことが思い出される）、役夫の動員は畿内近国や中国に限られ、遠国は除外された。当然、

「就役《しゅうえき》」の国と「虚役《こえき》」の国とで負担の差異が生じたから、その公平が図られている。

なお、造宮役夫の動員事例は次の如くである。

○延暦十三年七月　諸国（国名不詳）・役夫五千人（この間のデータ、あって然るべきだがない。失われたとみる）

○同十七年三月　遠江《とおとうみ》・駿河・信濃・出雲等、役夫二万四千人

○同十八年十二月　伊豆・伊勢・尾張・若狭・丹波・但馬・播磨・備前・紀伊等（人員不詳）

○同十九年十月　山城・大和・河内・摂津・近江・丹波等一万人

○弘仁六年（八一五）正月　尾張・参河《みかわ》・美濃・越前・但馬・美作・備前等一万九千八百人（造都終了後だが、朝堂院修理のため）

弘仁六年の場合も含めて整理すれば、別図の如くになろう。記録の欠落も考えておかねばならないが、動員人数は五千ないし二万人で、長岡造都中の三十一万四千人といった大人数に及ぶことはなかった。事業規模に応じた人員が動員されたのである。雇役によったから、場合に

よっては個別的・非制度的な雇傭が行なわれたこともあったろう。

こうして造都事業が進められ、一応の目途が立ったところで（全体からすれば工事は半ばであったが）、延暦十三年（七九四）十月辛酉《しんゆう》（二十二日）に平安京へ遷っている。物事が革《あらたま》るという辛酉革命の日が、あえて選ばれたのである。この日の天皇の移御をもって、平安遷都と称している。

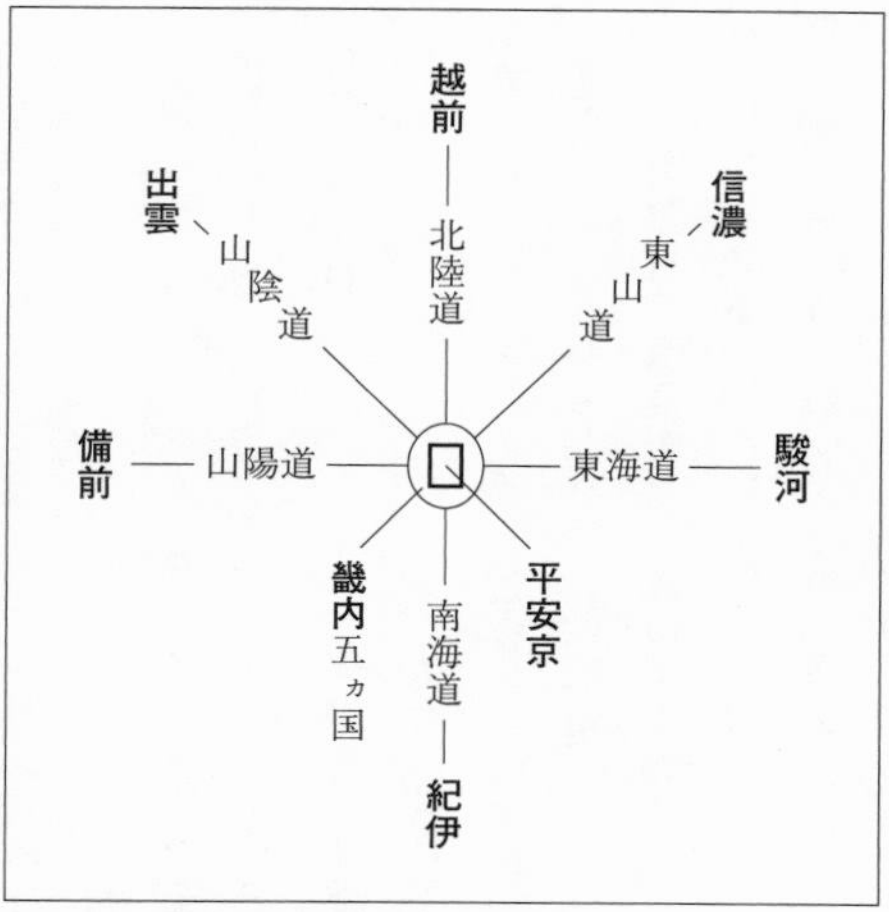

図 7-1　造宮役夫就役の国々の限界

†存在感を失う「大和国」と新都の活況

余談ながら、遷都の四日後から、造宮使と山背国を皮切りに、周辺の国々から「献物」――祝儀の品々が宮中へ献上され始めている。国名を眺めているうちに気付いたことがある。大和国が見当たらない。伊予国のように、年を越し四月中旬になって献上した事例もあるので注意して調べたが、やはり大和の名を見つけることはできなかった。大和国からは、御祝いの品は届けられなかったようだ。

造宮使・斎宮寮・伊予親王
山背・摂津・河内・和泉
伊賀・美濃・越前・但馬
播磨・美作・伊予

表7-2　遷都献物国など

考えてみれば、「山背」遷都の方針が打ち出されて以来、大和の宮都が否定されたばかりでなく、人や物も出て行くばかり、平安遷都でそれが決定的となった。平城京に居た貴族官人のほとんどは平安京へ移住し、平城京《なら》で貴族社会が成熟し、貴族文化が育つ要件も失われてしまう。平安京ニクシであったろう。大和国（国衙の役人たち）としては、平安遷都を祝う気分にはとてもなれない、それで平安遷都には背を向けた――。単に、『日本後紀』に多い、記事の脱落に過ぎないことかもしれないのだが。

対して葛野の宮廷では、五位以上の官人らに、衣服・笠や産業農物（農工具の類か）が下賜され、賀茂・松尾の神々には位階が授けられるなどした。また遷都の六日後に出された詔では、平安京が営まれた愛宕《おたぎ》・葛野《かどの》の二郡には、その年の田租が免除された。この詔には、「葛野の大宮の地は山川も麗しく、四方《よも》の国の百姓の参出《まゐで》来ることも便にして云々」と、土地柄を称える文言が見えるが、この新京を正式に平安京と号することが表明されたのは、その翌月、十一月八日の詔に於いてである。

此の国、山河《さんが》襟帯《きんたい》、自然に城を作《な》す。この形勝によりて新号を制すべし。よろしく山背国を改めて山城国となすべし。また子来《しらい》の民・謳歌の輩・異口同辞し、号して平安京という。

この国は、山河の連なりによって自《おの》ずから城のような要害となっている。この秀れた景観によって新号を定めよう。山背国は山城国と改め、新京は平安京と呼ぶことにする、というのである。この詔の眼目は、その新号が期せずして、喜び集う人々の口から出たものとしているところにある。そこには、新京誕生をすべての人々の喜びとしたい、という意図が感取されよう。

実は平成六年（一九九四）秋、京都では平安遷都千二百年を記念して『甦る平安京展』をはじめ、各種記念事業が催されたが、事業名は公的には「平安建都千二百年」という表現が用いられた。明治の遷都千百年記念事業（明治二十八年）が国家的プロジェクトとして行なわれたのに対し、これは一地方自治体の行なう事業という点で、事業規模も格段の差があった。しかし最も考慮されたのは、事業目的に対する市民の理解と協力を得ることであった。そこで用いられたのが、当時の都市民も関わった都造りであった、という意味を込めた「建都」の語だった。その点で、十一月八日の詔に見る「子来の民・謳歌の輩、異口同音して――」という文言は、建都のイメージに彩りを添えるものとして着目されたのだった。

†新京誕生を寿ぐ踏歌

そして延暦十四年正月十六日、宮中では踏歌《とうか》が行なわれている。踏歌とは、正月十六日に行なわれる宮廷行事で、多数の人が足で地を踏み鳴らして歌う舞踏のことであるが、この時の歌詞はまさしく新京謳歌であった。ここには参考のため、小島憲之氏の名訳（『国風暗黒時代の文学』中）を借用させて頂いた（呉音のルビ及び［ ］内は村井の註記）。

山城顕楽旧来伝《せんじようけんがくぐらいでん》　城なす山のそこよしや古き昔ゆ伝へたり
帝宅新成最可憐《たいじやくしんじようさいかれん》　新宮《にひみや》成りぬあなあはれ
郊野道平千里望《きようやどうびようせんりもう》　道平《たひら》けく野は遠し
山河擅美四周連《せんがぜんみししゆうれん》　山河うるはし寄りめぐる
［と呉音《ごおん》の棒読みで奏せば、侍臣《じしん》たちは］
新京楽《しんきようがく》　平安楽土《びようあんがくつ》　万年春《まんねんしゆん》　ハレ、新京、平安、万々歳
［とはやし、また］
沖襟乃眷八方中　みめぐみ及ぶ四方《よも》の中
不日爰開億載宮　やがて開かむ永久《とは》の宮

壮麗裁規伝不朽　宮居《みやゐ》作りてとことばに
平安作号験無窮　平安の名ぞきはまらじ
［と奏せば、ふたたび］
　新年楽　平安楽土　万年春　ハレ、新年、平安、万々歳
　［とはやすのだった］
新年正月北辰来　新年正《にひとしむ》月星《つきとき》来り
満宇韶光幾処開　くまなき光満ちあふる
麗質佳人伴春色　都《みや》ぶ女人《をみな》は春の色
分行連袂儛皇垓　列《つら》なし袖並《な》め庭に舞ふ
　新年楽　平安楽土　万年春　ハレ、新年、平安、万々歳
卑高詠沢洽歓情　山べも沢も喜びて
内外含和満頌声　内外《うちと》なごめば頌声《ほきうた》起る
今年新京太平楽　今日新京の太平楽
年々長奉我皇庭　年ごと永久《とは》に仕へなむ
　新京楽　平安楽土　万年春　ハレ、新京、平安、万々歳

2　軍事と造作

†桓武天皇による蝦夷対策

桓武天皇が延暦十二年（七九三）、遷都事業に着手早々、賀茂（二月）・伊勢（三月）の両社へ使者（壱志濃王）を派遣して遷都を奉告したことは先に述べたが、翌十三年九月二十八日、翌月の遷都を前に諸国の名神に奉幣し、「遷都と征夷」の成功を祈願している。桓武にとって、この両事が依然として最大の関心事であったことが知られる。いわゆる「軍事と造作」は、遷都以後も引き続き取り組まねばならない課題だったからである。このうち「造作」＝造都事業については前節で述べたので、ここでは「軍事」について触れておきたい。

桓武の「軍事」＝蝦夷対策は、父光仁の時代の宝亀十一年（七八〇）三月に起こった伊治呰麻呂《これはりのあざまろ》の乱の後始末から始まっている。

この乱は、俘囚の子孫で陸奥国伊治郡の大領（郡司）だった呰麻呂が、按察使《あぜち》紀広純に従って伊治城に入った際、にわかに広純を殺し、次いで牡鹿《おじか》郡大領道嶋大楯《みちしまのおおたて》を殺害した後、多賀城を襲撃、官物を奪った上放火した、というものだった。兼ねてから不仲だった同僚の大楯への恨みが引き金であったが、中央の支配に対する不満が根底にあったことも否めない。報を受けた中央では、直ちに藤原継縄《つぐただ》を征東大使、次いで藤原小黒麻呂を持節征東大使に任命して送り出している。しかし成果を挙げない間に光仁が不予となり、翌年四月、山部親王こと桓武に譲位する。こうして、東北経営はそっくり桓武に引き継がれることとなった。桓武が即位当初から東北経略を政治課題とした理由である。

そこで桓武は、まず武門の出である大伴家持を陸奥按察使鎮守将軍（後に持節征東将軍）に任じて東北へ送り込み、その成果を期待したが、家持はいくつかの提言こそしたものの、成果を挙げないまま延暦四年（七八五）八月に没してしまう。しかもその二十日後、一族の大伴氏や同族の佐伯氏によって、長岡造都の中心人物だった藤原種継が暗殺され、造都も停滞と混迷に陥ってしまう。

桓武が東北経営に本腰を入れ始めるのは延暦七年（七八八）に入ってからで、同年三月に軍粮（食料）三万五千余石を陸奥国に命じて多賀城に運ばせる一方、糒《ほしいい》二万三千余石と塩を東海・東山・北陸道の諸国に割り当て、七月以前に陸奥国に運ぶよう命じている。次いで東海・東山・坂東の諸国には、歩騎（歩兵と騎兵）五万二千八百余人を翌年三月までに多賀城に集結するよう命じた。大動員態勢を組んだことが知られる。

十二月七日、桓武は征東大将軍紀古佐美を殿上に召して節刀を授け、「坂東《ばんどう》の安危はこの一

写真7-5　巣伏古戦場碑　この付近にアテルイの陣があったと伝える。（岩手県奥州市）

挙にあり。将軍宜しくこれを勉むべし」と檄を飛ばして送り出している。軍隊も翌年の三月までには集結したようだ。かくして延暦八年三月九日、古佐美に率いられた五万の大軍が多賀城を出立した。

しかし、結果は惨めな敗北で終わっている。戦闘に当たり、全体を三軍に分かち、精兵をもって北上川を渡り、アテルイの拠る巣《す》伏《ふせ》村（奥州市の北東・四《し》丑《うし》辺りか）を攻撃したが、アテルイ軍の為に前後を挟み撃ちにされ総崩れとなった。死者二十五人、弓矢による負傷者三百四十五人は少ない数と思われようが、溺死者は一千三十六人にも上っている。泳いで逃げ帰った者は一千二百五十七人であったという。アテルイが政府軍を破ったこのシーンは「東北の英雄」を語るに最もふさわしい場面とされ、好んで描かれている。敗戦を聞いた桓武は、作戦の失敗を指摘して厳しく古佐美を責めたが、どうすることもできなかった。

写真 7-6　四丑橋より巣伏古戦場を眺める　川は北上川。

†征夷大将軍・坂上田村麻呂の深い歎き

このような行き詰まり状態を救ったのが、坂上田村麻呂である。

田村麻呂は、初め征東大使大伴弟麻呂の下で征東副使を勤めていたが、その間の実績が認められたのであろう、延暦十六年（七九七）十一月、征夷大将軍に任命された。これより先、弟麻呂の時代に征東使が征夷使に改められているが、これは蝦夷経略という目標をより鮮明に打ち出したものであった。したがって誤解されることが多いが、征夷大将軍を最初に名乗ったのは弟麻呂であって田村麻呂ではない。

さて征夷大将軍に任命された田村麻呂は、早速胆《い》沢《さわ》城の築城を開始している。アテルイの本拠を衝く意図があったことは言うまでもない。

写真 7-7　胆沢城政庁跡　背後の森に鎮守府八幡宮がある。

ところが不思議な事が起こった。延暦二十一年（八〇二）四月、造胆沢使として現地に居た田村麻呂の許に、アテルイ（大墓公《おおはかのきみ》阿弖《あて》流為《るい》）・モレ（磐具公《いわぐのきみ》母礼《もれ》）らが、一族五百余人を率いて投降してきたのである。紀古佐美の軍にあれ程激しい戦いを挑み、勝利を収めたアテルイらが、なぜ無抵抗で田村麻呂の軍門に降ったのか、アテルイらは何も語っておらず真相はわからない。

考えられるのは、十年を越える期間、現地の経略に当たっていた田村麻呂の手腕・力量を見てきたアテルイが、戦えば同胞に戦死者が多数出ることを避けた、というものではなかったろうか。そうだとすれば、アテルイの行為は集団の首として適切な決断であったと言うべきであろう。

そこで田村麻呂は、アテルイ・モレの二人を伴って上京する。七月十日のことであった。しかし十三日、二人は斬首されている。

田村麻呂らが、「この度は両人の願いに任せて郷里に返し、彼らを通して蝦夷の帰服を促したい」と申し入れたが、公卿らは執論（自分たちの意見に固執）して、「彼らは野蛮だから反覆常なく信頼できない。たまたま朝廷の威光で捕えた賊長を、願いを受け入れて奥地に放還したら、虎を生かして患いを後に残すようなものだ」と言って認めず、河内国植山《うえやま》（大阪府枚方市）で二人を斬首させたのだった。のちのち東北の人達が、田村麻呂の裏切りだと憤慨するのは尤もなことであろう。

しかしこの結末を誰よりも歎き、悔しい思いをしたのは田村麻呂本人ではなかったろうか。そのような結末になることを見通せなかった田村麻呂の考えが甘い、と指摘されればその通りなのだが、私は田村麻呂の善意を信じたい。

†田村麻呂・アテルイの伝説化、そして歴史的和解

実はアテルイの一件より十年前、長岡京時代のことになるが、延暦十一年（七九二）七月、夷《えみし》の尓散南《にさなの》公《きみ》阿波蘇《あわそ》が遠く朝廷の徳化を慕い、入朝を望んでいた。それを聞いた桓武は、アワソの忠節を良しとし、アワソらの上京に当たっては建士二百騎を選び、路次の国々の国境で迎接させるようにと命じ、上京したアワソらを十一月三日、朝堂院で饗応した上、「自分の国へ

帰り奉仕したい」というアワソらに対し、桓武自ら物を手渡した——そんなことがあった。同じ上京でも、歓待されたアワソと処刑されたアテルイとの扱いには、雲泥の差どころか天国と地獄の違いがあった。すでに内属して俘囚《ふしゅう》になっていたアワソと、降伏したばかりのアテルイとの立場の違いによるものであったことは明らかである。アテルイも帰郷後の同族の教化の事を述べ、田村麻呂もアテルイの願いに言葉を添えているが、公卿らには通用しなかったのである。公卿らが十年前のアワソの件を記憶していたら、別の判断もあり得たのではないか。桓武がアワソのことを覚えていたら、信頼する田村麻呂の助言もあったことだし、違った結果もあったのではないか、そんなことを考えてもみるのだが、それは甘い期待でしかないことを思い知らされる。京の人々、特に桓武にとってアテルイは、古佐美を大敗させた危険な英雄でしかなかったのである。

『田村麻呂伝記』によれば、田村麻呂は身長が五尺八寸（約一・八メートル）、胸の厚さも一尺二寸（三十六センチメートル）という大男であり、赤ら顔で目は鷹のように鋭く、黄金色のあごひげがふさふさしていたという。『伝記』の一部を引用すれば、「怒りて眼《まなこ》を廻《めぐ》らせば、猛獣も忽ち斃《たお》れ、咲《わら》いて眉《まゆ》を舒《ゆる》めば稚子《おさなご》も早《すみやか》に懐《なつ》」（原漢文）いたというから、風貌に似ず人に好かれる人柄だったようだ。その田村麻呂を以てしても、その善意は通じなかったのである。

田村麻呂については、早い時期から伝説化が進み、東北各地に様々な伝承が分布している。

その中で記録に留められた早い事例が、「前九年の役」（一〇五一〜六二年）の後に成立した、最初の軍記物ともいうべき『陸奥話記《むつわき》』のそれであろう。

我が朝、上古にしばしば大軍を発し、国用多く費すと雖も、戎《えびす》（に）大敗（すること）無し。坂面伝母礼麻呂（に）請《こ》い降り、普《あまね》く（奥羽）六郷の諸戎《しょじゅう》を服し、独り万代の嘉名《かめい》を施《あらは》す。即ち是れ北天の化現《けげん》にして、希代《きだい》の名将なり。（原漢文）

文中の「坂面伝母礼麻呂」は「さかのものてもれまろ」とでも読むのだろうか、坂上田村麻呂のことを指すと考えられ、田村麻呂の蝦夷征伐の事蹟が土俗化した形で伝えられていたことを知る。

一方、アテルイについても同様に伝説化されていることが知られる。『吾妻鏡《あづまかがみ》』によれば、文治五年（一一八九）九月、源頼朝が平泉総攻撃の帰路に立ち寄った田谷窟《たつこくのいわや》（達谷窟）について、ここが「賊王悪路王《あくろおう》並びに赤頭《あかがしら》等、塞《とりで》を構うる岩室なり」と記されている。「悪路王」はアテルイを指すと考えられ、アテルイを踏まえて造形された蝦夷の首長像とみてよい。中央にとってはまつろわぬ人物と見られたアテルイだが、悪路王という呼称には、並外れた力量の持ち主への畏怖の念も込められていたと思われる。実在のアテルイが肥大化し、伝説上の英雄となっ

写真 7-8　清水寺境内に立つ「北天の雄」アテルイ・モレの碑　平安遷都 1200 年に当たり建てられた。

た姿が悪路王といえよう。

なお鹿島神宮（茨城県鹿嶋市）の宝物館に、「悪路王の首級像」と名付けられる江戸時代の像が伝わるが、その形相は見る者を畏れさせ、人々がアテルイに抱いたイメージが、この悪路王に凝縮されていることを実感させられる。

平成六年（一九九四）、平安遷都千二百年に当たり、東北の人達と田村麻呂ゆかりの清水寺との間で恩讐を越えて和解が成され、その記念碑が境内に建てられた。自然石に奥羽地方を象って刻んだ地形図の中に、「阿弖流為母礼之碑」と刻されている。

†病に伏して

桓武天皇は延暦二十三年（八〇四）十月三日、和泉《いずみ》から紀伊への長途の行幸に出立している。難波から四天王寺へ行き、和泉国日根《ひね》郡の日根野（大阪府泉佐野市）や熊取（同熊取町）——若い時分、好んで出かけた遊猟地だった——を経て、紀伊国へ足を延ばし船に乗っている。行幸の間、各地で「国風を御覧じ」ているが、土地土地の国ぶり、土俗の芸能を見るのが、古来地方への行幸時に於ける慣わしであった。十月十七日、平安京に戻っている。

しかし、桓武の遠出の行幸はこれが最後となった。そして二カ月経った頃から体調を崩しており、「十二月二十五日、聖体不予」とあるのが桓武の病を伝える最初の記事である。

明けて延暦二十四年（八〇五）元旦、天皇不予により廃朝、朝賀の儀は取り止めとなった。正月十四日薄明、桓武は俄かに皇太子安殿《あて》親王を召しているが、来るのが遅い。そこで藤原緒嗣を遣わして皇太子を呼んでいる。揃ったところで桓武は、右大臣神王《みわおう》に命じて菅野真道《すがののまみち》と秋篠安人《あきしののやすひと》を参議に任じた。時が時の事とて、この人事は桓武にとって気になっていた案件だったのであろう。

菅野真道は、和気清麻呂を助け平安遷都を実質的に推進した人物である。秋篠氏も元は土師《はじ》氏で、土師氏は桓武天皇の母、高野新笠の一族だから、桓武にとって近い存在だった。この二人はいずれも四位だったが、参議に任じられたことにより公卿の仲間入りを果たしたことになる。

二月六日、僧百五十人を宮中や春宮坊に召して、大般若経を読ませた。

二月十九日には、諸国国分寺に命じて、薬師悔過《けか》を行なわせた。

三月二十三日には、伊豆に流した氷上川継の罪を許している。

三月二十七日、詔を出し、謀反・大逆を除き、今月以前のすべての罪人を許す、という大赦を行なった。

四月六日、桓武は皇太子以下参議以上を呼び、死後の事を託している。病が重くなってきたようである。

そして四月十日、近衛大将藤原内麻呂らに武器の、皇太子には建物の鍵を与えた。次いで賀茂社に奉幣しているが、皇太子に天皇大権を委ね、併せて平安京の守護神であった賀茂社に諸事を祈ったものであろう。重体に陥ったと推測される。

しかし、この時桓武天皇は亡くならなかった。人の死を軽々しく論ずるつもりはないが、桓武がこの時亡くなっていたら、平凡な最期であったろう。

ところが、先述した四月十日以降、病気関係の記事を見かけなくなる。恐らく回復に向かったと思われる。事実六月八日には、遣唐大使藤原葛野麻呂《かどのまろ》らを招待し「漢法（中国風の料理）」

で饗応している。九月十七日、唐より帰国早々の最澄が、桓武のために盧舎那《るしやな》法の法要を行なった。

†諸負担軽減策の総決算としての「徳政相論」

こうして三ヵ月が経ち、十二月七日という日に、公卿達は奏議の上、造都による百姓の疲弊及び災厄による農桑の被害を理由に、諸負担の大幅な軽減を建策している。ざっと挙げれば次の如くである。

○仕丁千二百八十一人を適宜停止する。
○衛門府の衛士四百人の内七十人を減ずる。
○左右衛士府各六百人はそれぞれ百人減ずる。
○隼人《はやと》司の隼人男女各四十人はそれぞれ二十人減ずる。
○雅楽寮の歌女《うた》五十人は三十人減じ、仕女百十人は二十八人を減ずる。
○神祇官卜部《うらべ》の男女厮丁らの粮の貢納を停止する。
○諸家封租はしばらく舂米《つきよね》を止めて軽貨（絹綿など）に交易して進める。
○諸国貢調脚夫の役限は国によって五日あるいは三日と不均衡であるのを一律二日とする。

○備後国八ヵ郡の調糸は鍬鉄に変える。
○伊賀・伊勢・尾張など二十一ヵ国の当年の庸を免ずる。

等々である。かなりの勇断をもって打ち出された諸負担の軽減策といってよいが、むろん桓武の意向を受けての提言であった。

その同じ日のことである。

中納言近衛大将従三位藤原朝臣内麻呂が殿上に侍していた時、桓武の命で参議藤原緒嗣と同じく参議菅野真道の二人を呼び、「天下の徳政」について相論させよ、とのことで早速二人が呼ばれた。二人は御前で、徳政——良い政治は如何にあるべきか、について議論したのである。緒嗣「当今、民の苦しむ所は軍事と造作となり。この両事を止むれば百姓安んぜん」。軍事とは蝦夷経略のことであり、造作とは無論造都のことである。

これに対して真道は、「(緒嗣の意見に対して)異議を確執し肯《がえ》んで聴《き》か」なかったと言う。緒嗣の意見に断固反対し、頭を縦に振らなかったというのである。真道は、造宮使として直接造都に関与した立場から、造都の続行を主張したのである。

真向から対立する意見であったが、桓武は緒嗣の意見を採り、直ちに造都の停止を命じている。それを聞いた心ある人達は感歎せざるを得なかったという。

これが世に名高い「徳政相論」の顚末《てんまつ》である。同じ日に行なった、広範囲にわたる諸負担の軽減策の総決算であったことは明らかである。

†死を目前にしての早良親王への謝罪

民苦の根源となっていた軍事と造作について、二人の公卿に議論させ、一方の意見を採用して停止した桓武の措置については、古くから、これを桓武の仕組んだ〝芝居〟であったとする指摘がある（瀧川政次郎『京制並に都城制の研究』）。私も桓武特有のパフォーマンスであったと思う。停止と決めたのなら、それを詔・勅の形で表明すれば済むことであって、わざわざ議論させる必要はないからである。もっとも、何か問題が生じた場合、貴族官人たちを一堂に集めて議論させるという慣習は、古くからあったから、この場合も議論させたこと自体は、突飛な試みだったわけではない。ただし、それを特定の二人に限って行なわせたところに特異性があったこと、しかも真向から対立する意見の一方を即座に採択したのは、桓武自身がすでに結論を出していたことを示している。

したがってこの議論において、緒嗣と真道は、桓武の意向を承けてそれぞれの役割――真道は桓武がそれまで持ち続けてきた「執念」を、緒嗣は現状認識に基づく「良心」を演じたのである。

三日後、造宮職は停止され、後日、木工寮に併合されている。造都事業から、王宮官舎の修理保全といった日常業務に切り換えられたのである。

これに対して軍事については、中止に伴う関連記事が見当たらない。考えてみればそれが当然で、中央が経略を停止したとしても、東北社会の現実が直ちに改まるわけではないから、言及する術もなかったのである。それどころか、以後も長く解決されることはなかった。

そのことを忘れてはならないが、この徳政相論によって桓武は、永年負い続けてきた重荷を下すことができたのだった。

そう思ったのは早計だった。死期の迫っていた桓武には、まだ為すべきことが残されていた。延暦四年の事件に由来する、弟早良親王の怨霊から解放されることである。

改めてこの一件を振り返ると、当初桓武が心配していたのは、専ら病状の回復しない皇太子安殿親王の病気のことであり、早良親王については、その墓所を淡路国に命じて守冢《しゅちょう》（墓守）一戸を宛てて守らせる、といったこと以上のものではなかった。

ところが、依然として安殿の病状が良くならない。そこで占わせたところ、早良親王の祟りと出た。延暦十一年六月のことである。

この時を境として、桓武は俄然早良対策を打ち出すようになり、それは晩年にまで及んでいる。殊に延暦十九年七月には、「朕思ふ所あり」と言い、次に述べるような対策を打ち出した。

写真 7-9　崇道神社　洛北の地に祀られた早良親王（崇道天皇）。

ちなみにこの言葉（「朕思う所あり云々」）は、どの天皇においても、先例を越える大胆な施策を打ち出す時にこれを口にしており、桓武もその例外ではない。すなわち使者を、早良親王と井上内親王の墓所に派遣して謝罪したうえで、

○早良親王を崇道《すどう》天皇と号し、井上内親王は皇后に復する。
○それぞれの墓所を山陵と改称し、守冢を置いて山陵を守らせる。

この時井上内親王（光仁天皇の皇后）が対象とされたのは、廃后により、その子他戸親王も早良親王と同様に廃太子されたことに対する謝罪の意味があったものと思われるが、以後は専ら早良に限っている。

○崇道天皇のために、寺を淡路国に建てる（淡路市にある常隆寺《じょうりゅうじ》がそれと伝える）。
○崇道天皇のために、諸国に小倉を建て正税四十束を納め、国忌及び奉幣に預からしめる。
怨霊に謝すためである。

同年十月、
○崇道天皇のために、一切経を書写させる。

†見事なまでの「終活」を遂げて

話が前後するが、徳政相論が行なわれたのは、この二カ月後のことである。
そして年が明けて延暦二十五年（大同元年）二月十五日、天皇は重態に陥っている。そこで十七日、勅により、
○延暦四年のことに坐して配流された者は、既に赦されて帰郷したが、「朕思う所あり」

（二度目である）、全員、生死を論ぜず本位に復することとする（大伴家持が従三位に復したことなどを記す）。

○崇道天皇のために、諸国国分寺僧に春秋二季、金剛仁王経を読ませることとする。

これが、天皇が下した最後の勅であった。桓武は、それからしばらくして正殿で崩じたという。

このようにみてくると、桓武は、軍事と造作の停止とともに、延暦四年の事件に関わって処罰したすべての人間を許した上、早良のためには、考えられるすべての手立てを講じ、後顧の憂いを断って亡くなった、と言ってよいであろう。それは、桓武自身のためである以上に、皇太子安殿親王を守るためであり、後世に災いを残さないためであったとみる。

これを現代風《いま》に言えば〝終活〟であり、その終活を見事に果たしたのが桓武天皇だった、ということになろう。

それにしても、二度目の機会を得て「山背」遷都を成し遂げ、二度目の生命《いのち》を得て完全な「終活」を遂げた天皇、それが桓武天皇だった。春秋七十。

葬儀に際して、中納言藤原雄友《おとも》の奉った誄《るい》（追悼文）の中で「平安宮御坐天皇《たいらのみやにおわしましすめらみこと》」と呼びかけているのが印象的だが、これは桓武だけの「おくり名《しのびごと》」であった。そして天皇の略伝の

写真 7-10　桓武天皇柏原陵　京都市伏見区桃山町にあり、広大な境域を占める。

最後を、

（天皇は）文華を好まず、遠く威徳を照す。宸殿に登りてより心を政治に励まし、内に興作を事とし、外に夷狄《いてき》を攘《はら》ふ。当年の費《つひえ》と雖も後世の頼《たのみ》たり。（『日本後紀』大同元年四月庚子（七日）条）

と結ぶ。「当年の費」に重点を置くか、「後世の頼」を重視するか、評価の分かれるところであろうが、平安京がその後千年を越える歳月、宮都であり続けたことを思えば、「永年の頼たり」という評価は過大ではなかったと言ってよいであろう。

第八章　王朝文華の源泉

1　平安定都

†平城天皇の失意と「二所朝廷」

父の桓武天皇が内裏正殿で亡くなった時、皇太子の安殿《あて》親王は泣き叫び、立ち上がることもできなかった。参議坂上田村麻呂と春宮大夫藤原葛野麻呂《かどのまろ》の二人が、親王を支えながらその場から東廂へ移している。その後も親王は、悲しみの中で即位を断わり続けて一カ月、二カ月が経ち、それでは国政が滞り支障をきたします、と説得されて即位したのは三カ月後のことであった。平城天皇である。

ところがその平城天皇、即位六日後には早くも「諸道観察使」の制を発足させており、行動

東海道―藤原葛野麻呂、北陸道―秋篠安人
山陰道―藤原緒嗣、西海道―藤原縄主
山陽道―藤原園人、南海道―吉備泉

表8-1　諸道観察使

の落差に驚かされる。観察使の制とは上記の如く、参議を諸道ごとに任命して地方の現状を調査させ（実際に派遣されたのは次官以下であるが）、その報告を承けて中央の政策に反映させるというもので、長らく続いた「軍事と造作」に疲弊した地方の回復を目指すものだった。したがって設置の趣旨は、前章で見た「徳政相論」そのものであり、事実その推進者は、自らもその一人となっている緒嗣であったとされている（『公卿補任』）。

ただしこの制は、『日本後紀』大同元年六月十日条に載せる平城の手詔によれば、かつて延暦五年（七八六）四月十一日の詔に基づき（旧郡司の督励などについて）定められた十六条がいまだに実施されないままなので、それを促進するために六道観察使を置くのだとしており、平城自身の構想であったことを述べている。平城が自ら述べるところを敢えて疑うことはないであろうが、しかしその構想を実体化し実施に移すまでには、緒嗣等の参画が不可欠であったと思われる。皇太子時代にそうした議論がなされていたとみる。

平城の在位期間はわずか三カ年であったために、その短さだけが話題になるが、皇太子時代が実に二十一年もの長きに及んでいたことを忘れがちである。父桓武の治世が長かったせいであるが、その間皇太子として無為に過していたわけではあるまい。桓武の仕事ぶりを見、廷臣達との意見交換を通して、帝王として持つべき見識を養っていたに違いない。それが、即位と同時に重要政策を携えてスタートダッシュできた理由だと考える。

平城にとって幸せだったのは、緒嗣や真道といった、桓武晩年の廟堂を構成していた有能な廷臣達が、そのまま平城朝を支えたことである。諸道観察使が外（地方）に向けて為された特筆すべき政策であったとすれば、内（京師）においては、官司の統廃合、人員配置の適正化といった、官司制の整備を推し進めたことも見逃せない。政策の密度が高かったとみられるのは、期間が短かったせいばかりではないと思われる。

このように幸せな環境での治世のスタートだったが、病気が平城政治の可能性を奪ってしまった。

大同四年（八〇九）二月二十二日、平城が病に伏している。深刻な状態だったのであろう、譲位を決意し、四月一日には早くも実現、弟の神野《かみの》親王が大極殿で即位する。嵯峨天皇である。

平城上皇にとって不仕合せだったのは、当時、譲位した上皇のために住むべき御所を用意する慣わしがなかったことである。そのため平城上皇は、「東宮」（四月一日）、「右兵衛府」（七月十日）、「東院」（十月五日）など、平安宮内を五カ所、転々と移る仮住まいを余儀なくされている。そして最後に移ったのが平城宮内に営まれた上皇御所である。もっとも平城宮内では、平城のための宮殿造作が始まっていたがまだ完成していなかったので、娘が平城天皇の後宮に入っていた関係で、とりあえず故大中臣清麻呂の家に遷御している。十二月四日のことであった。

†嵯峨天皇の配慮と薬子の変までの経緯

見落としてならないのは、この間、嵯峨天皇が平城上皇のために行なっていた数々の配慮である。それも少々のことではなかった。

大同四年（八〇九）

十一月五日　使者を派遣して、平城京内に建造する上皇の宮殿（以下「平城宮」）の敷地を占定する。

十一月十二日　藤原仲成らを遣わして、平城宮を造らせる。

十二月四日　【上皇】平城京内の故大中臣清麻呂の家に入る。

十二月二十日　摂津国など六カ国の米稲を平城宮の造営料に宛てる。平城宮を造るため、工夫及び人夫、二千五百人を雇役する。

弘仁元年（八一〇）

四月十九日　平城宮造営の監督者らに叙位。

四月三十日　平城宮の造営に当たった者らに外位を授与。
九月一日　平城宮の雑用料に、永く大和国の田租と地子稲を宛てることとする。
九月六日　【上皇方】上皇、平安京の貴族官人に平城旧京への遷都を呼びかける。（**薬子の変**）
【天皇方】（対抗上）坂上田村麻呂・藤原冬嗣《ふゆつぐ》らを造営使に任じて送り込む。
九月十日　【天皇方】動揺を防ぐため固関《こげん》。平安京厳戒体制。仲成を殺す。
九月十一日　【上皇方】上皇・薬子、東国へ赴く。
九月十二日　【上皇方】上皇、東国行きを断念、平城宮に戻り落髪入道。薬子、服毒自殺。

これを見れば、嵯峨天皇（方）が、平城上皇らに対し、

(1)㋑造宮使の任命、㋺敷地の占定、㋩造宮料の調達、㋥造宮役夫・工を動員して宮殿を造

営。
(2)その後の運営費も用意。

など、上皇の平城京への遷御とその後の生活に関わるすべての事業を推進していたことが知られよう。なおこれ以外にも、平安京から官人・衛士らを出行させている。しかし天皇方の配慮は上皇方には全く通じなかったのである。

いささか判断に迷うのは、大同四年十一月十二日に薬子の兄・仲成が造宮に当たっていることである。上皇宮の場所占定に、上皇方として参画したことをうかがわせるものであろうか。しかしそのことから、平城宮を上皇方が造営したとみることはできない。ともあれ上皇は、弘仁元年四月には完成したであろう平城宮に入っている。

ところが同年九月に至り、上皇は突如、平安京を棄て、平城旧京へ遷都することを表明、同時に平安京の貴族官人たちに平城京へ戻るように呼びかけている。世に言う「薬子の変」の始まりである。「二所朝廷」を呼び掛けたのは平城方であり、それに同調する動きもあったが、天皇方が対抗措置を取ったことで騒動にまで発展することはなかった。

九月十一日早朝、上皇は平城宮を出立、川口道をとって東国に向かっている。これには、平城宮に詰める諸司官人や宿衛の兵も従っている。しかし一行が大和国添上郡越田村まで来たところ、武装した兵達に遮られ、進むことを断念。平城宮へ戻り、上皇は落髪入道し薬子は服毒自殺を遂げる。この間別行動をとっていた仲成は平安京で捕えられ、射殺された。こうして、事件は一週間ほどであっけなく終わったのである。

これが薬子の変の一部始終である。その経緯を辿っても、上皇・薬子側に遷都の成算はもとより、「二所朝廷」を言い立てたものの〝南朝〟としての将来構想の如きものがあったとは、とても思えない。

†仲成・薬子兄妹の孤立と平城天皇のその後

薬子の変とはいったい何だったのであろうか。

『日本後紀』の語るところによれば、仲成・薬子兄妹は桓武天皇によって削除された、父種継と皇太子早良親王とが不仲であったことを記す記事を復元させたという(後に嵯峨天皇により再び削除された)。長岡造都の中心人物だった種継暗殺に関わる部分であり、その記事を欠くことは、父の存在や役割が無視されたことになると考えたのであろう。しかも長岡京は放棄され、平安京が造営された。種継の事績は忘れ去られていく。子供たちにとっては耐え難い事態であったに違いない。

仲成・薬子兄妹にとって平安京は存在してはならない宮都だったのだ。その不満が、早過ぎた退位を後悔していた上皇を巻き込んで、平安新京の放棄・平城旧京への還都を呼びかけた要因であったと考える。

ただしそのことに、「式家再興」といった意味はほとんど含まれていなかったろう。式家には百川の子、緒嗣がおり、政界の中心人物として活躍していたが、仲成・薬子との交流はほとんどみられない。むしろ避けていたのではないか。仲成・薬子は式家の中でも孤立した存在だったと思われる。

薬子は中納言藤原縄主《ただぬし》の妻で、三男二女を生んでいる。平城が安殿親王と呼ばれた皇太子時代、長女が選ばれて後宮に入ったが、その後薬子も「東宮坊宣旨」（東宮付きの女官）として臥内に出入りし、親王の寵を得るようになった。しかしその振舞いが義に背くとして、桓武天皇により宮中から追放されている。

安殿親王は自身が語っているように、「風病《ふうびょう》」（神経系の病といわれる）を患っており、時に精神的に不安定なところがあった。近侍した薬子は、そんな安殿を細やかに看病したのであろう。それが機縁となって前述のような関係が生じたとしても不思議ではない、などと、善意で受け止めてみるのだが、赴くところ安殿にとって薬子は、母親のような存在となった。それゆえ、薬子のことはすべてを認め、また薬子の言に従うようになったのであろう。

追放されて十数年後、安殿が即位するや「尚侍《ないしのかみ》」とされて、現場に復帰した薬子の政治容《よう》喙《かい》が激しくなったことは、非難一色で書かれている『日本後紀』の記述を割引いたとしても、否定はできないと思われる。復帰後の薬子は宮廷生活の中で、あらゆる事に干渉するようになったのであろう。だが平城は、薬子の言動を否定することはなく、むしろ薬子を頼りにしたのである。それが破滅に連なったことは否定できない。

平城上皇は、薬子の変後も長く平城宮で暮らしている。『日本後紀』弘仁二年七月十三日条に載せる勅によれば、平城宮に詰めている諸衛官人らが、出入りは意に任せ宿衛を勤めない、そこで平城宮に出仕している参議らが督察を加えるべきである、としている。平城宮には、平安京から派遣された〝出向〟の参議や官人・衛士らが出仕して、平城上皇宮の業務を行なっていたこと、しかし彼らは少々サボリ気味であったことが知られる。これに関しては、同じ年の九月十六日にも再び勅が出され、参議に代えて少将以上に命じている。監督の強化を図っているわけである。

上皇のその後については記事も見当たらない。持病が悪化することもなく、穏やかに過ごしたのであろう。

ただ弘仁十四年(八二三)四月十七日、嵯峨天皇が弟の淳和天皇に譲位し、「一帝二上皇」(淳和天皇・平城太上天皇・嵯峨太上天皇)の状態になった。この時、二人の上皇がこもごも太上天皇の尊号の辞退を申し出たが、許されなかった。ただし、出仕の官人達を返上しているから、最

写真 8-1　平城天皇楊梅陵　平城宮に晩年を過ごし、その北に葬られた。

後はわずかの官人の奉仕を得て暮らしたことが知られる。

上皇は天長元年（八二四）七月七日、西宮で五十一歳の生涯を終えている。『古今集』（九〇、春歌）に、平城京を詠んだ上皇の歌が収められている。

故里となりにし平城《なら》の都にも
　色は変らず花は咲きけり

また、一時は激しく対立した平城・嵯峨兄弟であるが、いつしかその関係も平常に戻ったようで、『経国集』には上皇の五言律詩「旧邑対レ雪」に和した嵯峨天皇の五言律詩「奉レ和二旧邑対レ雪」が収められている。旧邑《きゆうゆう》とは、むろん平城宮のことである。なお平城宮の発掘調査によれば、第二次内裏の北方で見つかった平安初期の遺構・遺物が、平城上皇の住んだ宮殿のものであろうと推定されている。

薬子の変は、まことに御粗末な事件であったが、宮都の歴史の上に落とした影は小さくはなかった。この事件によって、平安遷都のいわば不可逆性が実証され、平安京が宮都として定まるからである。後世、鴨長明《かものちようめい》は『方丈記』の中で、治承四年（一一八〇）六月、平清盛による福原遷都に触れた際、

おほかたこの京のはじめを聞ける事は、嵯峨の天皇の御時都定まりにけるより後、すでに四百余歳を経たり。

と述べている。多くの注釈書の類は、文中に嵯峨天皇とあるのは桓武天皇の誤りとするが、長明は薬子の変で都が定まったことを承知の上で、このように書いたのであり、間違ってはいない。留意すべきことである。

2 王朝の宮廷

†平安京遷都による変化――葛野川への度重なる行幸

桓武天皇は遷都を変革の事業と受け止め、二度目の正直で平安遷都＝造都を実現した。延暦十三年四月のことである。それならば、平安京に移ってどのような変化が生じたのだろうか。行論の都合上、やや結論めいた事から始めてみたい。記録を読む中で気付かされることの第一は、天皇の行幸、特に桓武・嵯峨の行幸が実に頻繁に行なわれていることであり、しかもその行幸先が専ら葛野川・大堰《おおい》（川）であったことである。これは平城京では求められなかった自然環境の違いによるものだが、そこから平安京の新しい文化状況が生まれたことが重要である。

第二は、枯れることのない源泉が禁苑として整備された神泉苑《しんせんえん》への行幸が、歴代天皇によって為されたことである。なかでも突出して多かった嵯峨天皇の催す当苑での詩宴は、初期平安京で生まれた典型的な都城文化となった。

宮都が京都盆地に移ったことを強く印象付けられるのが、葛野川への行幸である。宮城から西へ行けば、現在は大井川や桂川の名で呼ばれる葛野川に至る。葛野川行幸は、移り変わる流域の景観を愛でるためのものであるが、葛野川に匹敵する河川のなかった平城京では体験できない行楽だった。桓武は平城京で生まれ育ち、父光仁天皇のあと平城京で即位したが、行動的だったこの天皇は、平安京に移ってから、文字通り水を得た魚の如く葛野川行幸を愛好した。

少し気になるのは、葛野川行幸と同じように見られる「大堰に幸す」との記事である。大堰といえば、かつて秦氏が造った、葛野川から取水して嵯峨野一帯を開発した灌漑施設であり、この時期にも機能していた。しかし、その大堰の見学を何度も続けて行なったわけではあるまい。これは、大堰が設けられた、現在の渡月橋より上流一帯の景観を楽しむために出かけたものであった。大堰辺りの流れが大堰川・大井川と呼ばれるのはま

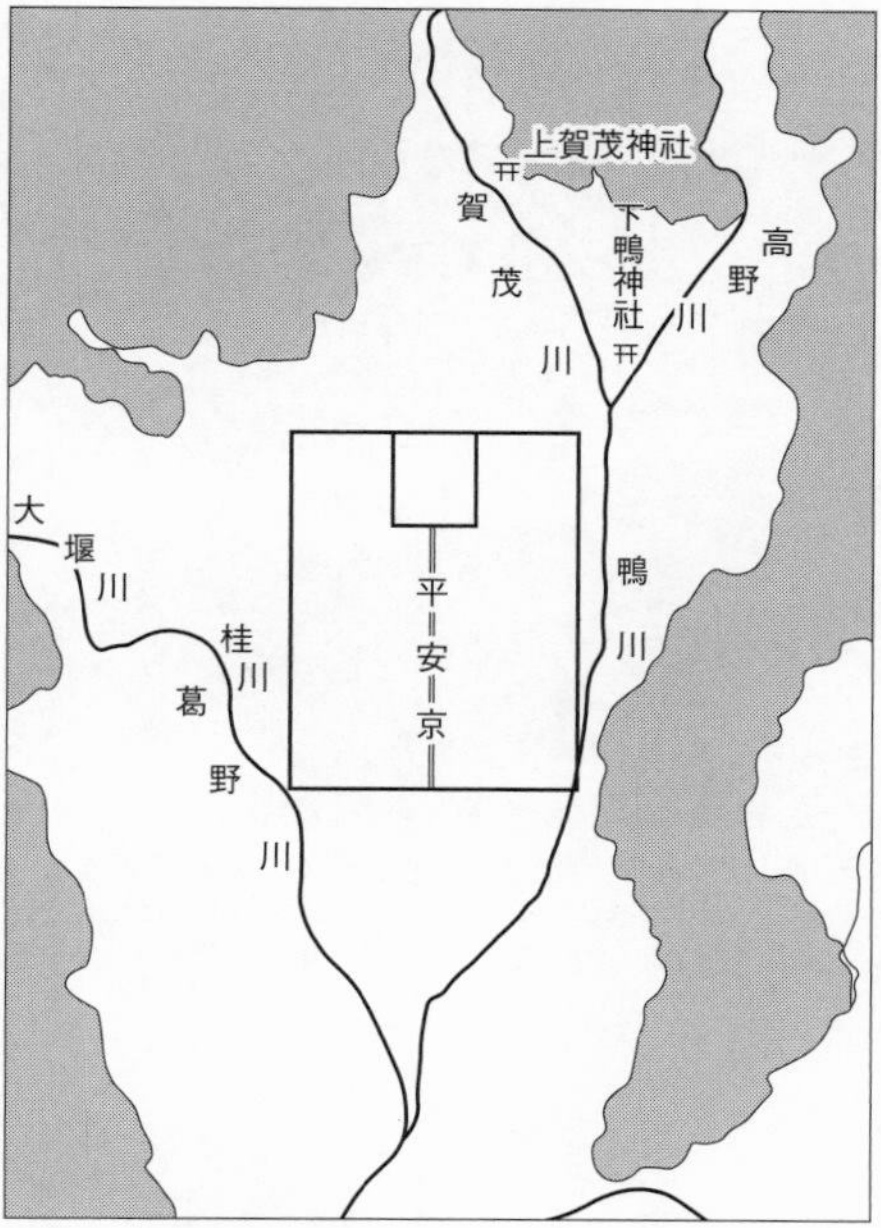

図 8-1　平安京の河川

写真8-2　大堰（川）の現状　渡月橋の上流、「一の堰」側から左岸方面を眺める。今はコンクリート製だが、古くは蛇籠（丸く細長く編んだ竹製の籠に石を詰めたもの）を用いて水量の調節や導水に充てていた。平安初期はどのような姿だったのであろう。

だ先のことである。したがって「大堰行幸」もつまりは葛野川行幸のことであるが、「葛野川行幸」は大堰より下流域、現在の桂離宮辺りと考えられよう。

葛野川行幸にこだわるのは、行幸記事の中に時折、葛野川に行幸した天皇が禊《みそぎ》を行なったとする記事が出てくるからである。大嘗会《だいじょうえ》（祭）——即位して最初の年の新嘗祭《にいなめさい》のこと、それを大極殿で行なった——のための精進潔斎を、葛野川へ出かけて行なったもので、これも平城京の時代には見られなかった神事である。桓武は既に平城宮で即位していたから、葛野川での禊はしていない。平城天皇は父桓武崩御の年に即位したので、翌大同二年（八〇七）十月二十八日、葛野川に出かけて禊をしている。嵯峨天皇は大同四年（八〇九）四月一日に即位したが、平城上皇や薬子との関係が悪化、薬子の変に発展したこともあり、翌弘仁元年（八一〇）、変収拾後の十月二十七日、松崎川で禊している。この松崎川を、現在松ヶ崎と呼ばれる地域の東を高野川が流れることから、高野川の旧名と解釈する向きもあるが、高野川とは別の流れと考える。

現松ヶ崎を含み東は高野川、西は賀茂社（上賀茂）に隣接し、宝ヶ池《たからがいけ》を含む山の南に、松崎郷・栗栖野郷《くるすのごう》松崎などと呼ばれる地域が広がっていた。北の山からの清水を集めた小川が集落の中を流れており、松崎川と名付けられたと考えられる。この地が古くから賀茂社との関係を持っていたことを考えると、薬子の変を無事収拾できたことで賀茂社への感謝の意を込めて、嵯峨天皇は松崎川を禊の地に選んだのではなかろうか。なお村上天皇代、天暦元年六月二十七日に、朱雀上皇も松崎川原で禊を行なっている。

ちなみに次の淳和天皇は弘仁十四年（八二三）四月に即位し、十月二十四日、佐比河《さい》（葛野川の下流）で禊をしている。

†伊勢斎王の禊についての変化——葛野川から賀茂川へ

注目されるのは、淳和天皇の大嘗会が行なわれた翌十一月十三日、右大臣藤原朝臣冬嗣と大納言藤原朝臣緒嗣らが、次のように上奏していることである。

天皇の即位が続き、大嘗会がしきりに行なわれ、天下は騒がしく人民も大変疲れています。しかし神事なので止むを得ません。そこで此の度の大嘗会は飾りを停め、弊害を省くべきです。

これに対して天皇は、「もとより飾り立てるのは好まない。ただ神事に仕えるのみである」と答えている。そこで右大臣冬嗣は、大納言緒嗣に大嘗会のことを検校させて下さるよう請い、認められた。これを受け緒嗣は治部省の庁舎を行事所に充て、神事を行なう斎院のみは卜筮《ぼくぜい》で決め、宮内省を悠紀《ゆき》所、中務省を主基《すき》所とし、仮屋を作って祭場とするなど、あらゆる面で費用の節約を図っている。

ただし右に挙げたのは、この時行なおうとしていたことの半分でしかなかったようだ。冬嗣・緒嗣が、天皇に対してこれほどまでの経費節減策を提言していることに驚かされるが、平城京時代を知る公卿らには、平安京での新しい動き（物入り）に恐怖感さえ抱いた様子が窺える。

伊勢神宮に仕える斎王についても変化があった。大嘗会に臨む天皇と同様、葛野川での禊が行なわれるようになったことである。

平城京時代、あるいはそれ以前、伊勢神宮に赴く前に行なった斎王の精進潔斎の様子はよくわからない。天武天皇の時、大伯《おおく》皇女の入った「泊瀬《はつせ》斎宮」が、「やや神に近づく所也」と言われたこと、光仁天皇の皇女酒人《さかひと》内親王が宝亀三年（七七二）十一月、「春日斎宮」に入ったことが知られるのみである。前者は長谷寺《はせでら》を北に入った小夫《おおぶ》（奈良県桜井市）に、俗伝の域を出ないが、田畝の傍らを流れる小川に身を清めたという場所がある。後者の春日斎宮は、春日大社のある森の中に求められたと思われるが、これも清流の辺《ほとり》であったろう。

それが平安京では、葛野川での禊のあと近くの嵯峨野に点定された野宮《ののみや》に入り、そこで精進潔斎の生活を送った後、大極殿で天皇に相見《まみ》え、伊勢神宮に下って行ったのである。初めて葛野川で禊を行なったのは、桓武天皇の娘、朝原内親王に代わって卜定《ぼくじょう》された布施内親王で、延暦十六年八月二十一日に葛野川で禊ののち野宮《ののみや》に入っている。平城天皇の折にも大原内親王が同様に葛野川で禊を行なっている。

ところが、その葛野川での伊勢斎王の禊が、ある時期から賀茂川で行なわれるようになった。場所からいって、賀茂斎王の制が始まったことと無関係ではないであろう。

賀茂斎王は、薬子の変（八一〇）に際して嵯峨天皇が、平安京の守護神とされていた賀茂社に事件の終息を願い、伊勢神宮と同様、賀茂社に奉仕する斎王を進めたのが始まりで、初代には嵯峨天皇の皇女で当時五歳だった有智子《うちこ》内親王（母は交野女王）が選ばれている。弘仁九年

（八一八）には斎院司も置かれ、制度化が進んだとみられる。有智子内親王は、天長八年（八三一）十二月、老齢と病を理由に退下した（『日本後紀』）。時に二十八歳、老齢というには早過ぎるように思われるが、二十年を越える歳月、斎王を勤めたことがそう言わせたのであろう。退下した有智子内親王のために、淳和天皇が鴨川で禊をしたのも、特別の配慮であったと思われる。

ちなみに、有智子内親王は漢詩文をよくし、嵯峨天皇も斎院に行幸して詩宴を催し、文人を召す料として封百戸を賜ったこともある。平安初期に高揚した唐風文化の一翼を担った一人である。

さてこの間、伊勢斎王は、天長七年（八三〇）に卜定された氏子《じし》内親王が、それまでの葛野川ではなく賀茂川で禊を行なったのを初例として、以後、伊勢斎王の禊の場は賀茂川に定着する。他方賀茂斎王については、有智子内親王の場合が資料で確認できないのだが、天長八年、有智子内親王に代わって立てられた時子女王が、賀茂川で禊をした後、紫野院《むらさきのいん》に入っている。こうして、伊勢・賀茂の両斎王とも、禊は賀茂川で行なわれるようになった。

賀茂斎王が入った斎院についても整備され、東大宮通りを北へ、京外の紫野に設けられたことで紫野（斎）院と呼ばれたが、そのため、これ以前から付近にあった淳和天皇の別業、紫野院は、雲林院《うりんいん》（亭）と改められている。天長九年（八三二）のことである。

写真 8-3　賀茂斎院跡　紫野斎院とも呼ばれ、現七野神社境内と推定されている。

†文化的起爆剤としての平安京遷都

天長年間から記録に見られるこのような神事の変化は、この時期、神祇官による制度化が活発に進められたことを示しているが、その最たるものが、伊勢斎・賀茂斎の同日卜定である。

仁明天皇即位後、天長十年（八三三）三月二十六日、伊勢斎王久子内親王及び賀茂斎王高子内親王が同時に卜定されたのを初めとして、九世紀を通じて同日卜定が続いている。表8-2は、その同日卜定（ずれがあっても十日前後）の事例を整理したものであるが、同日卜定は斎王の制が活発になり、この時期に高揚した様子を端的に示している。

ちなみに斎王には、即位した天皇の皇女が定められたが、天皇の代替わり毎に二人の皇女

（内親王又は女王）が卜定されるとなれば、斎王に対する宮廷社会の関心も高まる道理であった。賀茂斎王は、ようやく盛んになった「賀茂祭」への参加もあり、華やかな存在となっていく。他方伊勢斎王も、伊勢へ下る斎王群行が五百人を越える人数で行なわれるようになる。賀茂斎王の登場によって、伊勢斎王も大きな刺激を受けていたのである。

天長から承和にかけて制度化が進んだ斎王の制であるが、何よりも印象付けられるのは、やはり平安京遷都という政治的・社会的変革がもたらした、文化的な刺戟の強さであった。

この節の初めに指摘したように、各所への行幸にも増して多かったのが神泉苑への行幸であった。京都盆地の中、枯れることのない源泉が平安造都の一環として整備され、八町に及ぶ地所を占める「禁苑」となった。苑内には樹木が繁茂して鳥が群生し、鷹が放たれ、池には水鳥が遊んでいた。臨閣という楼閣が建ち、その朱や緑の色が水面に揺らいでいた。記録上の初見は延暦十九年（八〇〇）七月十九日、桓武天皇が行幸したとする『日本紀略』の記事である。時期からいって納涼のためであろう。

大内裏に近かったこともあり、以来神泉苑には歴代天皇が訪れているが、突出して多かったのが嵯峨天皇で、その数は四十回に及んでいる。しかもどの行幸時でも、必ず文人達と詩の会を催していた。なかでも弘仁二年（八一一）五月十三日、「神泉苑に幸す。帝、これより仮日（休日）の至るごとに暑をここに避く」といい、翌三年二月十二日にも行幸し、花樹を見て文人

天皇	卜定年月日		伊勢斎王	賀茂斎王
仁明	天長 10（833）3.26	○	久子内親王	高子内親王
文徳	嘉祥 3（850）7.9	○	晏子内親王	慧子内親王
	天安元（857）2.28			述子内親王
清和	貞観元（859）10.5	○	恬子内親王	儀子内親王
陽成	元慶元（877）2.17	○	識子内親王	敦子内親王
	元慶 6（882）4.7/4.9★	○	掲子内親王	★穆子女王（内親王）
光孝	元慶 8（884）3.22		繁子女王（内親王）	（継続）
宇多	寛平元（889）2.16/2.27★	○	元子女王	★直子女王
	寛平 5（893）3.14			君子内親王
醍醐	寛平 9（897）8.13		柔子内親王	（継続）
	延喜 3（903）2.20			恭子内親王

表 8-2　伊勢斎王・賀茂斎王の同時卜定（○印。★は日を異にした場合をさす）

に詩を詠ませている。この日のことも「花宴の節、これに始まる」といわれた。

この時の観花の詩宴での詩は、最初の勅撰漢詩集『凌雲集《りょううんしゅう》』に収められている。漢詩はその後も、『文華秀麗集《ぶんかしゅうれいしゅう》』『経国集』が、勅撰漢詩集として編纂されている。嵯峨天皇代における、このような漢詩愛好に示される唐風文化の高揚は、神泉苑という場を抜きにしては語れないであろう。

ところが、こうした傾向に〝マッタ〟が掛けられていた。弘仁五年三月四日のことである。右大臣従二位兼行皇太弟傅《ふ》藤原朝臣園人《そのんど》が、以下のように言上したのである。

去る大同二年に正月七日・十六日の節を停止し、同三年には三月三日の節も停

写真8-4　神泉苑の現状　涸れることのない平安京の源泉であった。中央に善女龍王を祀る。

止しました。出費を抑えるためですが、現在は正月の二節も復活し、九月九日の節も三月三日の節に準じて廃止しましたが復活しています。去る弘仁三年からはさらに花宴が一つ加わり、大同の頃と比べると復興して四節が行なわれていることになります。これらも節での禄の支給により、官庫の貯えが尽きています。伏して望みます。どうか九月九日は節会とせず、臨時に、文章に優れた者だけを択び所司に通知して詩を作らせることを要望します。願わくば節禄支給を取り止め、大蔵の官庫の損がありませんように。

園人は例の諸道観察使の一人（山陽道担当）であり、最も熱心に地方の実情を報告した人物である。その園人が、観花の歌宴を含め目下行なわれている諸節会の為に官庫が尽きてしまうと訴えているのである。そういえば以前指摘したように、大嘗会の物入りを問題視したのも諸道観察使の一人、緒嗣だったことが思い出されよう。ここでは園人が節会の盛行について嵯峨天皇に訴えており、観察使の〝精神〟を持ち伝えていたことを知る。古代にもあった〝文化と経済のバトル〟である。この〝勧告〟は嵯峨には実は通用しなかったのだが、唐風高揚の時代風潮に一石を投じたには違いない。

天皇行幸をめぐっては他にも話題は尽きないが、こうした事実をないまぜにしながら、平安遷都を契機に高揚した「平安京文化」の背景や実態については、この上とも解明される必要があるように思う。

3　清涼殿と後院

†平城天皇の早とちり

嵯峨天皇を語る上で落とすことのできないのが、「清涼殿《せいりょうでん》」の創設である。それを一節を立てて取り上げたのは、この着想は嵯峨が皇太子時代のことであり、そこにこの天皇の資質を見

写真 8-5　東山から見た洛北一帯　東山将軍塚青龍殿の大舞台からは京都御所をはじめ、平安京域が眺められる。

出すことができると考えているからである。

時は大同元年（八〇六）七月十三日、『日本後紀』によれば、即位して間もない平城天皇が、公卿らと次のような話を交わしている。

公卿「国家の恒例として、先帝の喪が明けると、天皇は新宮に遷られることになっていますので、あらかじめ造営したいと思います（いかがでしょうか）。」

天皇「この上都（平安京）は先帝（桓武天皇）が建造され、交通の便は良く、平地は広々としていて後々手を加える必要がないほど立派に造られている。この上造作をすれば、桓武天皇の方策に背くことになるであろう。民の父母である私は、民を煩わせたくはない。旧宮に居《お》ろうと思う。公卿らは私の意をわかってほしい。」

天皇の決断を聞いた公卿らは上表し、喜びを表明した。

平城天皇の決断は立派だが、実はこれ、公卿らへの答になっていない。公卿らの言う「新宮」とは天皇が喪明けに入る住居のことであり、それを慣例に従い前もって造っておきたいがよろしいですか、と尋ねたのである。ところが天皇は、交通の便などを持ち出しているように、平安京のことと受け止め、それを改めて造作するつもりはないと答えており、明らかに天皇の勘違いであった。公卿らもそのことに気付いていたであろうが、結果としては、「新宮」に対するに「旧宮」(に居ることにする)で話はつながったため了解したものと思われる。天皇の早とちりは、即位直後に諸道観察使の制を打ち出したことにもうかがえるように(前節)、天皇となった意気込み、高揚感からことさらハイレベルの話として受け取った結果であろう。

平城天皇のいう「旧宮」とは、この年三月七日に桓武が亡くなった「正寝」のことであり、それを居所として引き続き用いる、ということになる。そういえば平城は、翌年五月「御在所」を修理するために、東大寺に木工(人夫)の調達方を依頼しており、正寝の改修を考えていたことが知られる。ところが、この人夫が転落死するという事態が起こり、工事は中止。間もなく天皇自身が位を退き、ここを出る。平城が宮内五遷ののち平城旧宮へ遷り、平安新京の貴族官人らに平安京を棄てて平城京へ戻るよう呼びかけた薬子の変については再言しないが、その時平城は、四年前に語った自身の言葉――平安京は立派な都であり他所へ遷るつもりはない――を忘れていたのであろうか。

「新宮」をめぐる平城と公卿らのやりとりは、事が事だけにその場にいなかったとしても、皇太子だった嵯峨の耳には必ず入っていた。そして後日、そこから発想したのが「清涼殿」の創設であったと考える。天皇が正寝で亡くなった場合、その都度正寝(新宮)を造り替えるのは煩雑である。それならいっそのこと最初から「正寝」をもう一つ用意しておけば良いのではないかという発想、つまり第二の仁寿殿《じじゅうでん》としての清涼殿の新設である。

†平安初期の天皇と清涼殿・仁寿殿の関わり

表8-3は、その清涼殿が出現して以後、やがて仁寿殿に取って代わる九世紀末から十世紀初めまでの経緯を整理してみたものである。

まず嵯峨天皇。即位(八〇九)の後、弘仁二年(八一一)二月、東宮(皇太子の居所)から「西宮」に遷御しているが、これは、清涼殿が仁寿殿の西に位置したことで呼ばれた(まだ無名時代の)呼称ではなかろうか。清涼殿の存在が確認できる最初は、その二年後、弘仁四年九月二十四日で、嵯峨が「皇太弟(のちの淳和天皇)を清涼殿に宴した」とある『日本後紀』の記述である。「具物は漢法を用いた」と記されるから、清涼殿の創建にふさわしく唐風の室礼《しつらい》だったことを思わせる。嵯峨は在位十四年の間、清涼殿を在所としたあと、「後院《ごいん》」の冷然院《れいぜんいん》に遷って譲位している。この「後院」については後に触れることにする。

淳和天皇。即位ののち東宮から内裏へ入り、在位中は仁寿殿を常御所とした（京中の淳和院で譲位し、以後そこに居住）。これに対し、次の仁明天皇は清涼殿を在所とした。他の殿舎（常寧殿《じようねいでん》・冷然院）に移御したこともあったが、一時的な使用に留まる。仁明は嘉祥《かしよう》三年（八五〇）三月、清涼殿で亡くなる（清涼殿は翌年解体移築）。

そのような事情から、次の文徳《もんとく》天皇は在位八年間、内裏の内を在所としなかった。即位後東宮を居所とし、梨本院《なしもといん》を経て仁寿四年（八五四）四月冷然院に移り、その新成殿で没している。次いで清和《せいわ》天皇も即位ののち七年間は東宮を在所とし、貞観七年（八六五）十一月、前年に新築（再建）された仁寿殿に遷御している。当初の仁寿殿は貞観元年、三井寺唐坊の建立に際し解体移建されていた。貞観十七年、弘徽殿《こきでん》・綾綺殿《りようきでん》を経て、外祖父藤原良房《よしふさ》の染殿《そめどの》で譲位し、のちにここで没した。

陽成天皇。即位後東宮から内裏に入り、仁寿殿・弘徽殿・常寧殿などを転々としているが、久しぶりに再建された清涼殿を主たる在所とした。次の光孝天皇は即位後仁寿殿に入り、仁和三年（八八七）八月、ここで没している。

仁寿殿（北殿・後殿・東殿）	天皇名	清涼殿（中殿・西殿）
正寝で死去	桓　武	
正寝（改修中止・退去）	平　城	
	嵯　峨	清涼殿を創建、居住した
仁寿殿で過ごす	淳　和	
	仁　明	清涼殿に居住、死去
（冷然院などで過ごす）	文　徳	清涼殿を他所へ移築
再建仁寿殿に居住	清　和	
（冷然院で過ごす）	陽　成	再建清涼殿に居住
仁寿殿で過ごし、没した	光　孝	
	宇　多	清涼殿に以後固定する

表8-3　歴代天皇の在所

このように見てくると、平安初期の天皇は、在所として仁寿殿と清涼殿とを交互に用いていたことが知られる。仁明が清涼殿で亡くなったことにより、一時交互使用に乱れが生じるが、やがて元に戻る。両殿の交互使用という明白な原則があったことが知られよう。この事実は、飛鳥時代に典型的に見られた天皇ごとの遷宮、いわゆる歴代遷宮の慣例が平安時代でも行なわれていたこと、ただしそれが宮内遷宮の形をとっていたことを教えてくれる。

宮内遷宮は、藤原京（宮）でも平城京（宮）でも行なわれていたことが指摘されているが、そのままの復活ではない。嵯峨天皇の時に初めて設けられた清涼殿は、仁寿殿のスペアであり、それによって以後両殿が交互に（東殿＝仁寿殿と西殿＝清涼殿）使用される形ができ上がった。清涼殿を造ることで、歴代遷宮についても新しい慣例を創出したのである。歴代（宮内）遷宮の平安版の始まりであった。

しかし両殿の交互使用の慣例は、寛平三年（八九一）二月、宇多天皇が東宮から清涼殿に遷って以後、ここが天皇の在所として固定されたことで終わりを告げる。それに伴い、仁寿殿が常御所として用いられることもなくなり、紫宸殿《ししんでん》に準ずる宮廷儀礼、仏事法会の場となった。天皇の在所が清涼殿に定まったことにより、宮内遷宮の故実は九世紀の末に事実上終焉する。しかしそれは、清涼殿が王朝貴族たちの活躍の場となる新たな始まりでもあった。

†天皇とキサキ――後宮の拡大

ところで「内裏図」(図8-2)を見ると、これ以上新たな殿舎が割り込む余地はなさそうであるが、嵯峨天皇は清涼殿の他にも蔵人所《くろうどどころ》を設けているから、その時点ではそれだけの空間はあったのである。特に紫宸殿・仁寿殿の北には、後宮の建物が相次いで建てられ、実に十二殿舎に及んでいた。このように後宮の建物が最も求められた時期は、「内寵」を好み、キサキが大勢いた嵯峨天皇の時をおいて他にはないであろう。むろん、キサキのすべてが後宮の殿舎に住んでいたわけではなく、大臣たちが後宮の殿舎を使用することもあった。後宮七殿五舎の一つである承香殿《しょうきょうでん》が、天皇の日常居所である仁寿殿の背後に取り付けられた時期も不詳だが、それによって仁寿殿は紫宸殿の後殿だったのが中殿となり、それを承けて清涼殿も中殿《ちゅうでん》と呼ばれるようになる。承香殿が「皇后」の居所でないのは、一夫多妻制の空間的配置だったとみるべきか。

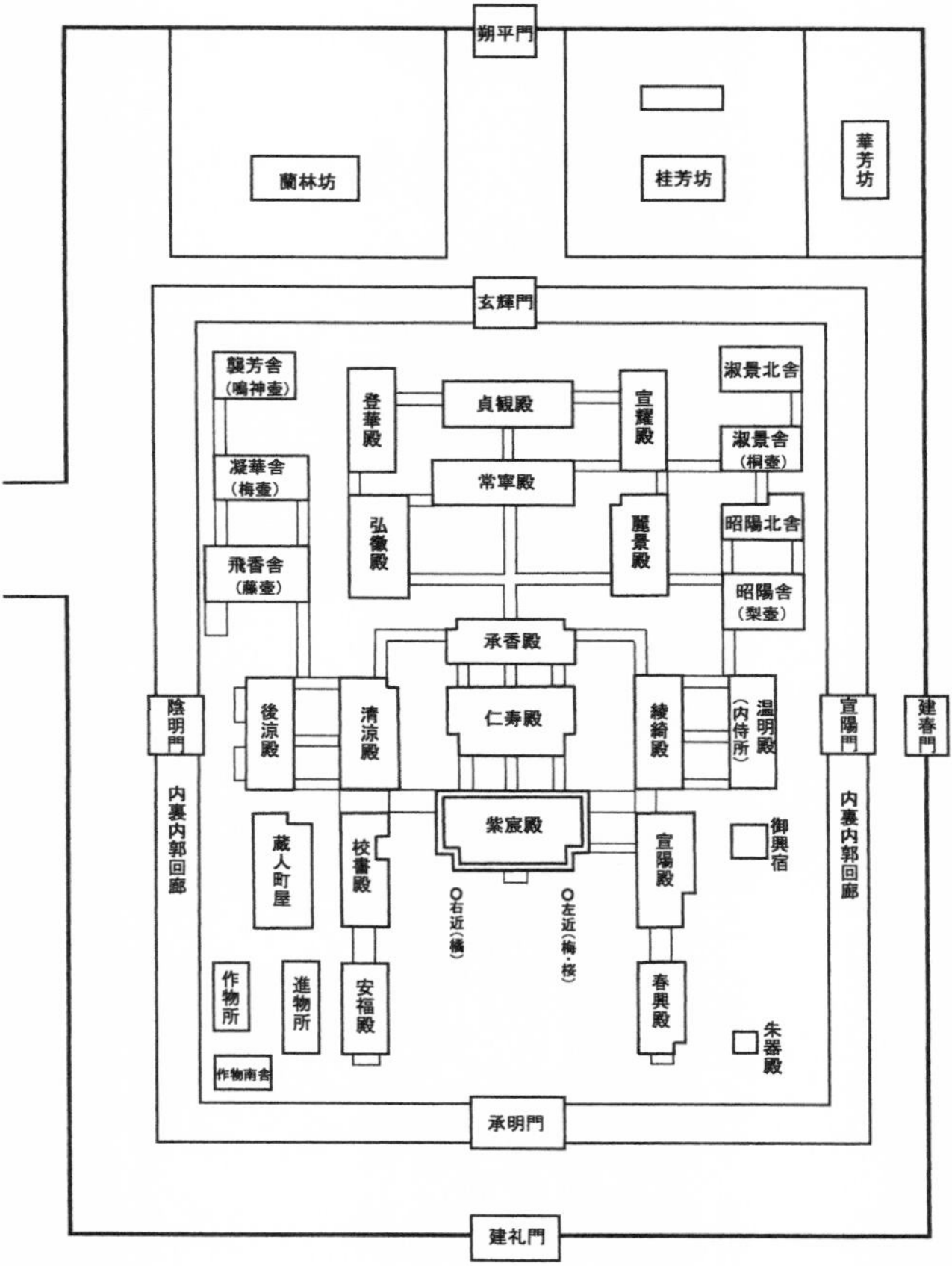
朔平門
蘭林坊
桂芳坊
華芳坊
玄輝門
襲芳舎
(鳴神壺)
凝華舎
(梅壺)
飛香舎
(藤壺)
登華殿
貞観殿
宣耀殿
淑景北舎
淑景舎
(桐壺)
常寧殿
弘徽殿
麗景殿
昭陽北舎
昭陽舎
(梨壺)
承香殿
陰明門
後涼殿
清涼殿
仁寿殿
綾綺殿
温明殿
(内侍所)
宣陽門
建春門
内裏内郭回廊
紫宸殿
蔵人町屋
校書殿
右近(橘)
左近(梅・桜)
宣陽殿
御輿宿
内裏内郭回廊
作物所
進物所
安福殿
春興殿
朱器殿
作物南舎
承明門
建礼門

図 8-2　内裏図

多数いたキサキは、家柄によって「女御《にょうご》」と「更衣《こうい》」に分けられた。女御所生の皇子は機会があれば皇太子となり、即位する可能性もあったが、更衣所生の皇子にそのチャンスはなかった。『源氏物語』の主人公光源氏の母が桐壺更衣であったのは、光源氏が帝になることはない、しかしそれに代わる栄光が与えられる、という人物設定であったことを意味している。後には更衣を女御に改めた事例がいくつか見られるが、娘を入内させた父親の涙ぐましい努力の結果であったろう。

女御・更衣は、令制のキサキ（皇后・妃・夫人・嬪）に対して、いわば令外のキサキであったが、女御から皇后に進む道が開けてくる。皇后ほどには身分規制が強くなかったこともあり、上層貴族は競って娘を女御としており、ために、この世紀には女御ばかりで皇后不在の時期さえあった（十世紀後半には皇后と同資格の正后として中宮の称が使われるようになり、実質は皇后より上位となっていった）。このようにみてくると、後宮の建物はやはり必要だったのである。

内寵によりキサキが多数いた当然の結果として、嵯峨には沢山の皇子女が生まれ、その数は実に五十人に及んだ。弘仁五年（八一四）五月八日の詔に「朕は皇位に就いたが徒に年月が過ぎ、男女が稍衆《ややおお》くなった云々」とある。この「稍衆し」は少しばかり多くなったというより、年月を経る間にようやく多くなったという意味合いが強いが、それにしてもこれはちょっとやそっとの数ではない。そこで嵯峨は、母親の身分に基き五十人の内三十二人を臣籍に下げ、

「源」という姓を名乗らせることにした。源氏の「源」は、皇胤《こういん》の源から出るとの意である。

この賜姓源氏の措置がそれまでの賜姓皇親と異なるのは、一世皇親を対象としたことにある。したがって、賜姓された者は皇位継承から外されたことになる。藤原氏が政治権力を掌握するようになると、政治的な配慮から、我が子に賜姓して臣籍に下げる天皇も現れたゆえんである。宇多天皇の如きは、それに巻き込まれた典型的な事例である。父光孝《こうこう》天皇によって臣籍に下げられ、源定省《さだみ》となったが、親王に戻されて定省親王となり立太子、即位して宇多天皇となっている。即位後の事が思いやられるが、案の定「阿衡《あこう》の紛議《ふんぎ》」で藤原基経《もとつね》に煮え湯を飲まされることは、周知のところであろう。これは後年における事例であるが、このような賜姓源氏の始まりも嵯峨天皇の時であった。

†過去の教訓から造られた「後院」

時間を戻すことになるが、嵯峨が最初に出くわした事件、薬子の変との関わりについては、本章第一節で述べた。この事件は、平城天皇が譲位した時点で上皇御所が用意されていなかったため、上皇は「宮内五遷」ののち平城旧宮に移り、事態が悪化した。第一節でも見たように、その間嵯峨は平城旧宮に上皇の住む新宮を建てたのを始め、上皇のために種々配慮しているが、薬子らにとっては何の意味も持たなかった。

この苦い経験から、譲位した上皇の住むべき御所を造ることを思い立ったのは、清涼殿の場合と同様、嵯峨ならではの見識によるものであったろう。

上皇御所は「後院《ごいん》」と呼ばれたが、その後院を嵯峨は二つ用意している。一つは、大内裏外の東南に構え四町を占めた「冷然院」であり、今一つが、朱雀大路の西、四条北に八町もの広さを誇った「朱雀院」である。ことに前者は、神泉苑に近かったこともあり、池水の涸れることがなく、日照り続きの時には近辺の住人に水を開放したこともある。

二院のうち、早く造営されたのは「冷然院」で、『日本後紀』弘仁七年（八一六）八月二十四日条に、「冷然院に幸す。文人をして詩を賦さしむ。侍臣に禄を賜ふ」とあるのが初見である。嵯峨天皇が譲位したあと、この院に皇太后橘嘉智子《かちこ》とともに入り、十一ヵ年住み、嵯峨野に営んだ別業「嵯峨院」が整備されたのを機に、天長十年（八三三）四月二十一日、そちらに移り住んでいる（『続日本後紀』）。

他方、「朱雀院」は、嵯峨上皇が嵯峨院に住んでいた承和三年（八三六）五月二十五日にその名が初めて登場する（同前）。すなわち「平城京内空閑地《くが》二百三十町を以て、太皇太后の朱雀院に充て奉る」とある。平城京内の空閑地の施入先が太皇太后橘嘉智子であるのは、当時「朱雀院」が嘉智子に付属されていたことを思わせる。

承和五年（八三八）十一月二十九日、嵯峨上皇が「冷然院」、次いで「神泉苑」に行幸し、隼

写真 8-6　嵯峨大覚寺　嵯峨院跡、手前は大沢池。

を放って水禽（水辺に生息する鳥類）を襲わせるなど、遊興のひと時を持ち、陪従した近臣侍女たちに位を授け、扈従した諸臣に禄を賜っている。そして太皇太后（嘉智子）もその翌日、「朱雀院」に御し、五位以上の者を招いて宴を催している。これなどは、夫婦で手分けして後院での遊興を催したものではなかろうか。この時、太皇太后は「朱雀院」の〝女主人〟だったのである。「冷然院」に比し「朱雀院」に関する記事が少ないのも、そうした事情があったとみれば納得がいく。

しかしその「朱雀院」についても、宇多天皇まで下ると様相が変わってくる。寛平八年（八九六）正月五日、「朱雀院に幸し、諸工の造作を観る」（『日本紀略』）とあり、天皇が造営工事に従っていた工夫達の仕事ぶりを視察している。

この時、かなり大がかりな増改築が施されたのであろう、これを機に、「朱雀院」関係の記事が頻出するようになる。

ちなみに「朱雀院」には、『貞信公記《ていしんこうき》』その他によって、寝殿（本殿）・栢梁殿《はくりようでん》や馬場などがあり、南に池を隔てて小山があったことなどが知られている。

他方「冷然院」は、『大鏡』に「方四丁にて四面に大路ある京中の家は、冷泉院のみこそ思候つれ」と述べられている。この中で、冷然院が冷泉院と記されるのは、天暦三年（九四九）十一月十四日に焼亡し、五年後の天暦八年三月に再建された際、然は燃に通ずるとして泉に改めたものという（『河海抄《かかいしょう》』）。「泉」に火除《ひよけ》の願いを込めたのである。

逐一例示はしなかったが、後院もまた、嵯峨

写真 8-7　有智子内親王墓　右に見えるのは俳人去来ゆかりの落柿舎。

上皇にとっては詩宴の場であったことは言うまでもない。

以上、嵯峨天(上)皇の事績を取り上げたが、来るべき王朝貴族達の時代、彼らの活躍の場や関わりのある行事は、事実上すべて嵯峨天皇の時に用意されていたことを知る。初期平安京の時代、いわば王朝文化の胎動期に果たした嵯峨天皇の存在とその役割を重視するゆえんである。

嵯峨天(上)皇は、冷然院から居を移した嵯峨院で、承和九年(八四二)七月十五日に没している。享年五十七だった。あとに残された太皇太后(檀林《だんりん》皇后)橘嘉智子は、その年十二月五日、嵯峨院から、上皇と長らく過した冷然院に戻り、八年後の嘉祥三年(八五〇)五月四日、六十五年の生涯を終えている。

第九章　平安京三題

1　鴨川辛橋

†平安京の人々と河川

桓武天皇による「山背」遷都は、「大和宮都」平城京の時代には見られなかった変化をもたらした。後者にはなかった大河川の存在が、日常・非日常を問わず、平安京の人々の生活に関わり始めたのもそれである。四季折々の景趣を愛でる行幸——葛野川・大堰（川）行幸が頻繁に行なわれ、またその清流での天皇や伊勢斎王の禊祓、そして嵯峨野に点定された野宮での斎王の精進潔斎が、地域の聖域化をもたらしたことも大きい。神祇のあり方は、平安京に遷ったことで大きく変わるのである。そしてこの傾向は、「薬子の変」を機に始まった賀茂斎王の制により、賀茂川が新たな禊祓の場とされたことで二転する。賀茂川上流での汚《けが》れの行為が禁止されたのは、直接は賀茂上下社の存在に関わってのことだが、葛野川ほどの大河川でなかったことも無縁ではないであろう。その分、京中住民との関わりは、京中を流れる堀川ともども、より密接なものになっていくことになる。

さて、この節のテーマである鴨川辛橋《からはし》は、九条坊門通り末の鴨川に架かっていた唐風の橋のことを指すが、この橋について知るところを述べるのが本節の目的である。

九条坊門通りと言えば平安京の南端には近いが、さりとて京域の正面にあったわけではない。その橋が、なぜ重要視されたのであろうか。

この橋の初見は、『三代実録』元慶《がんぎよう》三年（八七九）九月二十五日条で、「此夜、鴨河辛橋火《ひつく》。大半焼断（火災で大半が焼け落ちた）」とある。辛橋は韓橋・唐橋に通じ、朱塗りで異国風だったことによる呼称であろう。

次いで、仁和三年（八八七）五月十四日条には、「此の日、始めて韓橋を守る者二人置く。山城の徭丁を以てこれに充つ」とある。再建を機に橋守二人を置き、管理体制の強化を図ったことがうかがえる。それが山城国の徭丁であったのは、平安京外は山城国の所管だったからである（京中なら左右京職）。

それにしても、唐橋だったことに加え、橋守まで置いたのは他に例がなく、この橋がよほど重視されていたことを示している。

なお、唐橋といえば朱雀大路の南端、羅城門の外側にも唐橋があったが、これは溝に架けられた短い橋で、河川に架かる橋と同列に扱える存在ではない。

鴨川唐橋が重視されたのには、相応の理由があったはずである。わたくしはそれを、この橋を渡った先、鴨川東堤にあった道が、そこから南下すれば宇治を経て平城旧京（南都）に至る、いうところの「大和大路」の起点であったことによると考える。「大和大路」は、現在《いま》でこそ三条大橋を渡ったところから始まるとされているが、それは後世のことで、元は鴨川唐橋の東堤に始まったと考える。それが原大和大路である。したがって、その先に続く道――「京中の九条坊門通り↓同末の鴨川唐橋↓大和大路」は、平安京と平城旧京を繋ぐ重要な道であったと言ってよいであろう。問題は、この橋がいつ造られたか、である。

†『将門記』に見る外港設営の重要性

延暦十三年（七九四）十月二十二日、平安京へ遷った桓武天皇は、翌月十一月八日の詔（「山背国を山城国となし、新京を平安京と号する」、と表明した）の後段で次のように述べている。

また近江国志賀郷の古津は、先帝（天智天皇）の旧都、いま輦下《れんか》（天皇の膝元・宮都。平安京）

に接し、昔号《せきがう》を追ひ、改めて大津と称すべし。

その趣旨は、かつて大津と呼ばれていたのが、都（近江大津宮）が離れてから、いつしか古津——コツ？ フルツ？——と呼ばれるようになっていたのを、元に戻して大津と呼ぶことにする、というものである。しかしこれは、単に昔号に戻すというだけでなく、改めて大津が平安京の重要な外港として位置付けられたことを意味している。大津は琵琶湖の湖上交通によって、朝妻《あさつま》（彦根市）からは東海道や東山道へ、塩津・海津・今津からは北陸道や山陰道へ通ずる港であった。大津を起点とする湖上交通の役割は、にわかに大きくなったのである。

それと同じことが淀川水系でも生じている。葛野川に宇治川・木津川が合流し、淀川となって下るが、その合流点に山崎の津があり、その下流の江口から神崎《かんざき》川に入り、神崎（現尼崎市辺り）で瀬戸内海へ出て西へ航行、これにより平安京と西国との関係も密となった。この山崎では、延暦三年（七八四）七月、山崎橋を造る用材を阿波・讃岐・伊予の三国に命じて進上させており、また「播磨道」と称される陸路も整備されている。

話は逸れるが、乱後比較的早い時期に成立したとされる『将門記《しょうもんき》』は、東国で反乱を起こした平将門（？〜九四〇）が、自らの本拠地下総《しもうさ》国猿島《さしま》郡石井《いわい》（現茨城県坂東市）を王城の地と定めた時のことを次のように記している。

且《か》ツハ諸国ノ受領ヲ点定シ、且ツハ王城ヲ建ツベキノ議ヲ成ス。其ノ記文ニ云ク、「王城ヲ下総国ノ亭南ニ建ツベシ。兼ネテ檥橋《うきはし》ヲ以テ、号シテ京ノ山崎トナシ、相馬ノ郡大井ノ津ヲ以テ、号シテ京ノ大津トセム」ト。

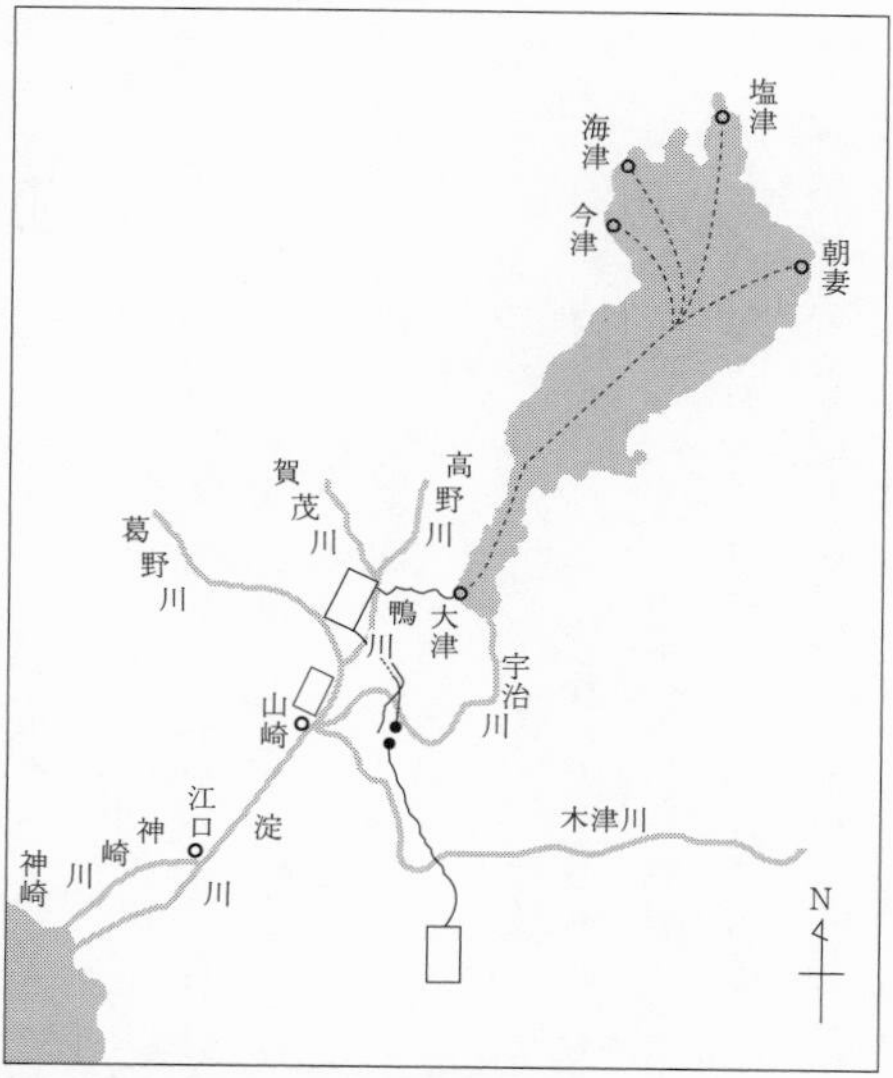

図 9-1　琵琶湖と淀川水系概念図

「檥橋」とは浮橋、すなわち舟を浮かべた上に板を渡して橋としたもので、「船橋」とも称されるが、ここでは地名である。浮橋で知られた場所を地名として用いたものか。その「檥橋」を「京ノ山崎」になぞらえ、「相馬郡大井津」を「京ノ大津」になぞらえた、というのである。檥橋も大井の津も、具体的な場所は定かでないが、前者が淀川の山崎の津、後者が琵琶湖の大津になぞらえていることは明らかであろう。それを定めたのが将門自身の知恵だったのか、それとも『将門記』の作者の知識によるものだったのかは明らかでないが、王城には外港の設営が不可欠であると認識していたことを示している。将門は若い頃平安京に上り、藤原忠平《ただひら》に仕え、これを「私君」と仰いだという事情もあり、平安京の地理を知っていた可能性はあろう。

†平城京への「望郷の念」の象徴として

さて平安京では、造都事業が本格化した延暦十五年（七九六）に佐比《さい》川（葛野川）橋が、翌年には宇治橋が造られている。前者の佐比川橋は、吉祥院（現南区）辺りの桂川に架けられた橋で、これを渡れば西へ、老《おい》ノ坂（西京区）を越えて山陰道に通じ、また途中で南へ下れば山陽道に通ずる西国への交通の要衝であった。後者の宇治橋は、既に大化二年（六四六）に人馬の往来が激しいので架橋したという伝承（「宇治橋断碑」）がある。改めて架橋したのは、平安遷都以後、平城旧京との中間にあたることで重要さを増していたからである。そして、この二つの橋に先の山崎橋を加えると、平安京に通ずる主要な交通網が整ったことになろう。

そこで、鴨川唐橋である。

先述したように、この橋を渡った先、鴨川の東堤は、そこから南へ下れば平城旧京（南都）へ通ずる大和大路の起点だった。しかもこの唐橋は、延喜二年（九〇二）七月の太政官符によれば、「件の橋は往還の要路、人迹絶えず」であったという。ちなみに、平安京の正門である羅城門は最初の倒壊（八一七）の後再建され（その年次は不詳）、この時期には本来の威容を見せていたが、賑わいにおいては、鴨川唐橋も劣るものではなかったろう。その意味で鴨川唐橋は、平安京のもう一つの表玄関になっていたと言っても過言ではなかろう。鴨川唐橋が特別仕様の橋として造られ、橋守まで置かれたのは、この橋がこの時期、最も重要な平安京のインフラであったことを示している。

鴨川唐橋東堤に始まった大和大路の持つ意味は、それにとどまらなかった。というのは、その道は藤原氏を中心とする平安貴族たちの故郷であった平城旧京、南都へ通ずる道だったからである。

旧京には、氏神（春日大社）・氏寺（興福寺）が残されていた。前者は、長岡遷都の際には勧請《かんじょう》する試み（大原野神社）がなされたものの、この都が放棄されたため平安京とは縁遠くなり、後者に至っては、桓武の寺院政策により新京に移す余地さえなかった。加えて「薬子の変」は、旧京との政治的な関係を断ってしまった。これらのすべてが、平安京の藤原氏に〝望郷の思い〟を募らせる要因となったであろうことは、想像に難くない。大和大路は、平安貴族にとって望郷の道であった、と言えるのではなかろうか。そして、その思いを象徴するのが、鴨川唐橋だったのである。

それとまったく同じ精神風土の中で、春日祭が藤原氏一門によって始められていることも見逃せない。

九世紀中葉のことで、朝廷からも勅使が立てられて派遣され、奉幣が行なわれた。成立の経緯は明らかではないが、藤原良房の権勢確立と無関係ではなかったとみられている。その良房が、貞観八年（八六六）八月、人臣最初の摂政になった際に、一族の中から斎女が定められ、春日社への社参の儀が行なわれている。伊勢斎や賀茂斎に倣ったものであろうが、これは良房一代で終わり恒常的なものにはならなかった。それにしても平安京の造都事業が終わりを告げて半世紀、藤原氏の間にもたげた平城旧京への想いは半端なものではなかったのである。

†鴨川辛橋にまつわる人々の物語

藤原氏の本宗は、その本邸を、内裏より「いと遥かなる」鴨川唐橋の近く、九条唐橋（坊門）通りに構え九条殿《どの》と呼ばれている。これも望郷の想いの為せるわざではなかったろうか。藤原忠平の子、師輔《もろすけ》が「九条殿」と呼ばれた最初である。

師輔邸は、東へ行けば鴨川唐橋に至る九条坊門通りに接して設けられいた。ただし師輔がこの地に居を定めた時期は明確ではない。師輔がその最初であったのかも、実は定かでない。師輔の領有した家地は、その時点でも西隣りに「施薬院《せやくいん》」があったと思われるが、時期を遡

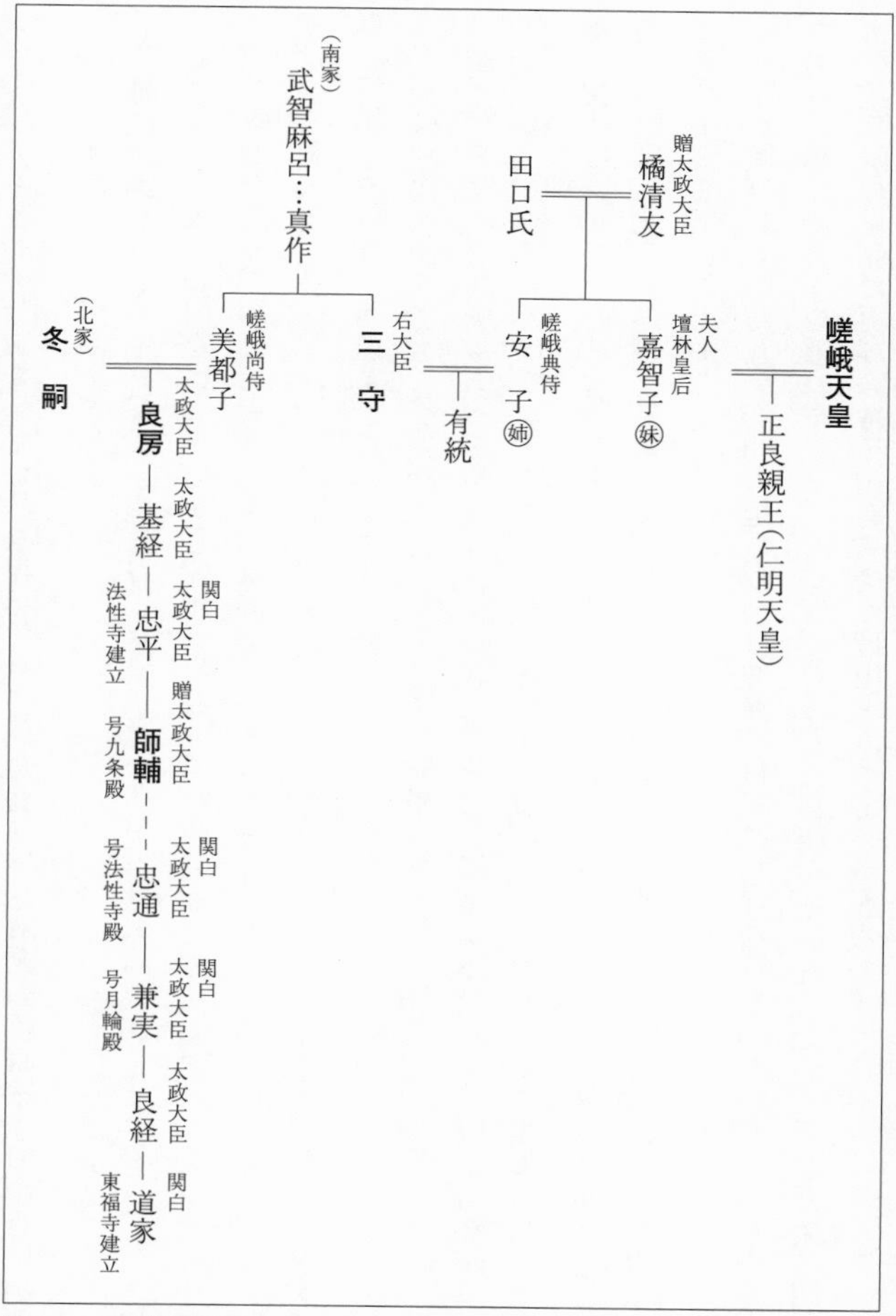
嵯峨天皇
夫人 壇林皇后 嘉智子㊛
正良親王(仁明天皇)
贈太政大臣 橘清友
田口氏
嵯峨典侍 安子㊔
右大臣 三守
有統
(南家)武智麻呂…真作
嵯峨尚侍 美都子
(北家)冬嗣
太政大臣 良房
太政大臣 基経
関白 太政大臣 忠平 法性寺建立
贈太政大臣 師輔 号九条殿
関白 太政大臣 忠通 号法性寺殿
関白 太政大臣 兼実 号月輪殿
太政大臣 良経
関白 道家 東福寺建立

図 9-2　三守関係系図

れば、その施薬院のさらに西には、嵯峨天皇時代右大臣だった南家の藤原三守《みもり》の領有地があったことがわかっている。

空海が庶民のための学校として綜芸種智院《しゆげいしゆちいん》を建てた時の趣意書（『綜芸種智院式并序《ならびにじよ》』）によって、この学校は賛同を得た三守から家地二町余りを提供されて建てられたこと、その中には五間の建物があり、西には東寺、東には施薬院があったと記されているからである。この趣意書は、天長五年（八二八）十二月十五日の日付で書かれているから、平安遷都後間もなくの時期、師輔よりほぼ一世紀も前のことであった。

三守は別掲系図9-2に見る如く、妻の橘安子が嵯峨天皇の皇后橘嘉智子の姉であり、嵯峨の典侍《ないしのすけ》を勤めた関係もあって嵯峨に信任された。そして嵯峨が譲位して後院《ごいん》の冷然院に入った時には、中納言を辞してこれに侍従したことで世に知られた人物である。九条坊門の地を空海に提供したのも、そのような時期のことだった。他方、妹の美都子は、嵯峨天皇の尚侍《ないしのかみ》を勤め、藤原氏北家の冬嗣と結婚して、良房を生んでいる。藤原氏の隆盛をもたらす本流は、実に美都子から出たのである。

三守が領有していた九条坊門の地二町余は空海没後、綜芸種智院が閉じられてから売却されており、藤原氏の手を離れている。しかし、そうした経緯があったことが、同じ九条坊門の地で、施薬院の東側に再び家地を領有させた理由とみてよいであろう。

その赴くところ、九条家の〝東漸（東進）〟が始まり、平安末期、鎌倉初期の公卿兼実の頃には、東京極大路《ひがしきょうごくおおじ》を東限とする地所にまで至っている。兼実も九条殿と呼ばれ、五摂家の随一、九条家の祖となったことは周知の通りである。このように坊門通り末の鴨川唐橋は、九条家の存在を抜きにしては語れない。

寺院についても、九条坊門末の鴨東《おうとう》一帯が浮上する。師輔の父、忠平が一門の寺として法性寺を建立したのが、その最初である。

忠平は時平の弟であり、時平の没後は政界の中枢に坐った。延喜十四年（九一四）八月右大臣、十年後に左大臣となったが、左大臣在任中の延長八年（九三〇）九月、朱雀天皇の摂政となり、天皇の元服（九四一）後は関白に改められている。天皇幼少時は摂政として天皇権を代行し、成人後は関白として諮問に預る、というルールができたのが忠平の時からである。

その忠平が、延長二年（九二四）正月左大臣になった翌二月十日、「法性寺《ほっしょうじ》に参り、始めて鐘を聴く」（『貞信公記』）とあって、この時期に法性寺が造営されたとみられる。「一の人」として政界の中枢に坐ったことで、一門の領袖としての意識を高めた忠平が、一門の寺の開創を思い立ったとしても不思議ではない。ことに時平の没後、一門の再統合を進めることが重要な役割だった忠平にとっては、一門の寺の創建は不可欠な仕事であったと思われる。『大鏡』には、忠平が幼少の頃この付近を通った際、父の基経《もとつね》に「ここここそよき堂所なんめれ。ここにたてさせ給へかし」と言ったといい、後に建立したと記す。忠平の聡明さを物語るエピソードであったのだろうが、宗家の念願が投影された物語であったように思われる。

法性寺との関係で思い出されるのが、院政期に下るが、法性寺殿と称された摂政忠通《ただみち》（一〇九七〜一一六四）である。その呼称は、参籠の便宜から寺内に屋敷を構えたというだけでなく、法性寺の運営に深く関わったことによるものであった。次いで忠通の子兼実（一一四九〜一二〇七）も、法性寺辺りに邸宅を営み、月輪《つきのわ》殿と称されたことはよく知られている。

こうして、藤氏一門の寺として創建された法性寺は、九条家の歴代檀越《だんおつ》の外護によって、九条家一流の寺としての性格を強めていく。その流れを受けて鎌倉前期、九条道家によって建立されたのが東福寺である。

以上が、九条坊門末に架けられていた鴨川唐橋と、それにまつわる人達の物語である。鴨川唐橋の名は、九条坊門通りの別称、「九条唐橋通り」として残ったが、唐橋そのものは、十世紀以後、記録の上に登場することはない。洪水で流失した可能性が最も高いが、昔日の姿に戻ることはなかったのである。

2 諸司厨町

†飛騨匠の活躍——奈良盆地における国名村の存在

表題の諸司厨町《しょしくりやまち》とは、平安初期、京中に設けられていた官司付属の宿所のことである。厨《くりや》＝台所のある所は、食事だけでなく寝起きをする場所でもあったから、厨町とは宿所の意で用いられた。それが官司ごとにあったことから諸司厨町と称されたのである。

私事になるが、この厨町の存在を知ったことが、その後、平安京、ひいては宮都の研究に進むきっかけになったが、厨を厠（かわや）と早とちりした先輩から、お前はトイレの研究をしているのか、と皮肉られたことを思い出す。そんなこともあって、発表した論文名は「官衙《かんが》町の形成と変質」とした。昭和三十八年（一九六三）、三十代初めのことである。

写真9-1　飛騨町の標識　読んで字の如し。

ところで、読者の中には地図の上で、あるいは直接現地を歩かれた際に、藤原宮跡の側のバス停留所の標識に、「飛騨町（かっては村）」（現橿原市飛騨町）とあることを確かめられた方もあろうかと思う。飛鳥川が甘樫丘《あまかしがおか》の東麓から西北方向へ流れる途中に、その飛騨町がある。恐らくここは、藤原京時代、その技を以て造宮に携った工匠たちが集住したことの痕跡であろう。

実は奈良盆地には、美濃・丹後・丹波・伊豆・筑紫・備前・三河・石見《いわみ》・伊予・豊前《ぶぜん》・大隅・出雲・薩摩・土佐（北から）と、多くはないが国名を地名とする集落が分布している。これに注目した直木孝次郎氏は「国名を持つ大和の地名」という論考の中で、それらの地名は、仕丁《しちよう》とか衛士《えじ》（宮門の警固や雑役に、一年交代で従った）として地方から徴発された公民たちが、それぞれの場所で生活し、そこから都へ出て労役に当たったため、それぞれの出身国名をその地に付けたものであること、しかし畿内の国名がないのは、畿内からはそうした徴発がなかったからであろう、と述べられている。さっそく分県地図の中にそれらの国名を見つけ、地名に歴史を紡ぐ楽しみに浸ったが、国名を名乗る村なら「国名村」と呼称しても良いのではないかと考え、以後この表現を用いさせて頂いている。

飛驒村はまさにその国名村の一つであり、しかもその中では特異な存在であった。他の村は、単純労働力として徴発された人々の村であったのに対し、飛驒村は木工技術者たちが造都中はもとより、造都後も宮殿の修理保全のために留められ、藤原宮に近い所に集住したものと見られるからである。

しかし、この飛驒匠たちの活躍は、飛鳥時代以前にはみられない。その時期には、木工を技とする渡来系氏族や部民《べみん》によって「みやこ」造りが行なわれたからである。

たとえば、『日本書紀』の「雄略紀」には、木工闘鶏御田《つげのみた》に命じて初めて楼閣を造った、とある。この闘鶏御田という人物は、闘鶏という名前から、大和国山辺郡都祁《つげ》村辺りの人間であろうと考えられているが、一本にはこれを猪名部御田《いなべのみた》とすると記される。猪名は、摂津国河辺《かわべ》郡為奈《いな》郷（猪名川流域の現川西市一帯か）の地名とされており、そこにも木工を専業とした人々が住んでいたのであろう。同じく「応神紀」には、新羅王よりの貢物として、優れた木工技術者が贈られ、これが猪名部の始祖である、と記される。猪名部御田は、この流れを汲む者で木工技術に秀でた部民であったのだろう。また闘鶏御田も、同じくその流れを汲む末裔と考えられるが、定かではない。先の「雄略紀」には、韋那部真根《いなべのまね》という腕のいい猪名部の木工匠の話も記されている。

時代は下るが、舒明天皇（五九三〜六四一）は、百済大宮《くだらおおみや》と百済大寺《おおでら》という宮殿と寺院を並行して造っている。その際、書直県《ふみのあたいのあがた》（倭漢《やまとのあやの》直県とも）なる人物が「大匠《だいしょう》」（建築技術の長）としてこれに当たっている。この一族と思われるのが倭漢直荒田《やまとのあやのあたいあらた》井比羅部《ゐのひらぶ》なる人物で、乙巳《いつし》の変（六四五）後、難波へ中大兄皇子や孝徳天皇が移ると、難波の小郡宮《おごおりのみや》の工人、難波長柄豊碕宮の将作大匠として登場してくる。この荒田井の名は、平城京址から出土した木簡にも出てくるので、実際には飛騨匠の時代にも、なおその子孫がいたことが知られる。

律令制度以前の、特定の技をもって天皇に仕えるという氏姓制度の下では、木工技術を伝える猪名部・闘鶏・荒田井などの特定の氏族がいて、彼らが造都や造寺に従事した。これが、その時期に飛驒匠が出てこない理由である。

飛驒匠の登場は、氏姓制から律令制へ移行し、地方から役民が動員されるという体制が築かれてからのものであろう。飛驒の山国で、自然の中の生業《なりわい》として身につけてきた優れた木工技術が、造都事業に役立つものとして注目され、徴発されるようになったもの、といってよいであろう。

それが藤原京の時代から登場する飛驒匠であった。そして以後、平城京・平安京と、より拡大されていく都造りにおいて、その中心的役割を担っていくのである。

こうして飛驒匠によって都造りが行なわれ、内裏の宮殿や官司などの建物が建てられていった。造都事業が終わってもそれらの修理保全の仕事は絶えることはなかった。単純労働力としての造宮役夫は、一年単位で国に戻り、造都事業の終了後は再び徴発されることはなかったが、飛驒匠は恒常的に一定数の人員が都に確保されていた。

奈良時代の規定では、飛驒国からは一里ごとに八人の匠丁と二人の廝《し》丁の計十人を都へ差し出していた。飛驒国には十三郷あったので、百三十人が毎年送り出されたことになる。平安時代に入るとその数は百人に減らされるが、その直後に起こったのが応天門の変であった。減員した途端に仕事が増えたのである。

†舎人たちの問題と宿所

国名村とは、地方から徴発された公民が、出身地ごとに奈良盆地の中に場所を定めて集団居住した一種の屯田《とんでん》村のことであり、彼らはそこから各種の課役に従ったとみられる。このような国名村が現れたのは、藤原京の時代であったと考えられる。これが前段での考察である。とすれば、その後平城京や平安京では、同様の課役民、特に郡ごとに割り当てられて貢進された衛士や采女、あるいは舎人のような課役民はどのように扱われたのであろうか。当然出てくる検討課題である。

衛士は毎年交替で上京し、衛門府や衛士府に配属されて宮門の警備その他の雑役に従事した。采女も、この時期になれば課役民として後宮の雑事に奉仕している。これに対して舎人《どねり》は、内《う》舎人のように貴族の子弟が選任される場合もあったが、大舎人・東宮舎人・中宮舎人などは、下級官人の子弟や白丁（庶民）の子弟が任じられており、時代が下るにつれ地方民が舎人になるケースが増えている。特に六衛府（左右近衛・兵衛・衛門府）の舎人には地方の有力農民が任ぜられ、しばしば問題を引き起こしていた。

その点に関して注目されるのが、延喜十四年（九一四）に参議三善清行《みよしきよゆき》の提出した「意見封事十二カ条」（『本朝文粋』封事条）である。この意見書は、弛緩する律令制の実態を直視し、その立て直しをはかるため様々な提言をまとめたものであるが、その第十一条は、畿内近国から六衛府の召しに応じて上洛した舎人たちのことが取り上げられている。

それによると、彼らは毎月結番して当番の時は諸衛の警固に当たり、佗《だ》（非）番の時は京洛に休寧すべきであるにもかかわらず、勝手に諸国に出かけて悪事をなしている、として、今後は許可なく本国に帰ることを禁断すべきである、と提言している。舎人のこうした行動については、他の史料からも確かめられるところで、当時の政治問題になっていたことが知られる。

ここで注目されるのは、その舎人たちが佗番の時京洛で休む宿所として用意されたのが、東西の帯刀《たてわき》町である、と述べている部分である。その場所は左京の場合、一条通りの南、堀川通りの東にあり、もともとは東宮帯刀舎人たちの宿所であったと考えられるが、この時期では六衛府の舎人たちの宿所とされており、厨町としては変質していたことに留意する必要がある。

†記録に見る諸司厨町

それはともかく、この帯刀町のような形で用意された地方課役民の上洛時の宿所のある町のことを、「諸司厨町」といった。冒頭でも触れたように、諸司とは諸々の役所のこと、厨町とは役所ごとに用意された厨（台所）、つまり食事をする所であり寝起きする所、宿所のことであった。記録の上では、平城天皇の大同三年（八〇八）十月八日、「左衛士坊」から出火して百八十戸が焼けた、というのを初見とし、翌十一月三十日には「右衛士坊」から出火して七十八家が焼失している（ともに『日本後紀』）。以後たびたび同類の火災記事を見ることができる。以下、早い時期に見られる諸司厨町の記録を列挙してみる。

承和五年（八三八）七月十五日、仕丁町の土地、長さ二十四丈（七十二メートル）・幅四丈（十二メートル）を陰陽寮の守辰丁《しやしんちよう》二十二人の居所にした。

これは、仕丁たちが住んでいた町を陰陽寮の厨町にしたことを意味する。

承和六年（八三九）閏正月十五日、織部司《おりべし》の織手町が火災、百姓の旅舎数戸が焼ける。
承和六年（八三九）四月十五日、左馬寮の国飼町焼ける。
承和八年（八四一）七月六日、左兵衛府駕輿丁《かよちよう》町三十余戸焼ける。
承和十四年（八四七）七月九日、左京の木工町二十戸焼ける。
承和十四年（八四七）八月二十一日、左京の衛士町三十余戸焼ける。
嘉祥元年（八四八）六月二十八日、左衛門（町）の南町焼ける。

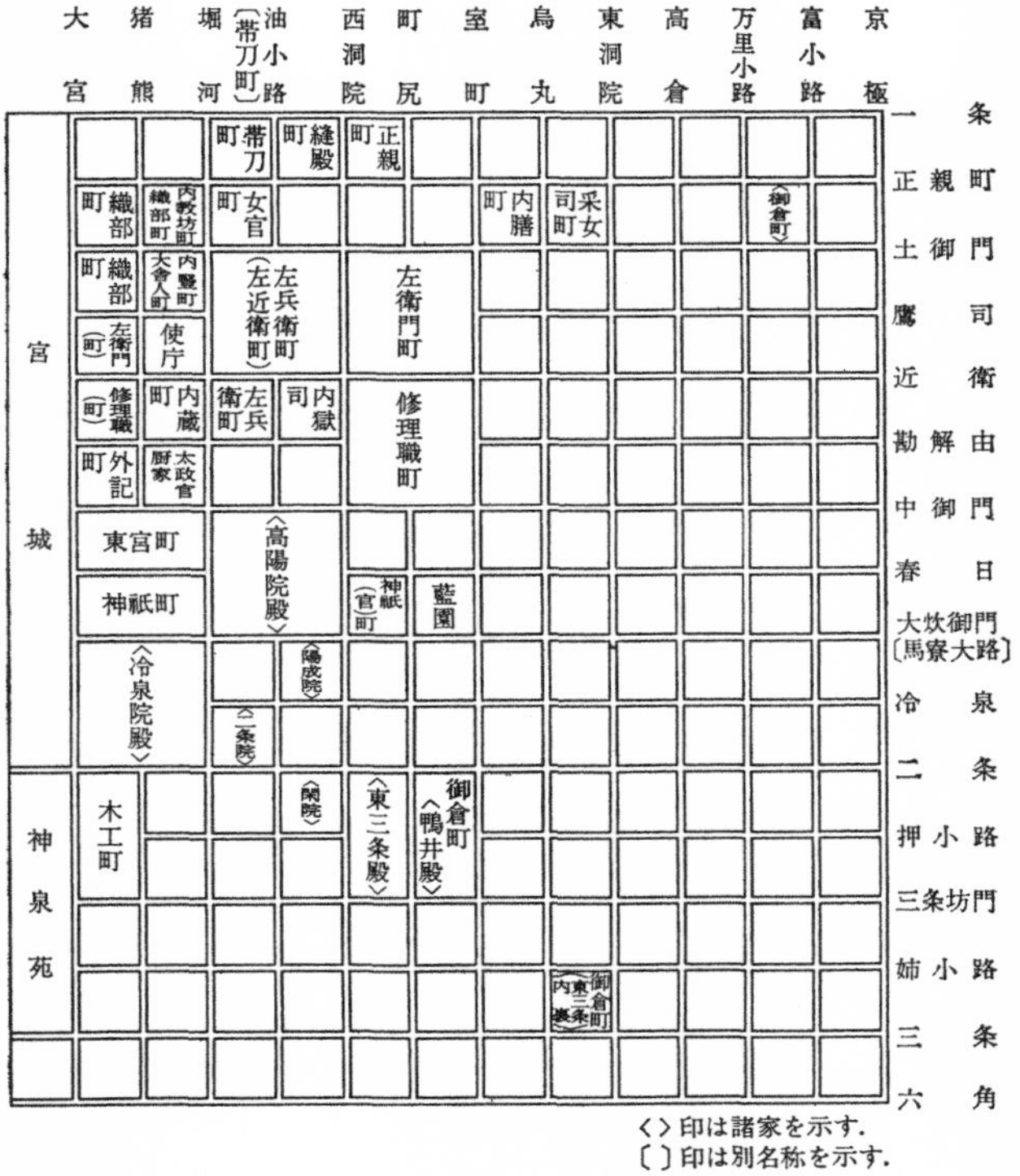

図 9-3　厨町の分布（『拾芥抄』による）
ただし諸本によってかなりの差異がある。

ざっとこんな具合で、こうした記事を眺めていると、役所ごとの厨町が京中各所に用意されており、そこに駕輿丁《かよちょう》や仕丁・衛士たちが住み、そこがしばしば火事を起こしている、といった様子がわかる。ちなみに厨町としては、木工町・神祇官町・東宮町・外記《げき》町・帯刀町・織部町・左兵衛町・左衛門町などの存在が知られ、それらを地図で示したのが別掲図である。

なお厨町の種類や所在地については、『拾芥抄《しゅうがいしょう》』中、宮城部に「諸司ノ厨町」として列挙されているが、不確かなもの、不正確と思われるものも含まれている。図からもわかるように、総じて左京の二条大路以北、すなわち上辺（上京）に集中していたが、この地域は上層貴族が屋敷を求めて構えた所であり、競合する中で消滅したものもあったと思われる。ちなみに厨町に設けられた宿所は、長屋形式の建物であったと考えられるが、そこに出身国の異なる者たちが集住した。これが、博奕と火災が厨町の名物となったゆえんである。

†国名村から諸司厨町へ

さて、これまで述べてきたところからもわかるように、国名村と諸司厨町とは、地方課役民の集住する所（村・町）という点では共通するが、決定的に異なるのは、前者が国ごとにまとめられていたのに対し、後者は役所（諸司）ごとに設けられていたところにある。「国名村から諸司厨町へ」という変化があったことを知る。

こうした移行は、〝地方から動員された人間が国ごとに集団居住し、そこから仕事へ出かける〟というスタイルから、〝地方から動員された人間は出身地とは関係なく、役所ごとに配属される〟というスタイルへの変化といえる。そこには、宮都の中枢である大内裏の中に官衙が増え、かつ整備され、いわゆる「百官の府」になったという官司制の発展があったことは言うまでもない。「国名村から諸司厨町へ」という変化は、そのまま古代国家における官司＝官人制発展のバロメーターといってよいであろう。

諸司厨町が注目されるのは以上にとどまらない。古代から中世にかけて官衙が次々と崩れていく中で、諸司厨町も次第にその実態を失ってゆくが、中にはその機能を違った形で受け継いでいくものがあったことである。

たとえば織部司の織手たちが住んでいた町（織部町）は、高級絹織物生産に従事する人達の集団居住する場となり、そこで生産するようになった。また、六衛府に所属していた駕輿丁（輿を担ぐ人）達はその職種を生かして座を形成し、物資を運搬する商業活動を展開するようになる。この座を称して四府《しふ》（左右近衛府・左右兵衛府）駕輿丁座と言ったが、これは中世の京都における最も代表的な商業座となった。

興味深いのは織部町の動向である。織手達の結んだ座が〝大舎人座〟であったのも、厨町のあり方を考えて初めて理解されるものであろう。織部町の隣りにたまたま大舎人町があったことからそちらへ進出していったのか、それとも逆に、大舎人町の人々が絹織物生産にも関わるようになったのか、その辺は定かではない。しかし後には、絹織物を織る織手達の座を表すのに大舎人（町）を表看板に掲げ、「大舎人座」と称するようになった。この大舎人座の織手達が応仁の乱の戦火を避けて地方へ疎開したが、乱後、西軍の陣に戻ってきて高級絹織物生産を始めたことから、西陣の大舎人座といわれるようになり、西陣織の中心となった。してみれば西陣大舎人座の発祥の地、言ってみれば本籍は、現上京区堀川通り西、下長者通り北の菊屋町辺りであったと言えそうである。

三条家	九条藍座
山科家	九条莚座
三条西家	青苧座
中御門・出納・甘露寺・坊城・日野家等	楮座
西園寺家・東坊城家	塩合物西座
薄家	石灰座
薄家	青花座
薄家	練絹座
薄家	釜座
薄家	柑類座
中原家	反古座
中原家	材木座
木工寮	扇座
典薬寮	地黄並座
四府	駕輿丁座
掃部寮	紺灰座
図書寮	宿紙上下座
内蔵寮	三条鳥座
施薬院	薬商売千駄櫃座
内侍所	竹座
蔵人所	鋳物師座(河内)
万里小路家	大舎人座
久我家	小破座
近衛家	箔座
勧修寺家	白布座
中御門家	索麺座

表 9-1　官司及び公家を本所とする主な座

数は多くないが、公家の持っていた座の権限も、もとを正せばそのほとんどがこのような諸司厨町を源流とするものであった。公家の家業化が進む中で、譜代の関係を持つ役所の権限が、特定の公家の私的権限になっていった結果である。室町時代、公家は政治的経済的な力をほとんど失ったにもかかわらず、座の本所となることが少なくなかった。これが中世京都における商工業（座）を特徴付けるものとなっている。

こうして中世の京都では、力のない官衙や公家を本所とする座がたくさん生まれ、祇園社や北野天満宮などを本所とする座とともに活躍したのである。このような座は京都にしかなかったという点で特徴付けられるが、その原点となったのが諸司厨町であったことを見落としてはなるまい。

3　遣唐船始末

†文化事業としての遣唐船派遣――最澄と空海

桓武天皇は最晩年の延暦二十三年（八〇四）に遣唐船を派遣している。「軍事と造作」に明け暮れ、それゆえ「文華を好まず政治に心を励ました」（『日本後紀』）と評された桓武であるが、この発遣を契機に最澄と空海という、その後の日本仏教を方向付けた二つの個性が発掘されたことを思えば、これに勝る帝王の文化事業はなかったのではなかろうか。

実は、この二人（最澄と空海）の発遣に深い関わりを持ったのが、和気清麻呂の息、広世《ひろよ》と真綱《まつな》の兄弟だったことはあまり知られていない。清麻呂が、桓武の果たした「山背」遷都――長岡・平安京の造営——を支え続けたことは再三触れたが、広世らも別の場面で父と同様に、時代の舞台回しの一端を担っていたのだった。

広世は真綱とともに延暦二十一年（八〇二）正月、彼らの私寺、高雄山寺で法華経講会、いわゆる高雄天台会を開催しているが、その招請状に「今度の会はただ世間常修の功徳の事に非ず」と記すほどの力の入れようであった。平安仏教なるものはまだ形をなしていなかった時分のことで、これに招かれたのは南都の高僧たちであった。広世たちには、平安遷都後の南都仏教の行方に思うところがあったのである。

この高雄天台会は同年秋まで続けられたが、最澄もこれに参加している。時に最澄三十六歳、既に内裏への出入りを許される内供奉《ないぐぶ》とされていた。広世はその最澄を「専らこの会の主となさん」と決めている。しかもこの期間中の九月に、桓武天皇から天台宗興隆について諮問を受けた広世はさっそく最澄と相談、その話し合いの中で出されたのが唐への留学僧の派遣であった。

このような経緯から桓武が天台宗に格別関心を持ち、その理解と決断によって実現したのが延暦二十三年（八〇四）の遣唐船発遣であり、そこでは留学僧の派遣が主たる目的であったことが知られよう。

さて、還学生《げんがくしょう》だった最澄は、予定通り翌年六月に多数の仏典類を携え、遣唐大使らとともに帰朝した。桓武はさっそく図書寮《ずしょりょう》に命じ、最澄の請来した天台経文を七部ずつ書写させ、七大寺に置くことを命じている。次いで九月には、広世に命じて高雄山寺に於いて最澄に新渡の法による伝法灌頂《でんぽうかんじょう》を行なわせたのをはじめ、内裏その他で修法を行なわせており、桓武の最澄に対する期待度の高さと、それを支えた広世の役割の大きさがうかがわれる（最澄については、薗田香融氏「最澄とその思想」〈『日本思想大系』4『最澄』〉に負うところが大きい）。

他方の空海。入唐に至る経緯は定かではないが、還学生の最澄と違って留学生であったから、長く唐土に留まって修学すべき立場にあったが、早くも最澄の翌年（八〇六）には帰朝している。長安の青龍寺・恵果《けいか》から密教のすべてを教えられ、速やかに帰国するよう促されていた空海にしてみれば、これほどの幸運はなかったといってよい。そしてそれ以上の幸運は、広世の理解と協力を得られるようになったことである。

すなわち帰朝した空海が京都に上ったのは大同四年（八〇九）七月のことであるが、入ったのが高雄山寺であったのは、密教に関心を抱くようになった広世が、これを伝えた空海に期待するところが大きかったことを示している。最澄の時と同様、さっそく南都の僧が当寺に来て真言密教を学んでおり、南都の反応も留意される。空海のいる所が密教の教学センターとなり、それは高雄山寺であったのだ。

空海は和気氏の外護《げご》を得て引き続き高雄山寺に居住、一時は不便を理由に長岡の乙訓寺に移ったが、一年後には再び高雄山寺に戻り、弘仁十四年（八二三）正月、嵯峨天皇より東寺を下賜されるまでこの寺に住み続けた。空海が高雄山寺に固執したのは、ちょうど真東に位置する比叡山延暦寺の最澄に対抗する意図があったからである。

この間、最澄は年長者であるが、自らを求法《ぐほう》弟子と称して空海から灌頂を受けたのをはじめ、空海が請来した典籍の借覧をたびたび請うなど、遅れを取った密教の摂取に努めている。しかしそのことが空海に疎まれたばかりか、空海の許に置いていた弟子泰範《たいはん》の離反もあり、両者の仲は決裂、以後両人はそれぞれの道を歩むことになる。

平安仏教がこの二人によって方向づけられ、展開したことを考えると、高雄山寺＝神護寺は、平安仏教の起点となった記念すべき場所であったことがわかる。そして何よりも、和気氏が関わることで実現した桓武天皇の遣唐使発遣が果たした文化的役割は、限りなく大きかったのである。

†遣唐使派遣後の日唐関係と『竹取物語』

このように平安仏教を始め、平安文化の起爆剤となったのが延暦二十三年の遣唐使発遣であるが、その後における日唐関係や、菅原道真の関わった遣唐使〝廃止〟の件についても考えてみる必要があろう。

日本僧の入唐・帰朝	年号		唐商船の来航
遣唐船発遣。	延暦23年	804	
	承和元年	834	大宰府にいた唐人張継明の入京を許す。
事実上最後となった遣唐船発遣。	〃 5年	838	
僧恵蕚、唐人李隣徳の船に便乗し帰国。僧恵遵、唐人李処人の肥前値嘉島で造った船に便乗入唐。	〃 9年	842	
僧円載の弟子ら、新羅人張公靖の船に便乗し長門国に帰着。	〃 10年	843	
円仁の弟子ら、李隣徳の船で帰国。	〃 13年	846	
円仁、唐商船で帰国。	〃 14年	847	唐人船来航。
	嘉祥2年	849	唐商53人、一船で大宰府に来航。
	仁寿2年	852	唐商欽良暉（新羅人とも）来航。
この年、真如法親王、唐人張支信の船で渡唐。（のち客死）	〃 3年	853	
円珍、弟子6人と欽良暉の船に便乗して入唐。	貞観4年	862	唐商43人、大宰府に来航。
	〃 7年	865	唐商63人、大宰府に来航。
	〃 8年	866	唐商41人、大宰府に来航。
	〃 16年	874	唐商36人、肥前国に来航。
	〃 18年	876	唐商31人、筑前国に来航。
	元慶元年	877	唐商63人、筑前国に来航。
在唐僧中瓘、日本へ書状を送り、真如法親王が羅越(シンガポール)で客死したことを伝える。	〃 5年	881	
在唐僧中瓘、唐商王訥に託して書状を送り、温州刺史朱褒の意向を伝える。	寛平5年	893	
これより先、中瓘の書状を承けて、遣唐船発遣を朝議で決定、しかし九月、その発遣を中止（取り消す）。	〃 6年	894	

表9-2　9世紀における日唐関係

表9-2の年表は延暦二十三年から寛平六年までの日唐関係略年表であるが、ここには一瞥するだけで汲み取れる次のような顕著な傾向があった。

(1)事実上最後となった遣唐船発遣(八三八年)の前後から、唐商船(商人)の来航が見られ始め、後半に至りますます盛んになっていること。

(2)それに伴い、最後の遣唐留学生の中には帰国に当たり、本来なら日本の船に乗るのだが、日本に来航する唐(又は新羅)商船に便乗した者もいること(八四二・八四三・八四六・八四七年など)。

(3)さらには、遣唐船による正式な留学生でない日本人入唐僧が、唐商船に便乗して渡唐するようになっていること(八五三・八六二年など)。

である。四艘の船を仕立てて発遣された遣唐船とは異なる状況が現れていたのである。

唐商船が北九州に来航すると、朝廷は直ちに「唐物《からもの》交易使」を現地に派遣して必要な物を買い上げたのち、大宰府の官人や土地の者たちに交易させた。交易された唐物が、日本人にとって珍奇高価な品々であったろうことは想像に難くない。

このことをよく表しているのが十世紀初頭に成立した『竹取物語』であろう。主人公の「かぐや姫」が男達の求婚を退けるため、ことさら難題——珍奇高価な品物を要求——を出したことは周知の通り。その中で、「火鼠《ひねずみ》の皮衣《かはぎぬ》」を求められた求婚者の一人、右大臣阿倍御主人《あべのみうし》は「その年来たりける唐船《もろこしぶね》の王けい」に入手を依頼したが、帰国した唐で注文の品を得られなかった〝王けい〟は、代金を右大臣に返却している。「かぐや姫」の物語は、前掲年表に見る九世紀後半、貞観年代に於ける唐商船の頻繁な来航と交易という歴史的事実を背景にして生まれた作品であったといえよう。「唐物」の語も、「唐国《からくに》の信物《しんもつ》」といった用語が整理され、九世紀後半に熟語として用いられるようになったばかりであり、日本人の旺盛なモノ数奇《すき》が、唐物数奇として始まったのも正しくこの時期のことであった。

在唐日本人僧中瓘《ちゆうかん》から一通の消息が届いたのは、そんな時期、寛平五年（八九三）三月のことである。

「いま唐は乱れているが、江南は温州刺使《おんしゆうしし》朱褒《しゆほう》によって平穏が保たれている。制海権も握っており、航海は安全である。そこで朱褒は、日本が遣唐船を派遣することを望んでいる——。」

朱褒の意向は、これを伝えた中瓘の希望でもあったようだ。中瓘の氏素姓はよくわからないが、入唐した真如法親王《しんによほつしんのう》（七九九〜八六五）が天竺《てんじく》（インド）への途次、羅越《らおつ》（現シンガポール）で客死したことを元慶五年（八八一）に知らせているので、これ以前に唐商船に便乗して渡唐したと思われる。

†道真による遣唐使派遣中止とその後の誤解

さて朝廷では、宇多天皇以下、藤原時平・菅原道真らが中瓘の消息を承けて「朝議」の結果、同年七月、遣唐船を派遣することを決定（ただし準備のため時間を要するであろう、という条件をつけて）、そのことを「太政官牒《ちよう》」をもって通知している（『菅家文草』巻十）。この文書の作成に当ったのが道真で、その後遣唐大使に任じられている。この件の責任者にされたのである。

しかし道真は、これに危惧を抱くようになっていた。その危惧とは、朱褒が保障するように無事渡航できたとしても、「唐土に上陸後、長安へ行くまでに争乱のため犠牲者が出ないとも限らない。いや、その危険性が大きい」、というものであった。そこで道真は公卿らに発遣の可否を決めるよう建言、それは国の大事であって、我が身のためではないと言い、今回の発遣を中止へと導いている。寛平六年九月三十日のことである。（『日本紀略』）

これが、「道真が八九四《ハクシ》（年）に戻す遣唐使」と唱えて年号を覚えた一件の顚末である。しかし「白紙に戻す」を、遣唐使の制度自体が廃止されたことと解するなら、それは間違いである。

この時の措置はあくまでも個別事例—朱褒の求めに応じて決めた遣唐船発遣の朝議を取り消したことであって、遣唐使の制度そのものを廃止したわけではない。この時をもって遣唐使の制が廃止されたと考えるのが通説であるが、誤解を招いたのは、右に述べたような一連の経緯を見ないで判断したことにある。もう一度繰り返すが、遣唐使の制度は道真の時に廃止されてはいない。遣唐使の制が終わったのは、相手国の唐が滅亡したことにより消滅したのである。

それればかりではない。現在なお、教科書をはじめ多くの歴史書の類には、「遣唐使の制が廃止された結果、大陸との関係は希薄となり、文化的な影響を受けることも少なくなった。そこでこの措置をきっかけに、日本文化が育つようになった。これを国風文化という」といった説明がなされ、この理解は日本人の常識になっていると言っても過言ではないであろう。しかし、この理解も正しくない。唐はそれから十年後（九〇七）に滅亡するが、宋代に入ると、以前にも増して商船の来航が盛んになる。したがって八九四年の措置以後、「大陸との関係はなくなり、鎖国状態になった」とするような理解は事実誤認以外の何ものでもない。したがってまた、「大陸との関係が希薄になったから、自前の文化（国風文化）が育った」とする文化の理解そのものも単純に過ぎよう。日本的な感性はむしろ唐風文化の流れを受け、その摂取を通して育つようになったとみるべきである。最近は、次第に改められつつあるとみられるが、このような教科書的な理解から早く卒業する必要があろう。

終章　京都が「京都」でなくなる時

1　大内裏の歴史を辿る

†究極の「みやこ」としての平安京

飛鳥京から平安京まで、日本の宮都の歩みを辿ってきた。年数で言えば二百年のことであったが、その間に「みやこ」は、天皇毎に王宮が営まれた段階から、広大な京域を擁し官衙の群立する「百官の府」にまで発展している。大和の平城京がそれであり、山城の平安京において頂点に達した。他の宮都がいずれも地名を冠して呼ばれたのとは異なり、この二京にだけ、象徴的な名称、さらにはあるべき宮都の理念（平安楽土）が付された理由もそこにあったろう。

ちなみに、平城《なら》京（均《なら》された、平らな土地に造られた宮都の意）が、「寧楽」の文字で表された根底にも、平安楽土に通ずる思いが込められていたとみる。平安京は、究極の「みやこ」だったのである。

そればかりではない。平安京が営まれた土地——山城国葛野《かどの》・愛宕《おたぎ》の地が、「京都」の名で呼ばれるようになったことも無視できない。京都とは、京・京師・皇都・都城など、様々に呼ばれる「宮都」を表す言葉であり、その中で最も標準的な用語であったと思われるが、それが土地の名になった。

平安京の地が京都と呼ばれるようになった経緯は明らかではない。しかしその用例から帰納されるところは、為政者たちの議論の末に決められた、といったものではなく、時の首都を京都と呼んだそれ以前からの慣例に従ったものであり、自然の成り行きであったと考える。鼠の大群が移動した現象を以て遷都の予兆と判じた事例として、中大兄皇子（天智天皇）の近江遷都前年の冬に、「京都（飛鳥）の鼠」が近江に向けて移ったというエピソードはその折取り上げた。これを初度として、時の「みやこ」の地を「京都」と記した事例がいくつか見られる。どの宮都も「京都」であることに変わりはなかったのである。しかしそれが、平安京の営まれた土地と結び付いたことで、諸多の「京都」は雲散霧消した。山城の「京都」が、京都たることを独占したのである。

さて、本論各章では、本書での課題としている嵯峨朝における平安定都までを論じた。私はその時期が、京都が最も清新の気に満ちていた時期と思っているが、その後における京都の推移を跡付け、見届けておくことも大事であろう。その事を以下、「百官の府」の源泉であった「大内裏」を通して確かめたいと思う。

†大内裏図から見えてくるもの

平城京の大内裏には門号氏族の名に因む宮城門があり、宮城十二門と呼び慣わしているが、平安京では、見逃し勝ちだが、十四門あった。しかも増えた二門については、呼び方だけでなく、構造も異なっていたことに注意を要する。この二門（上東門・上西門）は、群立する倉庫への物資搬入用の門であった。

平安京の大内裏が平城京のそれと最も異なる点は、宮域の北部に、平城京では京外に設けられていたとみられる倉庫が取り込まれたことである。大蔵省の管轄になるこの倉庫群には、地方の国々から運京された、主として庸・調などの軽貨軽物が収蔵され、民部省の倉などに収納された重貨物＝正税官物《しょうぜいかんもつ》（租穀や出挙利稲など）と合わせて中央財源とされ、官衙費・官人給与の支払いに使用された。また、収納された物資（絹布類）を材料として、縫織・染色などの加工に当たる織部司などの官司が付属していたことも特徴である。すべてが現物給付で賄われた時代であり、この大蔵に収納された絹布類やその加工品は、給与だけでなく、諸行事のたびに

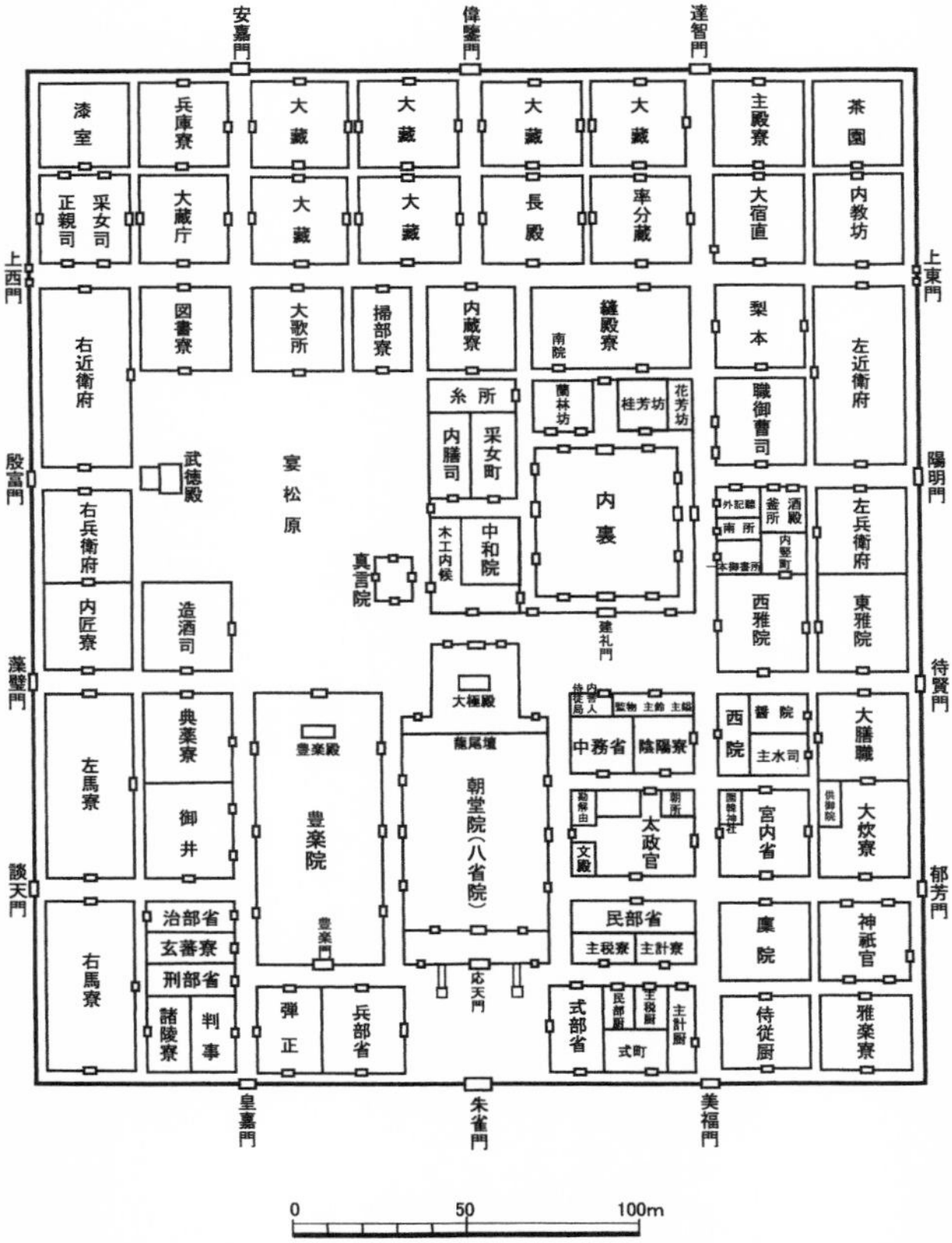

図 10-1　平安京の大内裏図

下賜される禄物としても重要な役割を果たしたのである。

当時の国家財政の仕組みについて一言すれば、財源が公民から徴収した租庸調などの課税であったことは周知の通りであるが、これが中央と地方（国衙）の財源に分けられた。運京して中央財源に充てられたのは、運搬の都合上、主として軽貨軽物と称された庸調の類であり、重貨物は一部にとどまっていた。重貨物とは、租穀や出挙利稲（春先に本稲を貸し付け、秋収時に本稲の回収と合わせて、通常三割の利稲を徴収した税制。その利稲が財源となる）のことで、「正税官物」と呼ばれ、その多くは地方に留められて国衙の財源とされた（国衙での各種経費に充てられたことから「雑稲」と呼んだ）。

しかし、このような方式では中央財源が早晩不足するのは目に見えており、事実九世紀後半には、それを補う措置が種々取られるようになる。元慶三年（八七九）、畿内に四千町歩の「官田」（元慶官田と称している）を設けたこと、次いで「別納租穀」の制や「別納租春米《つきよね》」の制といった、別途諸国から重貨物を運京する制を設けたことなどはその代表的な事業であった。

そのような時期、中央から出された方針が「正税為本、雑稲枝葉」（中央財源となる正税の確保が主であり、国衙の財源となる雑稲は後回しで良い）というものだった。中央財政の確保の為に地方財政が崩れていく端緒である。加えて、十世紀初頭の三善清行意見封事十二ヵ条には、財源において、有力官司に比して中小の弱小官司が疎外され、給与において、上層貴族に比して下級

写真10-1　内野　今も町名に残る。

貴族官人は遅配欠配されていた実情が示されており、事態はさらに深刻になっていたことを知る。このような経済的な偏頗《へんぱ》が、その後における貴族社会のあり方を左右するであろうことは、容易に推測されるところである（村井『古代国家解体過程の研究』）。

話を大内裏図に戻す。中央部に目を移すと、大極殿を正殿とする朝堂院の西に新たに「豊楽《ぶらく》院」が設けられていることが知られる。大嘗会、諸節会、射礼、相撲、宴などに用いられたが、節会行事の増えてくる時代相を表す施設であった。この豊楽院が新設されたことで、内裏と朝堂院（大極殿を含む）の分離は決定的となった。この内裏と朝堂院の分離については、長岡京で初めて見られた事態とされるが、分離が決定的となったのは平安京（宮）においてである。

ところで、平安宮の中央には「宴《えん》の松原」と称される、不可思議な空間がある。その名は、諸行事や遊宴の催された豊楽院の北に広がるところから付けられたのであろうが、ここが野外の饗宴の場として用いられた形跡はない。内裏とほぼ同じ広さを持つところから、宮内遷宮のための予備の土地かとも考えてみたが、これもその事実はない。案外、平安初期以来、幾度となく進められた官司の統廃合の結果生じた、文字通りの〝余地〟であったのかもしれない。ともあれいずれとも判断し難いスペースではある。わかっているのは、大内裏内に群立していた官衙の衰退が進み、「内野《うちの》」と呼ばれる荒地になったのが、「宴の松原」からであったろうことだけである。

†大内と里内

村上天皇の天徳四年〈九六〇〉九月二十三日夜、内裏が焼亡した。延暦の造都以来百七十年、初めての内裏焼亡であった。出火の時刻は亥四点〈午前〇時半〉、火元は兵衛陣であったという

修理職	紫宸殿・仁寿殿 承明門
木工寮	常寧殿・清涼殿
美濃国	承香殿（北一宇）・淑景舎
周防国	貞観殿
山城国	春興殿
播磨国	宜陽殿・襲芳舎
近江国	綾綺殿（南一宇）・淑景舎
大和国	麗景殿
安芸国	宣耀殿
伊賀国	温明殿
摂津国	安福殿
丹波国	校書殿
河内国	弘徽殿
備前国	登華殿
紀伊国	後涼殿
美作国	昭陽舎（南一宇）
淡路国	昭陽舎（北一宇）
阿波国	飛香舎
和泉国	凝香舎
若狭国	建春門
尾張国	宣陽門
長門国	陰明門
土佐国	玄輝門
伊勢国 越前国	東面廊
伊予国	南面廊
備中国 備後国	西面廊
讃岐国	北面廊

表10-1　天徳度内裏再建殿舎と造国
（『扶桑略記』天徳4年9月28日条）

から、内裏の東側で出た火が折からの東風に煽られて広がったもので、ほぼ全焼であった。清涼殿で寝ていた天皇は、紫宸殿の方で人々の走り叫ぶ声に目を覚まし、火事と聞いて直ちに衣冠を着け、中和院を経て太政官 朝所《あいたんどころ》に赴いている。ところが、ここは方角が悪いという意見に従い、さらに職曹司《しきのそうし》（中宮職の一局）に移った。造都以来初めての焼失に茫然自失の天皇は、後代の謗《そしり》にどう謝したらよいのだろうかと歎いている。火は、丑四点《うしの》（午前二時頃）に至ってようやく消えた。

天皇はその後、京中の冷泉院（後院）に移り住むが、内裏の方は早速再建に取りかかり、年が明けた応和元年二月十六日には上棟式が行なわれ、その年の十一月二十日に新造成り、冷泉院よりこちらに移っている。ちなみに、内裏諸殿舎の再建は別表10-1に示す如く、王宮や官衙の修理保守に当った官司の修理職・木工寮の他、二十七カ国に割り当てて再建されたが、以後度々焼亡する内裏の再建は、基本的にはこの方式が踏襲された。そこでこのような内裏造営のための課役を「造内裏役」と言い、「臨時雑役」の中で最も過重な課役となる。

天徳の焼亡を初度として内裏焼亡が繰り返される（表10-2のように、前後十六回に及んだ）中で、内裏が再建されるまでの間、京中で仮住まいする殿舎を、「里内裏《さとだいり》」と呼ぶようになった。当初は天皇の実家である摂関家の邸宅が宛てられたが、後には朝廷の設けた殿舎がそれとして用いられるようになり、里内裏に住むことが多くなった。内裏が再建されるとその新造内裏に還

度数	西暦	和暦年次	再建年次	焼亡時天皇／再建時天皇
1	960	天徳 4.9.23	961（応和元.11）	村上／村上
2	976	貞元元.5.11	977（貞元 2.7）	円融／円融
3	980	天元 3.11.22	981（天元 4.10）	円融／円融
4	982	天元 5.11.17	984（永観 2.8）	円融／花山
5	999	長保元.6.14	1000（長保 2.10）	一条／一条
6	1001	長保 3.11.18	1003（長保 5.10）	一条／一条
7	1005	寛弘 2.11.15	1006（寛弘 3.12）	一条／一条
8	1014	長和 3.2.9	1015（長和 5.9）	三条／三条
9	1015	長和 4.11.17	1018（寛仁 2.4）	三条／後一条
10	1039	長暦 3.6.27	1041（長久 2.12）	後朱雀／後朱雀
11	1042	長久 3.12.8	1046（永承元.10）	後朱雀／後冷泉
12	1048	永承 3.11.2	1056（天喜 4.末）	後冷泉／後冷泉
13	1058	康平元.2.26	1071（延久 3.8）	後冷泉／後三条
14	1082	永保 2.7.29	1100（康和 2.6）	白河／堀河
15	1219	承久元.7.13	1220（承久 2.3）ただし半作	順徳／順徳
16	1227	安貞元.4.22	上記半作のまま焼失。以後再建されず	後堀河

表 10-2　内裏焼亡年表
（詫間直樹編『皇居行幸年表』、『年表日本歴史 2』を参照）
※なお焼亡以外に 1150（久安 6.8.4）倒壊→1157（保元 2.10）再建　近衛／後白河

御するが、わずかの滞在で里内裏に戻ってしまう。住み慣れた里内裏の方が過し易かったのである。中には、方違《かたたがえ》のためとか、里内裏の修造のため、あるいは里内裏での怪異といった理由で内裏に移る、といった本末転倒した事例さえ見られるようになる。五歳で即位した崇徳《すとく》天皇は、十歳で元服するが、『百錬抄《ひやくれんしょう》』はその時のことを、「大内ありと雖も里内においてこの事（元服）あり」と記している。

さて、断りなしに引用した右の文言に特に注目したい。「里内《りだい》」が里内裏であること（この時は土御門烏丸殿《つちみかどからすま》であった）がわかれば、それと対比される「大内《おおうち》」が本来の内裏、すなわち大内裏の中にある内裏、という意味で付けられた呼称であることも理解されよう。治承元年（一一七七）四月、高倉天皇の代に「太郎焼亡」と呼ばれる大火が起こった。このことを記す、同じく『百錬抄』の記述からも前述のことが確認できるので次に記してみる。

（治承元年四月廿八日）

亥刻、火、樋口富小路より起こる。火焔飛ぶが如し。八省・大極殿・小安殿・青龍白虎楼・応天・会昌・朱雀門・大学寮・神祇官八神殿・真言院・民部省・式部省・南門・大膳職・勧学院等、地を払つて焼亡、大内その難を免かる。此の外、公卿家十余家、灰燼となる。皇居閑院近々により、主上腰輿に駕し、正親町《おうぎまち》邦綱第に行幸。（後略）

これによれば真言院も焼けているから、大極殿などを焼いた火は、さらに内裏の西側に広がっていたことがわかる。しかし幸運にも内裏は焼けなかった。「大内その難を免かる」と記すのがそれで、この「大内」が内裏を指すことは明らかである。思うに、用語としては里内裏の方が先に生まれ、それに対応する言葉として「大内裏の中の内裏」こと「大内」(としか言いようがない)が生まれたのであろう。また、それに伴い里内裏の方も、「里内」と略称されるようになったものと思われる。

†貴族の存在形態の変化とともに

天皇にとって、里内での生活が主となる中で、大内が非日常の場所になっていく。大内に戻る、移ることが「大内行幸」などと呼ばれるようになるのも、その現れであろう。自ずから公家達にとっても、仕えるべき主が不在の内裏＝大内は縁遠い存在になっていく。

鎌倉前期のことになるが、当時の公家の行動様式を知りたくて、藤原定家の日記『明月記』から一日を取り出し、定家の行動を追ってみたことがある(『藤原定家『明月記』の世界』)。日数を多く取っても、そのパターンはほとんど変わることはなかった。そしてこの図から読み取れるのは、大内裏が無縁の場所になっていたことである。もともと、大内裏の外、京中に営まれ

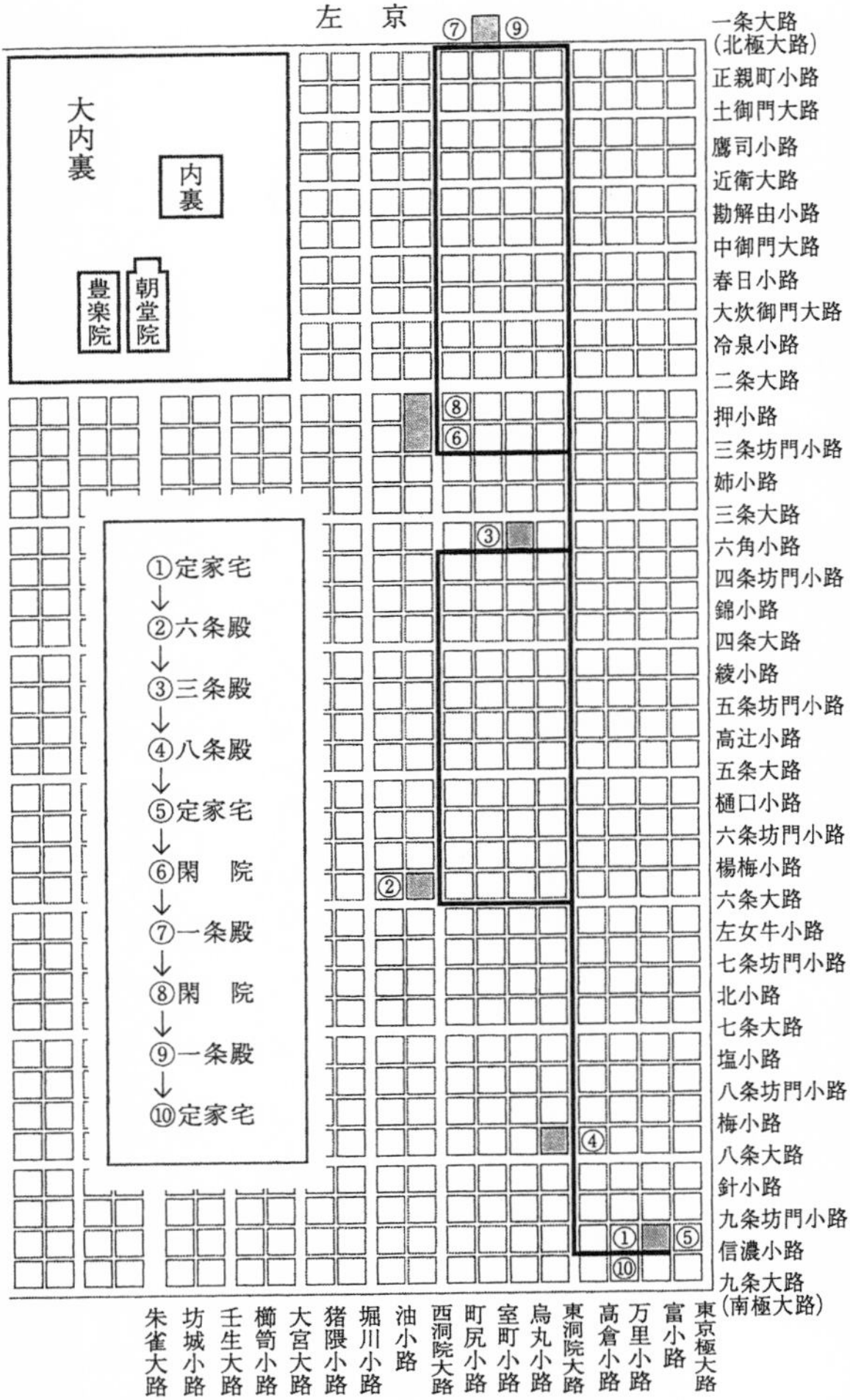

図10-2　藤原定家の出仕先
大内裏や内裏に出かけていない（村井『藤原定家『明月記』の世界』所載）

ていた院御所への出仕（参院）は当然のことながら、参内も京中で済んだのは、内裏が里内裏だったことによる。定家の頃の里内は、主として閑院であった。大内裏にある内裏や官衙に出仕し、勤務するのが本態であった貴族の存在形態も、大きく様《さま》変わりしていたことが知られよう。

定家の時期を含め、平安後期から鎌倉前期にかけて、大内と里内に関し次のような事実が知られる。

白河天皇の永保二年（一〇八二）七月、内裏（大内）は十四度目の火災に見舞われて焼失、再建工事は災旱により停止され、実際に再建されたのは十八年後の康和二年（一一〇〇）のことだった。この年六月、時の堀河天皇が、新造内裏に遷っている。ところでこの内裏は、変な言い草であるが、それから百十九年間、承久元年（一二一九）七月十三日まで焼けることがなかった。この十五度目の焼失は、大内守護源頼茂の放火によるものであった。それまでの焼亡の頻度を考えると、まるで嘘のような話であるが、それはこの間、ほとんど里内だったからである。参考のため、用いられた里内の名を、その順序に従って挙げてみる。

堀河殿・大炊殿・閑院・高陽院・土御門万里小路殿《つちみかどまでのこうじ》・土御門烏丸《からすま》殿・二条殿・小六条殿・東三条殿・近衛殿・六条殿……二十を越える里内の時代だった。その間大内は、稀にしか用いられることはなかったのである。

なお、今見てきたように、平安後期から天皇の在所（皇居）が、「大内」と「里内」という言葉で表されるようになったことに関して注意しておきたいのは、「大内」を「大内裏」のことと、早とちりしないことである。歴史書の類にも、「大内」の再建を、疑いもなく「大内裏」の再建のこととして論じている文章をよく見かけるからである。かく言う私も、以前は同様の言い方をしていたように思われ、取り出して見た旧稿には恐れていた通り、「大内（大内裏）」などと書いており飛び上がってしまった。以後間違えないよう心がけたい。

ちなみに大内裏の再興といえば、後醍醐天皇が建武政治を始めるに当たり、この政策を打ち出したことで公武の不満を買い、瓦解の要因となったことが想起される。ただし、当時でも大内裏の再興といえば、せいぜい大極殿の再建のことと受け止められていたと思われる。それでも、荒涼たる内野に大極殿を造るのは、時代錯誤の謗りを免れなかったのである。

2 京都御所

†内野

大内裏の中にあった内裏の焼亡が度重なる中で、京中に営まれた仮皇居が「里内裏」と呼ばれ、これに対応する形で大内裏の内裏が「大内」と呼ばれるようになり、それにつれて「里内裏」がさらに「里内」と称されるようになったとみられる。しかしその「大内」も、鎌倉前期の安貞元年（一二二七）四月二十二日、十六度目の焼亡以後再建されることはなく、「里内」が正式の皇居となった。

そのような時分、大内裏の中はどのような景観だったのだろうか。

もともと存在していた「宴の松原」の南方に、朝堂院や豊楽院の廃墟、今また東方に内裏跡が加わったことで、大内裏の荒地化は一段と進んだことであろう。しかしそれ以上のことがなかなかわからない。大内裏が「内野」になっていく過程は、断片的な事実を積み重ねながら推測する以外にはなさそうだ。

たとえばこんな記事。『百錬抄』寛元四年（一二四六）六月九日条に、「達智門内の在家など焼失す」とある。達智門とは、大内裏の東北部にあった宮城門の一つであるから（三二〇頁の「大内裏図」参照のこと）これはその内側、つまり大内裏の中に住み着いた人達がおり、その家屋が焼けたというものであろう。その範囲は詳らかでないが、達智門の近辺にあった主殿寮《とのもりよう》や大蔵の倉庫などが廃絶したあとに住み着くようになっていたのであろう。さすればこれも大内裏内野化の一様態と見られる。寛元と言えば鎌倉中期であるが、大内裏は縁辺部も内野化が進んでいたことが知られる。そしてその赴くところ、内野は放牧と葬送の地になっていったのだった。

ただしその内野にも、太政官と神祇官の建物の一部は残っていた。この二官は律令官制の二大頂点であったことから、国家統治の象徴として、この時期でも意図的に残されていたのである。明徳の乱（一三九一）の顚末を記す『明徳記』には、内野の合戦において、神祇官の森での攻防の様が幾度となく語られている。しかし、太政官ともども応仁の乱（一四六七〜七七）の頃には廃絶したとみられている。

こうして「サシモ広キ内野」（『明徳記』）には何もなく、あるのは内野の東方、京中にある内裏（もはや里内ではない）だけとなった。そしてこの内裏が王朝期と異なるのは、その周辺に国家統治の官司が一つとして存在しない王宮だったことである。宮都の原形に戻ったかの如き〝裸の王権〟、武家の台頭によって天皇の権威が地に落ちた時期だったと言って良いであろう。

†存在感を増す武家と閑院内裏

しかしその王権を支えたのも、実は武家だった。

平家が滅亡して数年後の文治五年（一一八九）三月、後白河法皇が鎌倉の頼朝に閑院内裏や院御所六条殿の修造を命じたことがあった。『吾妻鏡』によれば、この時の頼朝の対応を次の如く記している。

二月十七日付の御教書が三月十日に到来した時、頼朝は跪《ひざまず》いてうやうやしく受け取り、仰せの趣旨は了解しました、と述べたという。御教書の事書（本文の主旨を「……の事」と要約したもの）には、二カ条書き上げられていたが、当面関わりのある件に限って言えば、「一、大内殿舎門廻廊及築垣事」というものであった。そこで頼朝はさらに言葉を続ける。

閑院の御修理といい六条殿の経営といい、連々の勤めであるが、それを勤めこそすれ辞退することなど、さらさら思ってはおりません。朝家の御大事といい御所中の雑事といい、何度であれ、この頼朝が勤めるべきことであれば愚力の及ぶ限り奔走致します。ただし諸国では、日を逐《お》って庄園は増え国領は減っている有様であり、受領の出来ることは推し量られるところでありますが、この頼朝の知行の国では、どんな仰せでも善悪を顧みることなく相勤めましょう――。

頼朝の言説から、この時の措置が以前見た所課国の制であったことがわかる。関東御分国と称される九カ国もの知行国を領有していた知行国主頼朝も、応分の負担を求められていたのである。それにしても、異議なく引き受けている頼朝の対応ぶりには、拍子抜けの感なきにしもあらずであろう。この時期の頼朝は紛れもなく、王朝国家体制の中に存在していたのである。

しかもこれが機縁となって、その後実朝も建保元年(一二一三)二月二十七日、閑院造営の賞で正二位に叙せられる(『吾妻鏡』三月六日条)など、幕府の協力が始まっていることが注目される。それだけではない、寛元二年(一二四四)に至っては、関東の造営した閑院内裏が成り、七月二十七日、後嵯峨天皇が遷御している。この内裏は幕府が直接指示して造営させたもので、前例がない。これには次のような事情があった。

四条天皇が、内裏での遊戯中事故で急死した。まだ十二歳であった。祖父の九条道家は、次期天皇の選定を幕府(執権北条泰時)に申し入れている。後継者として土御門天皇の子、邦仁《くにひと》王と、順徳天皇の子、忠成《ただなり》王が挙げられたが、忠成王の母東一条院は道家の姉であり、鎌倉将軍頼経は道家の息であった。しかもこの頼経は、鎌倉下向以来二十年、大殿と称され、名越《なごし》家をはじめとする御家人達との間に主従関係も形成されていた。したがって忠成王の即位はゆるぎないものとみられていた。しかし、承久の乱以後不遇だった邦仁王に同情的だった執権泰時は、この王を選んでいる。邦仁王は即位して後嵯峨天皇となったが、その五カ月後に泰時は没した。

泰時の没後、子の時氏も早世、執権には孫の経時、次いで時頼が就いたが、関東にあっては将軍頼経と御家人名越氏らの連繫、京においては道家の動静が警戒を要するものとなった。そこで関東の取った策が、四条天皇の不慮の死で放置されていた内裏を造営し、名実ともに後嵯

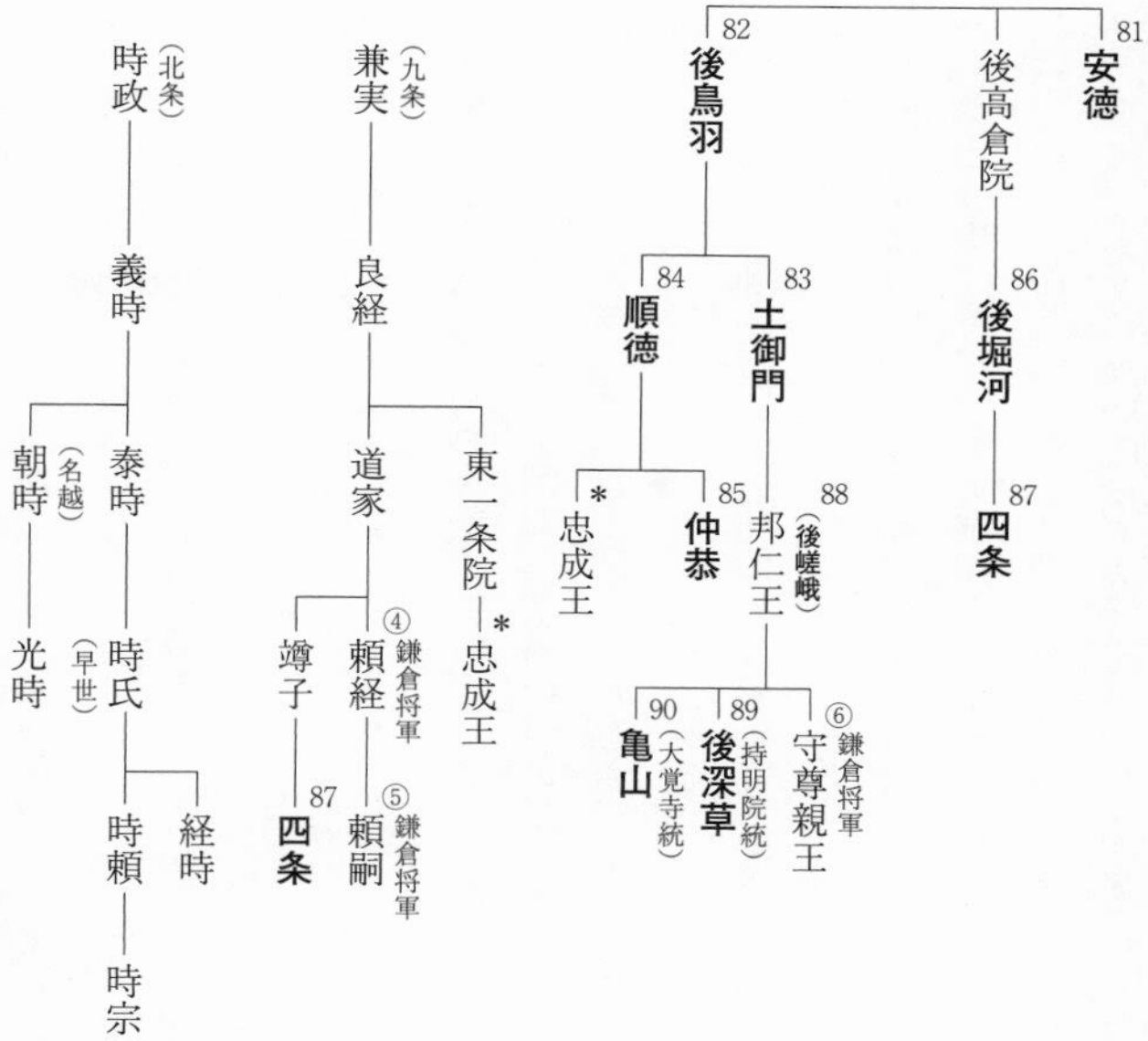

図 10-3　邦仁王関係系図

峨天皇の立場を確固たるものとし、併せて泰時の取った措置の正当性を再認識させることであった。そのためには、内裏造営は関東の直轄事業でなければならなかった。こうして閑院内裏は、「関東の沙汰として造営」されたのである。

ところがこの閑院内裏は、五年後の建長元年（一二四九）二月一日、地を払って炎上した。その報を受けた関東は、直ちに飛脚をもって朝廷に閑院殿の造営を申し入れている。「造内裏事始」に始まり、「閑院造営次第日次《ひなみ》定」「造閑院上棟已下日時定」など、事業の手順を踏んで進め、同三年正月十日上棟、六月二十七日、新造成った閑院で還幸の儀が行なわれている。印象的なのは、この日の記事に付された「関東よりこれを造進す」との注記である。前回と同様、内裏を関東の沙汰として造進したという事実こそが重要だったからで、関東側が抱いた政治的配慮のほどが知られる。

†「関東の沙汰」の歴史的意義

武家による内裏造営の先鞭を付けたものとして、先に見た頼朝の果たした役割は大きいが、覇権を握る以前の、王朝国家体制の中での対応であったことを考えると、執権経時・時頼らの措置こそが武家の沙汰と言うにふさわしい。その意味で、二度にわたる「関東の沙汰」は、格別取り上げられることもない鎌倉政治史上の一齣であるが、相応の評価がなされて然るべきであろう。これ以後内裏の造営は、武家による造進が当然のこととして認識されるようになるからである。

さて別表は時代は下るが、室町〜江戸初期における内裏造営関係について整理したものであるが、この時代特有の事実が知られよう。

第一に、この時代を通じて内裏修造費の調達は幕府の責任とされていたことである。従ってその責任を果たさない時は、表10-3内の＊印を付した事例が示すように、朝廷の方から催促されるか、もしくは幕府の方が許しを請わねばならなかった。

第二は、幕府がその責務を果たせなくなるに及び、朝倉・大内・織田氏といった戦国大名の献金がこれに取って代わることである。永禄十一年（一五六八）九月の信長の上洛も、父信秀の意向を承けて内裏を修理することがその目的の一つであった。事実信長は上洛の翌年四月に

文安元年(1444)閏六月	幕府、内裏造営反銭を諸国に課す。
康正二年(1456)四月	幕府、造内裏反銭・棟別銭を諸国に課す。
文明十年(1478)正月	幕府、土御門内裏修理のため京都七口に新関を置く。
文明十一年(1479)三月	幕府、内裏修造棟別銭を畿内に課す。
長享元年(1487)六月	幕府、京都七口に内裏料所の新関を置く。
*永正十二年(1515)二月	将軍足利義稙、即位料調達を督促される。
*永正十六年(1519)十月	後柏原天皇即位式の日時を決定するも、幕府、要脚（費用調達）不調により延期を要請する。
天文四年(1535)九月	大内義隆、御所日華門修理料を献上。
天文九年(1540)九月	朝倉孝景、禁裏修理料を献上。
天文十二年(1543)二月	織田信秀、禁裏修理料を献上。
永禄十二年(1569)九月	内裏修造に着手（永禄度内裏)。
天正十七年(1589)三月	豊臣秀吉、内裏造営着手（天正度内裏)。
慶長十六年(1611)三月	徳川家康、内裏造営に着手（慶長度内裏)。
寛永十八年(1641)三月	徳川家光、内裏造営に着手（寛永度内裏)。

表 10-3　室町〜江戸初期における内裏造営関係年表
（筑摩書房『年表日本歴史 3』『京都の歴史 4・10』による）

は内裏修造に着手し、二年後に終えている。

第三。興味深いのは、信長に始まる天下一統者の秀吉・家康や家光らが次々と、前者が造営した殿舎を解体し、新たに内裏を造進していることである。解体された旧殿舎は有縁の寺社に払い下げられたとしても、造営して二十年前後しか経っていない殿舎を建て替える、天下一統者達の執念に驚かされる。彼らにとっては、自分の手に掛けたものでなければ意味がなかったのである。

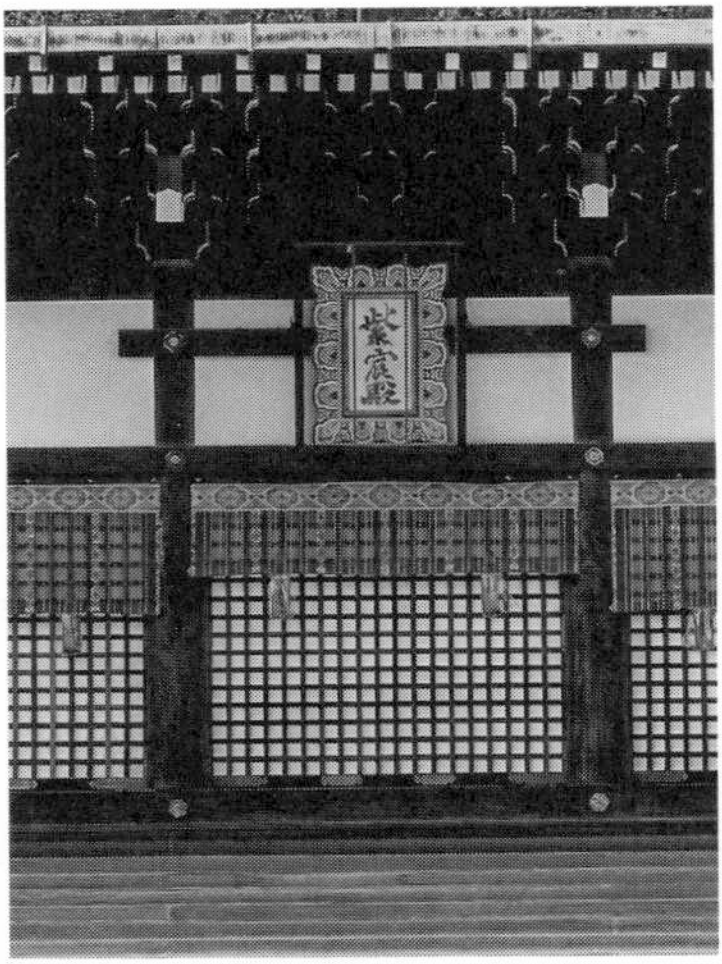

写真 10-3　京都御所紫宸殿の扁額

写真 10-4　京都御所清涼殿　年中行事障子と手前、呉竹。

写真 10-2　京都御所建礼門　葵祭の行列はここから出発する。

　その後、江戸時代にも内裏は五度焼亡し、その都度幕府の手で新造されているが、その最後が、天明八年（一七八八）一月三十日に発生した京中大火こと「天明の大火」での焼亡である。翌寛政元年四月再建に着手し、寛政二年（一七九〇）十一月に新造成り、天皇はこれに還幸している。この時朝廷側は紫宸殿や清涼殿などを旧制に戻して造営するよう希望したことで、有職故実家、裏松固《うらまつこ》禅《ぜん》（一七三六―一八〇四）の研究（『大内裏図考証』）に基づいて造営された。現在の京都御所の建物がそれである。

　以上、内裏をめぐり、およそ千年にわたる間に生起した様々な事象を取り上げて「京都御所」に及んだが、その京都御所の命運の尽きる時が来た。明治二年（一八六九）三月、明治天皇の東京遷幸があり、皇后も同年十月、東幸している。遷都の宣言が出されていないこともあり、京都市民の間ではいつか還

写真10-5　羅城門十分の一模型　JR京都駅前にある。左は京都タワー。

御があると期待する向きもあったが、それが実現することは今後ともあるまい。

京都はすでに首都でもなくなっていたが、東京遷都によって「宮都」でもなくなった。京都は「宮都」の名を負うことで呼ばれた「京都」でもなくなったわけである。東駕を前に江戸は東京と改められており（慶応四年七月。なお九月に明治と改元）、流石に京都の名を襲うことはなかった。

東京遷都によって、公家町からも次々と東京への移住が始まり、やがて京都御所は蛻《もぬけ》の殻《から》となった。ただ冷泉家がひとり京都に留まり、俊成・定家の古典籍をはじめ公家文化をいまに伝えている。京都御所一帯は明治十年前後に整備され、「京都御苑」と呼ばれるようになり現在《いま》に及んでいる。

京都御所ほど権威と権力の関わり合った場所はなく、その意味では日本の歴史の縮図をみる思いがするが、平素は静寂の中にある。

3 羅城門の復元に向けて――平安京の過去と未来をつなぐ

†梅小路公園の歴史的意味

読者の中には、JR京都駅の北側、四角い構造物を背に野外展示してある羅城門の模型を御覧になった方もおありであろう。平成六年（一九九四）秋、平安建都千二百年記念事業の一環として催された、『甦《よみがえ》る平安京展』に出陳された十分の一の模型（京都府建築工業組合制作）である。十分の一という縮尺であっても、現寸大と同等の知識と経験を必要とするため、この模型は技術の伝承を兼ねて制作された精密な作品である。その模型が時を経て、関係者の尽力で日の目を見るに至った。京都を訪れる方々に、この模型を通して平安京の昔に思いを馳せ、京都の歴史や文化を理解して頂く縁《よすが》となれば、との願いが込められている。実はこの展示が機縁で、現寸大の羅城門を造ろうという気運が生まれ、東京と京都でその呼び掛けの会が催され、羅城門研究会も発足し同好の士を募っている。

羅城門は数ある「みやこ」のうち、地名を冠して呼ばれた宮都にはなく、平城京・平安京の二都にのみ存在していた。この二都が、それぞれ大和宮都・山城宮都の究極の姿として造営されたものであることは再三、言及して来た。平城京という名になお残る具象の要素が、平安京に至って完全に払拭され、「平安」という宮都としてあるべき理念が掲げられていることを考えるにつけても、「羅城を持たない羅城門」の存在意義は、平安京という宮都名に込められた意味と重なり合うものであり、同義といってもよいであろう。羅城門は宮都の正面に立ち、その威容を示す建造物であるとともに、その孤立した姿は背後の京域に住む人々の生活が平安であることを無言のうちに示していたのである。羅城門が、数ある宮城門と異なっていたのは、宮都―京域の門として明確な主張を持つ門であり、それゆえ宮都を象徴する門であったことにある。それが、廃絶したあとでも、さまざまな祭祀法会が催された理由である。

してみれば羅城門は、図らずも未曽有の惨事をもたらしている新型コロナ禍の世界的な広がりのなかでその存在意義が見直され、再確認されていると言えよう。羅城門再建計画は、京都はもとより、広く世界の人々の安寧を希求する人類共通の願いを込めたものでありたいと思う。

目下のところ建設候補地として有力視されているのは、京都駅の西北約一キロメートルの地にある、梅小路《うめこうじ》公園内である。この公園も、千二百年記念事業の一環として整備され、公園内には鉄道博物館や水族館などがあり賑わっている。その南方には、嵯峨天皇から空海に下賜され真言密教の寺として知られる東寺（教王護国寺）があり、その間をJR嵯峨野線・京都線・あるいは東海道新幹線が走っている。かつての羅城門が平安京の玄関であったように、復元羅城門も京都の玄関口、京都駅近くに位置することが望まれている。

この梅小路公園は、かつて平清盛が栄華を誇っていた時分の屋敷、西八条邸の故地と重なっていることがわかっている。『平家物語』で知られる祇王・祇女の物語もこの八条邸でのことであったとされ、また清盛の晩年には妻の時子（二位尼）が主に住み、平家都落ちの際には、鴨東の六波羅《ろくはら》屋敷とともに火を放たれて焼亡したことなどが知られるところであろう。ところが本書を書き進める中で、桓武天皇が「徳政相論」を承けて平安造都事業を打ち切る段に及んだ頃、桓武が少なくとも二度はこの地を訪れていたことを知った。この地は、清盛の邸宅跡というにとどまらず、実に平安京の草創時にまで遡る由緒を持つことがわかった。この一文は、その知見をまとめたささやかな報告である。平安京の過去と未来をつなぐ話題になればとの思いを込め、敢えて終章の結びとした理由である。

†「八条の泉」をめぐって——忠盛と西行、そして清盛

ところで清盛の西八条邸は、大宮大路西・坊城小路東・八条坊門小路南・八条大路北の六町を占める広大な屋敷地であった。ちなみにその南にある東寺は、現在は北が八条大路に及んで

おり、この大路を介して西八条邸と接しているが、当初は西寺と同様四町であったから、二町ほど離れていたことになる。いずれにしても、京域の南端部を構成する重要な地所であったとみられる。清盛がその権勢を頼んでこの地に営んだ私邸、京中別業とみられているが、元来は院領として開かれた苑池水閣を下賜されたものを、清盛がさらに整備（蓬《よもぎがつぼ》壺と呼ばれた）したのだった。

しかしこの西八条邸には、清盛以前に父の忠盛が住んでいたことがわかっている。忠盛は、白河・鳥羽両上皇時代、父正盛と同様に瀬戸内海の海賊掃討の功によって抜擢され、平家繁栄の礎を築いた人物である。巨万の富を有したことでも知られ、成功《じょうごう》によって白河上皇の得長寿院《とくちょうじゅいん》などを造営したことでも知られている。西行（一一一八〜九〇）が、その忠盛（一〇九六〜一一五三）を「八条の泉」に訪ねている。西行の『聞書残集《ききがきざんしゅう》』（久保田淳・吉野朋美校註『西行全歌集』岩波文庫所収）に記すところである。

　　忠盛の八条の泉にて、高野の人々仏描《か》きたてまつることの侍りけるにまかりて、月明《あか》かりけるに、池に蛙《かはづ》の鳴《な》きけると聞きて

さ夜ふけて月にかはづの声聞けば
　汀《みぎは》もすゞし池の浮草

忠盛の「八条の泉」で仏画を描いて行なわれた供養に、高野聖《こうやひじり》たちも参加した夜、月明かりの下、池の汀で鳴く蛙の声に触発されて詠んだ、西行自身の歌を披露したものである。この法会が何年のことであったかはわかっていない。西行年表の類に仁平二年（一一五二）以前の夏のこととしているのは、その翌年正月十五日に、忠盛が五十八歳の生涯を終えているからである。ちなみに忠盛は、久安五年（一一四九）四月二日に父正盛の菩提を弔うため、阿弥陀経を書写しており、信心深い人物であったことが知られる。

この『残集』の記述が興味深いのは、忠盛の「八条の泉」（の家）が、泉や汀といった言葉から想像されるように、優れた苑池や水閣で名の知られた邸宅であったことがわかる点である。校訂者・久保田氏の言葉を借りれば「蛙の声が月夜の池に涼しく響く、仏心を象徴する清涼な邸」だった。その「八条の泉」こそが言うところの「八条水閣」「西八条大宮邸」などと呼ばれた京中の邸宅であった。

†八条水閣についての新たな理解

この記事が注目されるもう一点は、この西八条邸のたたずまいだけでなく、ここには清盛以前、すでに忠盛が主《あるじ》として住んでいたことが知られる点である。このことに関連して、平家の屋敷についての理解も改められる必要がある。

六波羅邸……清盛の祖父正盛が珍皇寺《ちんのうじ》から畠地を借り受けて開いた鴨東の屋敷。

西八条邸……『平家物語』では、清盛が権勢を頼んで開いた京中の屋敷とされるが、清盛以前、すでに忠盛が住んでいた。鳥羽院から拝領か。

福原邸……清盛自身が摂津に開いた別業（正盛・忠盛らも瀬戸内海の海賊掃討に関わっていた時期、出兵拠点としての屋敷を近辺に持っていた可能性はあろう）。

この中で、開いた経緯なり由緒から判断すれば、六波羅邸・福原邸に就いては格別疑問はないが、西八条邸についてはどの記事も優れた苑池水閣であったことが語られており、台頭期の平家屋敷としてはふさわしくない、というのが私の抱いた偽らざる実感であった。そしてその疑問は、次の記事に出くわしたことで決定的となった。

両院、八条大宮水閣に幸す。田植の事あり。

（『百錬抄』大治三年〔一一二八〕五月十一日条）

この時の両院とは白河上皇・鳥羽上皇父子のことであるが、その両院が揃って八条水閣に赴き、(恐らく早乙女《さおとめ》達の奉仕した)田植の行事を見たというのである。この時早乙女達が演じたのは、田楽《でんがく》の原初的な形態の如きものであったと思われ注目されるが、それはともかく、「水閣」とあるからには、ここでもその水閣からの眺め、苑池の景趣を楽しんだのであろう。しかし、ここに忠盛の姿は見えない。

西行が忠盛を「八条の泉」に訪ねた時期は、先にも触れたように明確ではないが、仁平三年(一一五三)に没している忠盛の晩年のことと推測されている。それに従えば、この大治の記事は、ざっと数えて二十数年、四半世紀も前のことになり、経歴のことを考えても忠盛とは無縁の記事であったと見てよい。両院御幸に忠盛の姿が見当らないのは、そもそも八条大宮水閣に忠盛は居なかったからである。

八条大宮の水閣は、本来、院領もしくは皇室領として設けられていた苑池だったのではないか、それが大治三年の記事から導き出せる結論であった。

†『続日本紀』『日本後紀』に見る桓武天皇の行幸

ところで行動的だった桓武天皇は、「山背」遷都＝造都後、京中・京外を問わず各地への行幸を盛んに行なっており、しかもそれが、最晩年にまで及んでいる。そこで八条水閣にからめて、何気なく『続日本紀』『日本後紀』の中の関係記事を見直してみた。すると——。

以下はそれを書き出してみたものであるが（但し無関係の年も含む）、読者におかれては、指先で辿りながら丹念に目を通して頂きたい。

延暦二十一年　神泉苑2/1・2/6・2/12・2/16・3/11・5/17・6/17・7/2・8/1
水生野3/13・大堰7/9・的野8/27・芹川野9/4・北野9/13・交野10/9～10/15・大原野10/26

延暦二十二年　近江志賀可楽埼3/24・4/9・神泉苑3/25・4/4・4/18・6/庚辰・7/1・9/5・10/1・京中4/11・
梅原宮8/12・柏野・水生野8/17・9/25・伊予親王愛宕荘8/19・葛野川8/26・北野8/27・
9/26・西八条院9/9・大原野10/3・日根野⑩/16～⑩/27〈紀略10/5・⑩/1・類史⑩/16〉

延暦二十三年　水生野1/20・神泉苑1/25・7/1・9/8・10/21・11/13・11/16・11/18・11/27・12/1・12/6・西八条・五
条院2/3・京中2/20・8/19・可楽埼2/14・伊予親王第5/11・大堰6/19・7/4・7/27・8/1・
9/4・葛野川7/11・8/5・8/8・与等津7/24・北野8/13・9/21・大原野8/21・栗前野8/25・
和泉～紀伊国10/13～10/17・日野・11/8

延暦二十四年　天皇不予3/10

「アッ」と驚き「コレカ」と気付かれた方とは握手をしたいですね（二ヵ所、問題の個所があります）。出どころはいずれも『日本後紀』で、左記の如く極めて簡単な記事である。

『日本後紀』延暦二十二年（八〇三）九月丁巳（九日）条、

　幸二西八条院一

同延暦二十三年（八〇四）二月戊申（三日）条

　幸二西八条院并五条院一、賜二五位已上衣一。

前者で西八条院とあるので、後者に出てくる五条院と同様、全体を築地塀の類で囲んで整備された苑池だったと思われる。五条院については、『拾芥抄』中、諸名所部類第二十に、

　五条院二町、五条北大宮東、金岡畳二水石一云々。

とある。平安前期の画家・巨《こ》勢金岡《せのかなおか》の名が持ち出されているのは、名苑だったことの反映とみてよいと思われるが、その五条院と合わせて行幸している西八条院も名苑だったことを示している。

　ちなみに、神泉苑が初めて記録の上に登場するのが延暦十九年（八〇〇）七月のことである

から、五条院も西八条院も相前後して営まれた京中苑池ということになろう。なお、『拾芥抄』によれば、神泉苑にも「金岡畳レ石」という伝承があったことを記している。

また当該個所は、「八条の泉」はともかく、「八条亭」「西八条邸」「西八条大宮邸」など、様々に記されるが、「西」が付けられるのは、朱雀大路より西の「西京（右京）」にあったからではなく、大宮大路の西側にあったことを示す。大内裏の東側に沿って南北に走る（東）大宮通りは、早くから主要な京中の南北道とされ、それが位置表示の上でも基準とされたのである。大宮大路東にあれば、大宮東と表示した。前記五条院は、「五条北大宮東」であった。

ちなみにこの大宮通を北上し、一条通を越えて京外に出た先（大宮大路末と表示した）には、賀茂斎王の入った紫野斎院があった。

†羅城門がもつ現代的・今日的な意味

最後にもう一度整理しておきたいと思う。

梅小路公園の故地である西八条院は、平安遷都時、神泉苑に次いで造成された京中苑池水閣であり、羅城門と時を同じくして設けられた施設であった。院政期に下ってもその特性は保持されており、院（鳥羽院であろう）との関係から平忠盛に下賜され、平家屋敷として用いられるようになった。平家屋敷となったことで、邸内には一族の家屋が建ち並ぶ豪壮ぶりが専ら喧伝されるようになるが、苑池水閣の特性が失われることはなかったようだ。その上、根本的な所有権も、院ないし皇室が保持しており、平家滅亡後も公領として維持されたとみられる。

〝発掘〟したのはわずかの史料であるが、それにより、西八条邸の歴史は一挙に平安遷都時にまで遡ることとなり、以来今日に至るまで千二百年を越える歳月、その歴史を抱き続けてきた土地であったことを知る。奇跡と言っても過言ではないであろう。

土地のない京都市中にあって、梅小路公園は羅城門復元の候補地として、これまでの理解を遥かに超える適性や要件を備えていると言ってよいであろう。それればかりか、これ以上ふさわしい候補地はなく、これ以外の適地もないと断言できよう。

羅城門に込められた現代的・今日的な意味を思うにつけ、近い将来、羅城門を介して、平安京の過去と未来が繋り結び合わされる日の来ることを願っている。

おわりに

いまからちょうど五十年前、小著『古京年代記』（角川書店、一九七三年）で、飛鳥京から平安京まで、古代宮都の歩みを辿ったことがあります。宮都の遺跡を訪ねた時の印象を交えながら、それぞれの宮都に関わった人物の事績などを語った史話の類ですが、もとは『日本美術工芸』という美術誌に連載したものでした。誌面にふさわしいとも思えない文章を、十九カ月もの間、よくぞ載せて頂けたものだと、いまもその有り難さが身にしみます。編集に当たられていた土岐国彦氏の温顔が思い出されてなりません。歴史の研究には必ず現地に足を運んで踏査する（もちろんカメラを肩にして）、というスタイルが習い性となったのも、この時期のことでした。そんなわけで、この小著には格別愛着を抱いています。

研究者の道へ進んだ当初は、律令国家財政の構造、貴族政治や社会の実態の解明などに取り組み、そこで得た知識をベースに古代史の研究を進めましたが、やがてその先に見えてきたのが宮都の世界でした。当時編纂が進められていた『京都の歴史』全十巻（京都市史編纂所、林屋辰三郎責任編集）の、執筆者の一人に加えて頂いたことも大きな刺戟となっています。したがって私の宮都への関心は、平安京に始まり、その後、宮都の変遷を知るために時代を溯る方向と、逆に時代を下り、平安京の中世都市化とそこに生まれた都市文化へと移っていったように思います。後者についてはここでは措くとして、宮都の研究の方は専ら飛鳥や奈良へ出かけることから始まったのでしたが、田舎育ちの私には畦道を歩くのが無上の楽しみでした。

宮都の歩みを要約すれば、以下のように申せましょう。宮都は王権の所在地であり国家統治の中枢でしたから、当初「王宮」を主体とした規模構造の段階から、その周囲に「官司」が群立し始め、やがて「百官の府」と称されるようになる時代には「京域」に貴族官人や庶民が集住する都市化が進み、都市文化が萌芽する――それが「遷都」と「造都」を繰り返す中で展開した、と。してみると、このような宮都の歩みを跡付けることは、この国の歴史の本質を辿ることに他ならず、そこに宮都研究の意義も有していると考えたのです。

先の小著はそうした観点から書いた最初の仕事でしたが、叙述も未熟なら、論点の提示も不十分で、自慢できるようなものではありませんでした。そのため、宮都の歴史を自分のスタイルでもう一度書いてみたい、という思いがここ十年、次第に強くなっておりました。それが図らずも「ちくま新書」の一冊として執筆の機会を与えられたことは、これに勝る仕合わせはありません。今回も、基本的には自由なスタイルで叙述するが、論点は明確にする一方、それぞれの宮都に生き、そして死んだ人たちの思いを感じ取れるものにしたい――そんなことを方針にして書きました。

手の内を明すことになりますが、一章を三節仕立てとし、全体を十章で構成してあります。宮都ごとに、何が取り上げるに値する事柄であるか（――それを「章」とする）、それを論ずるには何が問題か（――それを「節」とする）、という観点から書き進めていくうちに一章三節仕立てに落ち着いたというわけですが、どこもそれでうまく行くとは限らず、三節に〔ふやす／へらす〕のに、自ら立てた原則のために七転八倒したケースも少なくありません。第九章の「平安京三題」は、その自縄自縛から解き放たれて自由になるために考えた苦肉の策です。特別講義といった気分で読んで頂けたら幸いです。実はこの手法、恩師、故林屋辰三郎先生の〝本づくり〟（例えば責任編集された、先の『京都の歴史』全十巻の編成を御覧あれ。一章四節仕立ての整然とした構成になっています）を、密かに真似て行なっている私の〝癖《ヘキ》〟なのですが、九章の如きはうまくいかなかったケースです。

話を本筋に戻します。執筆に着手した時期――もう、少し前のことになりましたが――は、新型コロナ禍の真っ直中、歩いて書くつもりの仕事が、〝不要不急の外出は避けるように〟との呼び掛けに埋没してしまいそうでした。しかし関西に住んでおれば、どの宮都跡へも日帰りで行くことが可能ですから、さりげなく〝禁を犯して〟出掛けたものでした。余談ながらその時分、飛鳥の空はどこまでも青く澄み渡り、雲の白さが鮮やかでした。

とは言え、平素は家に籠り切りの日々でしたから、することはひたすら記録史料を読むことばかり。したがってこの時期を振り返ってみますと、遺跡を歩いたというより、もっぱら〝史料の森〟を歩いたという感覚です。あとになって考えますと、それが大変貴重な時間だったのです。

と申しますのは、早い時期に読んだ飛鳥時代の記録――斉明女帝の事績として知られる「興事」（土木工事を盛んに行なって非難された）を記す、『日本書紀』斉明二年（六五六）是歳条について、その中に出てくる「田身嶺《たむのみね》」を、誰もが奈良県桜井市の南辺にある山で談山神社が鎮座する「多武峰」と受け止め、その理解が動かぬ定説とされています。しかしこの記事は、丹念に読めば自ずから「飛鳥真神原にある嶺」（あの酒船石のある丘のことです）とわかるはずなのに、それが読み解けていないための誤謬だったのです。精緻な議論がなされている古代史の文献研究においてなお、このような初歩的な間違いが通用しているとすれば、同種の事例は他にもあるのではないか、というのは当然出てくる疑問です。文献史料の再検討、読み直す必要性を痛感した瞬間です。

本書では、宮都についての文献記録を読み直すことから始めよう、そう決断した、これが要因の全てです。本書の中で、もし採るに値する論があるとすれば、それは右のような覚悟で臨んだ文献史料の読み直しの成果と思って頂ければ幸甚です。併せて身勝手な申し様ですが、私自身の説でもこれ以前、別の意見を述べておりましたら、本書の説を採って頂ければ幸いです。

本書で行なった作業についてもうひと言付け加えておきますと、宮都が王権の所在地であることから、遷都＝造都には必然的に皇位継承や皇統のあり方が関わってきます。「不改常典」の分析、天武系皇統が涸渇した経緯の追究など、いささか深入りした感もありますが、決して脇道に逸れたとは思っておりません。そうしたことを考慮して初めて、遷都＝造都の意味が理解できると思います。

宮都の歴史に関して書き残したことは多々ありますが、現地を歩いた証としての写真を多数載せて頂くという、かねてから望んでおりました形の仕事を実現できたのは、ひとえに新書編集長、松田健氏の御配慮の賜物です。執筆の遅れを辛抱強く待っていただいたばかりでなく、筆者の希望を最大限叶えて頂きました。深甚の謝意を表したく存じます。

六十有余年にわたる研究生活の歳月を過ごしてきましたが、その間、実に多くの方々の御指導を得ました。鬼籍に入られた方も少なくありません。その方々に、改めて心から御礼を申し上げたく存じます。徒に馬齢（私は午年生まれでして……）を重ねるだけの我が身を恥じ入るばかりですが、これを最後の仕事と思い定めて頑張ってみました。二上山に登れなかったことだけが心残りですが。

今回の仕事に関しては、恭仁京をめぐっては古川匠・藤井整の両氏と、賀茂川や堀川をめぐっては山田信祐・吉見重則の両氏と、それぞれ持てた談論の中で、種々御教示を賜りましたことを御礼申し上げます。また、掲載した図面のうち大内裏図・内裏図は、これまた長年にわたり平安京について御教示頂いている梶川敏夫氏の作図になるものであり、所載の系図については、すべて白井真紀子氏のお手を煩わせたことを記し、両氏には心から御礼を申し上げます。

なお掲載写真のうち、二一四～二一五頁の「平安京千分の一模型」の全体写真（京都市歴史資料館提供）以外は、一、二、時期を溯るものを除き、すべて今回の執筆に当たり著者自身が撮影したものです。

二〇二三年八月二十八日

村井康彦

基本史料

・新訂増補国史大系　吉川弘文館
『六国史』『日本紀略』『百錬抄』
・新日本古典文学大系　岩波書店
『日本書紀』『続日本紀』
・新編日本古典文学全集　小学館
『日本書紀』
・現代思潮社
『全訳注釈続日本紀』　林陸朗校註訓訳
・講談社学術文庫
『続日本紀』全現代語訳　宇治谷孟
『日本後紀』全現代語訳　森田悌
『続日本後紀』全現代語訳　森田悌

宮都関係略年表

西暦	和暦	事　　項
592	推古前	12. 敏達皇后（推古）、**豊浦宮**に即位する
596	〃 4	11. 法興寺（飛鳥寺）落成→「この地を飛鳥の真神原と名づく」（崇峻紀）
603	〃 11	10. **小墾田宮**に遷る
613	〃 21	11. 難波より京に至る大道を開く
630	舒明 2	10. **飛鳥岡本宮**に遷る。その後、田中宮→百済宮
642	皇極元	9. 飛鳥板蓋宮造営のため東は遠江、西は安芸を限り造宮丁を徴発する 12. 小墾田宮に遷る→ 643. 4. **飛鳥板蓋宮**に遷る
645	大化元	6. 乙巳の変。皇極譲位・孝徳即位、年号を立てて大化とする 12. 難波へ移る→ 646. 1. 改新の詔
652	白雉 3	9. **難波長柄豊碕宮**完成→孝徳、中大兄皇子と不和、翌年皇子ら飛鳥へ遷る
655	斉明元	1. 皇祖母尊（皇極天皇）、飛鳥板蓋宮に重祚
656	〃 2	是歳、後岡本宮を造る、また田身嶺に石を周らせ観を造る
661	〃 7	5. 朝倉橘広庭宮に遷る→ 7. 天皇没、中大兄皇子称制
663	天智 2	8. 白村江の戦、百済滅ぶ→ 64-65 頁の表参照のこと
667	〃 6	3. 中大兄皇子、**近江大津宮**に遷都、翌年正月即位
672	天武元	6. 壬申の乱→乱後、大海人皇子「倭京に詣りて」嶋宮・岡本宮を経て**飛鳥浄御原宮**を造り、翌年 2 月即位
676	〃 5	是歳、新城（にいき）に造都を計画するも成らず
679	〃 8	5. 吉野宮に行幸し草壁以下の諸皇子と誓約、皇后も同じ（吉野の盟約）
682	〃 11	3. 新城での造都事業再開
683	〃 12	12. 都城宮室を両参造ることを詔し、まず難波宮を造営→天武天皇の宮都政策については 83 頁参照のこと
686	朱鳥元	9. 天武天皇没、皇后称制。10. 大津皇子、謀反の廉で賜死

688	持統 2	11. 天武を大内陵に葬る
689	〃 3	1. 吉野宮行幸→以後在位中 31 回に及ぶ
690	〃 4	10. 高市皇子、藤原宮地を視る
691	〃 5	9. 使者を遣わし新益京（藤原京）を鎮祭せしむ
694	〃 8	12. **藤原京**遷都
697	文武元	8. 持統譲位、太上天皇と称する。軽皇子即位（文武天皇）、藤原不比等の娘宮子入内
701	大宝元	8. 大宝律令成る
703	〃 3	12. 持統太上天皇を大内陵に合葬
707	慶雲 4	2. 諸王臣の五位以上に遷都のことを議せしむ。7. 元明天皇即位の詔に「不改常典」の語、初見
708	和銅元	2. 平城の地に遷都することを詔す。10. 伊勢大神宮に奉幣し平城宮造営のことを告げしむ。12. 平城宮地を鎮祭する
710	〃 3	3. **平城京**遷都
714	〃 7	3. 新羅使を騎兵が三椅に迎える
726	神亀 3	10. 聖武、播磨国行幸からの帰路難波宮を視察、式部卿藤原宇合を知造難波宮事に任命→ 732. 8. 宇合らに賜禄
740	天平 12	2. 河内国知識寺で盧舎那仏を拝す。9. 大宰少弐藤原広嗣挙兵。10. 天皇平城京を離れ東国へ行幸。12. 乱後山背国相楽郡恭仁郷へ。先行した右大臣橘諸兄、「遷都ニ擬シ」て経略し天皇を迎える（**恭仁京**遷都）
741	〃 13	1. 伊勢大神宮及び七道諸社に奉幣し新京遷都を告げしむ ③. 五位以上平城に住むことを禁ず。9. 大養徳・河内・摂津・山背の役夫 5500 人を差発する。賀世山の西道以東を左京、以西を右京となす 11. 新京を大養徳恭仁大宮と号す
742	〃 14	2. 初めて恭仁京東北の道を開き近江国甲賀郡に通ぜしむ。9. 紫香楽の“刺の松原”に行幸
743	〃 15	10. 盧舎那仏造立の詔。12. 恭仁宮の造作を停め**紫香楽宮**を造営する

744	〃 16	2. **難波宮**を皇都となし遷らんと欲する者を許す
745	〃 17	5. 車駕、平城に還幸
746	〃 18	9. 恭仁宮の大極殿を山背国分寺に施入
747	〃 19	6. 羅城門に於いて雩（あまごい）す→平城京羅城門の初見 9. 東大寺大仏の鋳造を始める
749	天平勝宝元	7. 聖武天皇譲位、皇太子阿倍内親王即位（孝謙天皇）
752	〃 4	4. 東大寺盧舎那大仏の開眼供養
756	〃 8	5. 聖武太上天皇没。遺詔により道祖王立太子→翌年 3. 廃太子、4. 大炊王立太子
758	天平宝字 2	8. 孝謙天皇譲位、大炊王即位（淳仁天皇）、藤原仲麻呂を大保に任じ、恵美押勝の名を賜う
759	〃 3	11. 近江国**保良宮**造営→ 761（天平宝字 5）10. 平城宮改作のためしばらく保良宮（北京）に滞在
762	〃 6	6. 保良宮で上皇・天皇不和
764	〃 8	9. 恵美押勝の謀反発覚、敗死。道鏡を大臣禅師とする→道鏡の重用については 162 頁の表参照 10. 淳仁天皇廃し淡路国に配流、上皇重祚（称徳天皇）
769	神護景雲 3	9. 道鏡神託事件、和気広虫・清麻呂姉弟処罰される 10. 天皇、詔を下し諸臣を教戒する。河内国**由義宮**を「西京」とする
770	宝亀元	3. 由義宮で歌垣奏上。8. 称徳天皇没（→天武系皇統断絶する）、白壁王を立太子、道鏡を下野国へ配流。9. 和気広虫・清麻呂召還される 10. 白壁王即位（光仁天皇）
771	〃 2	1. 他戸親王立太子→ 772. 5. 廃太子、773. 10. 大和国宇智郡に母井上内親王と幽閉される。775. 4. 母子共に死亡
773	〃 4	1. 山部親王立太子
780	〃 11	3. 陸奥国上治郡大領伊治公呰麻呂反乱
781	天応元	4. 天皇譲位、山部親王即位（桓武天皇）、皇弟早良親王立太子

782	延暦元	①. 氷上川継の謀反発覚。4. 造宮・勅旨の二省、造法華寺・鋳銭の二司を廃止
784	〃 3	5. 遷都のため藤原小黒麻呂・種継らを遣わし、山背国乙訓郡長岡村の地を視察せしむ。6. 藤原種継らを造長岡宮使となし宮殿を造作せしむ。賀茂大神社に奉幣し遷都を告げしむ。11. **長岡京**遷都
785	〃 4	7. 造宮のため諸国百姓 31 万 4000 人を和雇する。9. 造長岡宮使藤原種継射殺される。皇太子早良親王を廃し淡路へ移す。親王絶食し絶命、その屍を淡路に葬る
786	〃 5	7. 太政官院成る→以下造宮の次第は 210 頁の図・表参照のこと
789	〃 8	6. アテルイ、蝦夷征東軍を破る
791	〃 10	9. 越前など八カ国に仰せて平城宮諸門を壊して長岡宮に移作せしむ
792	〃 11	2. 諸衛府を率いて平城旧宮を守らしむ。6. 皇太子安殿親王の長病、早良親王の祟りと占う。よって使を淡路国に遣わし、その霊に謝せしむ
793	〃 12	1. 遷都のため藤原小黒麻呂らを遣わし山背国葛野郡宇太村の地を相せしむ。宮を壊すため天皇東院に遷御する。2. 遷都のことを賀茂大神に告げる 3. 葛野に行幸し新京巡覧する→桓武の新京（京中）巡覧は 218 頁の表参照。新京宮城内の百姓地 44 町に 3 年の価直を与える。伊勢神宮に奉幣し遷都のことを告げる。天智・光仁・施基の陵墓に遷都のことを告げる
794	〃 13	6. 諸国の夫 5000 人を徴発して新宮を掃除させる。9. 遷都と征夷のために諸国名神に奉幣する 10. 22 天皇、新京に遷御（**平安遷都**） 11. 詔を下し、山背国を山城国と改め、新京を平安京と名付け、先帝（天智）の旧都近江滋賀郡古津を大津と改称する
795	〃 14	1. 宮中で新京踏歌を行なう。→歌詞は 228 頁に掲載 5. 造宮使主典以下将領以上 139 人に叙位

		8. 天皇、朝堂院に幸して匠作を見る
796	〃 15	1. 大極殿完成、天皇、百官の朝賀を受ける
797	〃 16	5. 僧を淡路国に遣わして早良親王の霊に謝せしむ
800	〃 19	7. 神泉苑へ行幸（神泉苑の初見）。10. 役夫を徴発して葛野川を修せしむ
802	〃 21	1. 坂上田村麻呂、胆沢城を築く。4. アテルイ・モレら配下 500 人余りを率いて降伏する
804	〃 23	7. 肥前国松浦郡田浦より遣唐船出発、最澄・空海同行
805	〃 24	12. 参議藤原緒嗣と同菅野真道に天下の徳政を相論させ、軍事と造作の廃止を主張する緒嗣の意見を採用する。造宮職を廃止→翌年 2. 造宮職を木工寮に合併
808	大同 3	10. 左衛士坊失火、180 家を焼亡。11. 右衛士坊失火、78 家焼亡→「諸司厨町」の初見
810	弘仁元	9. 薬子の変→一件の顚末については 252-253 頁の関係表参照
812	〃 3	2. 神泉苑で花樹を見、文人に賦詩させる（花宴の節会の初め）
816	〃 7	8. 羅城門、大風により倒壊
960	天徳 4	9. 内裏焼亡（遷都以来初めて）→以後 16 回にわたる内裏焼亡は 325 頁参照
982	天元 5	慶滋保胤『池亭記』成る
988	永延 2	11.「尾張国郡司百姓等解」（『平安遺文』339）31 ヵ条の中、第 23 ヵ条に記す「京都・朝妻両所」は、京都（みやこ）の個有名詞（地名）化の早い事例か
1180	治承 4	6. **福原**遷都（11. 還都）
1185	文治元	3. 壇ノ浦合戦、平家滅亡
		* * *
1212	建暦 2	鴨長明『方丈記』成る
1221	承久 3	5. 承久の乱。6. 幕府軍入京する
1227	安貞元	4. 半作の内裏類焼、以後再建されることなし
1392	明徳 3	⑩. 南北両朝合一、内裏は東洞院土御門殿に決まる（現京都御所の前身）

1467	応仁元	1. 応仁の乱起こる（～'77. 11)。乱を避けて地方へ下向する公家・僧侶多し
1479	文明 11	3. 幕府、内裏修造のため棟別銭を洛中洛外に課す→武家の内裏修造については 337 頁の表参照
1591	天正 19	秀吉御土居（おどい）を築く
1600	慶長 5	9. 関ヶ原の合戦
1602	〃 7	5. 家康、二条城の造営に着手→翌年 3 月これに入る
1788	天明 8	1. 京中大火（天明の大火)、内裏焼亡→翌寛政元、松平定信ら古制にのっとり再建
1854	安政元	4. 内裏焼亡、幕府古制にのっとり再建に着手。翌年 11. 完成（現京都御所）
1864	元治元	7. 蛤御門の変、洛中兵火に罹り多数焼失（鉄砲焼け）
1869	明治 2	3. **東京遷都**
1895	〃 28	3. 平安遷都千百年に際し、平安神宮（祭神、桓武天皇・孝明天皇）創建される。4. 第 4 回勧業博覧会、左京区岡崎で開催
1994	平成 6	10. 平安建都千二百年記念事業、アテルイ・モレの碑清水寺境内に建つ

ちくま新書
1755

古代日本《こだいにほん》の宮都《きゅうと》を歩《ある》く

二〇二三年一〇月一〇日　第一刷発行

著者　村井康彦（むらい・やすひこ）

発行者　喜入冬子

発行所　株式会社 筑摩書房
東京都台東区蔵前二-五-三　郵便番号一一一-八七五五
電話番号〇三-五六八七-二六〇一（代表）

装幀者　間村俊一

印刷・製本　株式会社 精興社

ISBN978-4-480-07564-2 C0221

ちくま新書

1300 古代史講義 ――邪馬台国から平安時代まで 佐藤信編

古代史研究の最新成果と動向を一般読者にわかりやすく伝えるべく15人の専門家の知を結集。列島史の全体像が1冊でつかめる最良の入門書。参考文献ガイドも充実。

1480 古代史講義【宮都篇】 佐藤信編

飛鳥の宮から平城京・平安京などの都、太宰府、平泉まで古代の代表的宮都を紹介。最新の発掘・調査成果をもとに都市の実像を明らかにし、古代史像の刷新を図る。

1579 古代史講義【氏族篇】 佐藤信編

大伴氏、物部氏、蘇我氏、藤原氏から源氏、平氏、奥州藤原氏まで――各時期に活躍した代表的氏族の展開を、最新研究から見通し、古代社会の実情を明らかにする。

1725 天武天皇 寺西貞弘

壬申の乱に勝利して皇位を奪取し、日本律令国家の基礎を築き、記紀編纂に着手した天武天皇。その生涯を解明し、皇親政治、律令制度導入の実態について考察する。

1497 人事の古代史 ――律令官人制からみた古代日本 十川陽一

報復左遷、飼い殺し、飼い慣らし……。天皇を中心に国を統治をするために様々な人の差配が必要となった。国家の礎となる官人とその支配制度に光を当てた一冊。

1555 女帝の古代王権史 義江明子

古代天皇継承は女系と男系の双方を含む「双系」的なものだった。卑弥呼、推古、持統らに焦点を当て古代王権史を一望。男系の万世一系という天皇像を書き換える。

1703 古代豪族 大神氏 ――ヤマト王権と三輪山祭祀 鈴木正信

ヤマト王権の国家祭祀を担った氏族、大神(おおみわ)氏。三輪山周辺が政治の舞台だった五～六世紀に祭祀を職掌として台頭した大神氏と古代王権の実態を解明する。